新・講座 社会保障法

1

これからの
医療と年金

日本社会保障法学会 編

法律文化社

刊行の趣旨

　日本社会保障法学会は，2001年に「21世紀の社会保障を展望する」と題してはじめての講座を刊行した。その後10年がたった。この10年の間に，リーマン・ショックといわれる経済危機が世界を襲ったことをはじめとして，日本でも非正規雇用が雇用労働者の3分の1を占めるに至るという日本の雇用状況と生活状況の急激な変化と貧困問題の顕在化が進んでいる。また，社会保障関係立法も，医療，年金，介護，社会福祉諸法あるいは労災保険法や雇用保険法もさまざまな改正が行われてきているとともに，児童虐待防止法，DV防止法，高齢者虐待防止法の制定・施行もされている。また社会保障に関する裁判例も次第に蓄積され，注目すべき裁判例も新たに現れている。
　日本社会保障法学会は，1982年に創設され，それ以後，「社会保障法に関する研究を推進し，国民の健康にして文化的な生活の確保に貢献すること」（日本社会保障法学会規約第3条）を目的として活動してきた。こうした学会の目的を踏まえて，前回の講座刊行後の急激な変化を，人権保障の視点から問題の所在を解明し，今後の社会保障制度の構築に資することを目指して，日本社会保障法学会として改めて講座を刊行することとした。
　前回講座が社会保障制度全般にわたる問題を網羅的に取り上げることを目指したのに対して，今回は，この10年の間に焦点となっている課題を中心に論点を設定することとした。そして講座全体として3巻編成とし，総論の巻を独自に設けず，各巻ごとにそれぞれの巻のテーマと取り上げる論点について簡単な概観を付すことにした。
　経済状況や雇用状況などの急激な変化だけでなく，政権交代など政治的状況も変動している。そして2011年3月11日には東日本大震災と福島第一原発事故が発生した。こうした社会的にも政治的にも急激な変化が進んでいる中，社会保障立法について確実な見通しを立てることは大変困難と言わざるを得ない。そうした時期に，学会として講座を刊行することはある意味で冒険である。し

かしあえて学会として新・講座を出して世に問うことは，それがまた社会保障の権利の確立を目指す日本社会保障法学会としての「不断の努力」(憲法12条)でもあると考える。本講座に収めた論考の中には，執筆時点と刊行時点の間に立法その他の変化が生じている場合がある。その点については，読者各位には，今回の講座刊行の趣旨をご理解いただければ幸いである。

今回の講座が，日本の社会保障の発展に貢献し，人々が安心して暮らせる社会をつくりだすことに役立つことを願ってやまない。

2012年　初夏

日本社会保障法学会　新・講座編集委員会

総括編集委員　木下　秀雄
第1巻編集委員　岩村　正彦
　　　　　　　　西村健一郎
　　　　　　　　新田　秀樹
第2巻編集委員　大曽根　寛
　　　　　　　　河野　正輝
　　　　　　　　本澤巳代子
第3巻編集委員　井上　英夫
　　　　　　　　菊池　馨実
　　　　　　　　林　　弘子

目　次

刊行の趣旨

序　章　公的医療と年金の今後の課題……………………西村健一郎　1

第Ⅰ部　共通する課題

第1章　医療・年金の運営方式………………………………笠木映里　11
　　　　――社会保険方式と税方式
第2章　非正規就業・失業と社会保険………………………国京則幸　31
　　　　――医療保険を中心に
第3章　女性と社会保険………………………………………衣笠葉子　49

第Ⅱ部　医　　　療

第4章　公的医療保険の保険者と適用………………………新田秀樹　73
第5章　公的医療保険の給付…………………………………稲森公嘉　93
第6章　公的医療保険と診療報酬政策………………………加藤智章　113
第7章　高齢者医療制度………………………………………西田和弘　133
第8章　公的医療保険の財政…………………………………柴田洋二郎　153
第9章　医療提供体制…………………………………………石田道彦　172

第Ⅲ部　年　　金

第10章　基礎年金の課題 …………………………………… 中野妙子　195

第11章　所得比例年金の課題 ……………………………… 嵩さやか　215

第12章　公的年金給付をめぐる法的諸問題………………… 岩村正彦　236

第13章　障害年金の意義と課題 …………………………… 永野仁美　250

第14章　公的年金の財政 …………………………………… 江口隆裕　270

第15章　老後所得保障における私的年金の意義と課題 …… 渡邊絹子　290

序　章
公的医療と年金の今後の課題

西村健一郎

I　はじめに

　日本社会保障法学会の編集による『講座社会保障法』(全6巻, 法律文化社)が刊行されたのは2001 (平成13) 年10月から同年12月にかけてであり, 公的年金については第2巻『所得保障法』で, 医療については第4巻『医療保障法・介護保障法』でそれぞれ取り扱われている。それから10年以上の時が経過したが, 2001年以降だけを見ても社会保障法の研究は比較法, 政策学をも視野に入れ著しく進展しており, その蓄積には目を見張るものがある[1]。しかしその一方

[1] まず, 総論的なものとしては, 堀勝洋『社会保障法総論〔第2版〕』(東京大学出版会, 2004年), 倉田聡『社会保険の構造分析――社会保障における「連帯」のかたち』(北海道大学出版会, 2009年), 碓井光明『社会保障財政法精義』(信山社, 2009年), 菊池馨実『社会保障法制の将来構想』(有斐閣, 2010年), 伊奈川秀和『フランス社会保障法の権利構造』(信山社, 2010年), 河野正輝ほか編『社会保険改革の法理と将来像』(法律文化社, 2010年), 田中耕太郎『社会保険の現代的課題』(放送大学教育振興会, 2012年) などが重要であり, 医療に関しては (一部, 年金に関するものを含む), 松本勝明『ドイツ社会保障論Ｉ――医療保険』(信山社, 2003年), 笠木映里『公的医療保険の給付範囲――比較法を手がかりとした基礎的考察』(有斐閣, 2008年), 土田武史・田中耕太郎・及川哲夫編著『社会保障改革――日本とドイツの挑戦』(ミネルヴァ書房, 2008年), 新田秀樹『国民健康保険の保険者』(信山社, 2009年), 島崎謙治『日本の医療――制度と政策』(東京大学出版会, 2011年) などが出ている。疾病時の所得保障に関しては, 中野妙子『疾病時所得保障制度の理念と構造』(有斐閣, 2004年)。年金に関しては, 松本勝明『ドイツ社会保障論II――年金保険』(信山社, 2004年), 嵩さやか『年金制度と国家の役割――英仏の比較法的研究』(東京大学出版会, 2006年), 江口隆裕『変貌する世界と日本の年金――年金の基本原理から考える』(法律文化社, 2008年), 有森美木『世界の年金改革』(第一法規, 2011年), 堀

で，従来の社会保障法制度が踏まえてきた前提（与件）に大きな変化が見られる。超高齢社会化は世界最速の勢いで進んでおり，また少子化の傾向は変わらず，他方で，経済成長率は大きく落ち込み，国家財政自体1000兆円近い債務を抱える危機的状況にあり財政支出を増大させる余裕を失っている。労働関係について目を転じると，著しく増大した非正規雇用は，従来の安定的な社会保険制度の基礎を浸食している。

　こうした経済社会の重大で，ある意味深刻な変化を受けて社会保障法制度もその在り方自体が再検討を迫られている。今回の新講座では，第1巻『これからの医療と年金』で公的医療保険と公的年金保険の2つの領域がまとめて取り上げられている。

II　第I部「共通する課題」

　第1巻の対象となるのは，社会保険としての医療と年金であるが，第I部で，この両者に関連する総論的な課題が，①笠木映里「医療・年金の運営方式」，②国京則幸「非正規就業・失業と社会保険」，③衣笠葉子「女性と社会保険」の3本の論文で取り上げられている。

　言うまでもなくわが国の社会保障制度において最も重要でかつ大きな役割を果たしているのが社会保険制度である。笠木論文が詳細に分析しているように，わが国の社会保険は，種々の修正にもかかわらず，少なくともなお部分的に労働者保険ないし職域保険としての性格を有している。そのような性格を有しながらも，他方で，1960年代には皆保険・皆年金が重要な社会保障政策として指向され，それを実現しているところにわが国制度の大きな特徴が見られる。皆保険・皆年金実現の方法自体は，ある意味で極めてシンプルであり，全体集合としての国民から職域保険としての社会保険に属している者（被保険者，医療保険では被扶養者を含む）を除いた，いわば補集合として国民健康保険

　勝洋『年金保険法——基本理論と解釈・判例〔第2版〕』（法律文化社，2011年）など。
2)　「経済財政白書」（内閣府）によれば，経済成長は，1950〜60年代は10％前後であったものが，1970〜80年代は4.4％，2000〜10年代は0.7％に大きく落ち込んでいる。

(国保),国民年金の被保険者等が設定されることによって皆保険・皆年金体制の実現を図っているのである。著者によれば,年金制度については保険料拠出能力をもたない者を含めて国民皆年金が達成されている点にわが国制度の大きな特殊性があるが,著者は,社会保険制度についての歴史的かつ比較法的な分析を踏まえて,そのメリット・デメリットを詳細に検討し,わが国が置かれている状況の中でなお税方式ではなくて社会保険方式をとる意義を改めて問い直すという観点から考察を加えている。

わが国の職域型の社会保険制度は,長期雇用という安定的な労働関係に支えられて極めて効率的に存続してきたという側面が強いが,国京論文が詳細に分析するとおり,非正規雇用者・失業者の増大は,その安定的な基盤を掘り崩す点で憂慮すべきさまざまな問題を惹起している。多様なライフスタイルを踏まえた社会保険の適用は,技術的にも実際的な困難に遭遇するのであり,場合によっては著者が指摘しているように,社会保険の適用だけではなく,公的扶助の適用まで見据えた負担の在り方の検討が求められることになる。

衣笠論文は,わが国の社会保険制度が前提としてきた「世帯モデル」が,女性の生き方の多様化の中で現実性を失ってきていることを踏まえ,社会保障・社会保険の中立性という側面から,国民年金の第3号被保険者の問題について,これまで提案されてきた種々の案につき検討を行っている。また,保険給付において性別で差異のある制度としての遺族年金の問題点につき考察を加え,さらに,個人の選択の中立性の確保の観点から提案される,給付の世帯単位から個人単位への切り替えの問題を論じている。もっとも,著者自身は,完全な個人単位化は,個人の選択が多様化したとはいえ男女間,正規・非正規労働者間の雇用格差,賃金格差など社会実態が必ずしも中立的でない現段階では,年金等に現存する格差がそのまま給付に反映され,新たな問題を生み出しかねないと慎重な態度をとっている。

Ⅲ　第Ⅱ部・医療

わが国における医療の保障は,公的医療保険および公費医療,医療扶助の方

式で，場合によりそれを組み合わせる形で行われてきたが，その中心に存在して最も重要な役割を担っているのは，言うまでもなく公的医療保険（医療保険）である。わが国の医療保険は，健康保険，船員保険，各種共済組合に見られるように被用者保険を中心に発展してきたものであるが，1961年4月に実現した「国民皆保険」は，国民の医療へのアクセスを容易ならしめ，国民の受診機会の均等保障に大きな役割を果たしてきた。しかし，他方で，国民健康保険財政の構造的な赤字，医療保険における診療報酬制度・薬価制度の見直し，医療供給体制の改革，高齢者医療制度の改革等，早急に解決を図るべき課題が山積している。

　第Ⅱ部・医療では，①新田秀樹「公的医療保険の保険者と適用」，②稲森公嘉「公的医療保険の給付」，③加藤智章「公的医療保険と診療報酬政策」，④西田和弘「高齢者医療制度」，⑤柴田洋二郎「公的医療保険の財政」，⑥石田道彦「医療提供体制」，の6本の論文が用意されている。

　新田論文では，わが国の種々多様な規模の保険者を，財政基盤を強化するために都道府県単位で再編することの意義と問題点が論じられている。医療の場合，疾病の予防，保健・健康対策など，保険者が被保険者に対してきめ細かに果たすべき役割・機能が明確に存在するが，その一方で，規模の小さな保険者にあっては危険の分散という保険本来の機能が十分に働かなくなるため，その存続自体が厳しくなることも否定できない事実である。国保の安定的な運営のために財政運営の都道府県単位化の推進，種々の財政基盤強化施策等が課題となる所以である。この点，著者は，現在行われている議論の重点がやや保険財政面と医療供給面に偏りすぎて，保険者自治あるいは（社会）連帯の醸成という観点からの検討が不十分であるとの指摘を行っている。

　国民に医療を提供する，その提供に関わる制度の仕組みを医療提供体制というが，健康保険等の保険者は，通常，保険者が義務として負っている療養の給付を行うために，医師，病院，薬剤師等を医療保険制度に取り込むことが不可欠となる。他方で，ほとんどの医療機関が保険診療を行わなければ経営が成り立たないため，保険診療を行うことを希望するのが通例である。この医療機関の医療保険制度への包摂は，現在，保険医療機関の「指定」，医師の保険医と

しての「登録」として行われる。そして，指定を受けた保険医療機関および登録を受けた保険医は，いわゆる療養担当規則に従って診療を行うことを義務づけられ，保険医療機関が療養担当規則に従って診療を行った場合には，その対価（診療報酬）が支払われることになるが，この診療報酬について詳細な検討を加えているのが加藤論文である。現在では，この診療報酬が，公的医療保険が提供する診療行為，薬剤等の価格を設定する機能，その給付水準を設定する機能，さらに医療関連業界への資源配分機能といった機能を担うだけではなく，公的医療保険に関わる政策誘導のための重要なツールとして利用されていること（政策誘導機能）を的確に分析している。

　医師法では，医師だけが医業（医療行為）を行うことができるとしているが，公的医療保険の給付としてどのような医療を行うことができるか，またその基準は何かは，法的に重要な検討課題となる。これらの点は従来研究対象としてあまり取り上げられてこなかったが，この点を取り扱うのが稲森論文である。とくに混合診療の原則禁止の可否・その適法性については，裁判で争われたため社会的に大きな関心を集めたが，著者は，最高裁判例（最判平23・10・25裁時1542号3頁）を踏まえて的確な分析を行っている。いずれにしろ法規定の文意が明確でないことは問題として残されており，混合診療の原則禁止を法律ではっきりと規定する必要があろう。

　高齢化の急速な進展によって急激に増え続ける高齢者の医療費にどのような制度で対応するかはわが国の医療保障制度の長年の課題としてさまざまな取組みが行われてきた分野でもある。現在，高齢者を前期と後期とに区分し，後期高齢者について独立の保険制度を創設し対応するという後期高齢者医療制度が施行されているが，年齢による前期・後期という区分を問題視し，また急激な保険料負担増加の抑制を基調としてその廃止をにらんだ新制度が検討されている。西田論文は，こうした問題状況を的確に指摘している。

　柴田論文は，公的医療保険の財政を取り扱うが，社会保険方式をとるわが国の場合，被保険者間の格差，とくに保険料の格差を当然のこととして是認するならばともかく，それを公平の観点から是正すべきであるとするならば，保険者間の財政調整が避けられない。しかし，被用者保険と国保との間には所得の

把握，保険料の賦課ベース，賦課方法，国庫負担等に大きな相違があり，著者が指摘するとおり，保険者間の財政調整をどのように行うかが当事者間の利害が錯綜して容易には解決しない難問となっている。

　医療供給体制を取り扱う石田論文では，2006年に行われた医療法等の改正（第5次医療法改正）に焦点を当てて，医療計画における病床規制の意義と課題・問題点が分析されている。良質な医療が国民に保障されることは，国民の健康で文化的な生活の確保・保障の基本的な条件であり，そのためには適正で効率的な医療供給が保障されるようなシステムを構築することが必要になる。そのためにも公的医療保険制度の抜本的な改革が急がれる。

Ⅳ　第Ⅲ部・年金

　公的年金に関する現在の最も深刻な問題は，高齢化・少子化の進展の中で年金制度に対する信頼が大きく揺らいでいることであろう。その点からすれば，いかにして将来の給付と負担のバランス・適正化を図り，国民の合意を得て年金制度の信頼性を確保し，その持続可能性を高めるかが課題となるが，世代間の受益と負担の公正さをどのようにして確保するかなど，解決すべき具体的な課題も山積している。

　年金をめぐる種々の課題を取り上げているのが第Ⅲ部・年金であり，ここでは①中野妙子「基礎年金の課題」，②嵩さやか「所得比例年金の課題」③岩村正彦「公的年金給付をめぐる法的諸問題」，④永野仁美「障害年金の意義と課題」，⑤江口隆裕「公的年金の財政」，⑥渡邊絹子「老後所得保障における私的年金の意義と課題」の6本の論文が収められている。

　1986年に導入された基礎年金制度自体は，全国民がいずれかの公的年金に加入し，老齢・障害・死亡といった所得喪失事由が生じた場合に何らかの公的年金給付が受けられるように保障する体制を作ったという点で重要な意義を担っているが，その後の展開の中でさまざまな問題を顕在化させることになった。第1に，給付水準の問題（単身世帯で比較すると，多くの場合に生活保護法に基づく生活扶助基準の方が基礎年金額を上回る），第2に，第1号被保険者に見られる未

加入や保険料の未納による国民年金の「空洞化」の問題，第3に老齢基礎年金を受給するために必要な受給資格期間が25年以上と長いこと等である。これ以外にも，抜本的な改革の議論として基礎年金をこれまでの社会保険方式から税方式にする案，さらには最低保障年金の創設案などが議論のテーブルに上がってきている。中野論文では，これらの点を詳細に分析している。

国民年金に上乗せされる2階部分に当たる所得比例年金についても，抜本的な改革案として財政方式の賦課方式から積立方式への転換，民営化論，一元化論など多様な議論が行われているが，嵩論文は，いかにして公的年金制度の持続可能性を高めるかという観点から，これらの報酬比例・所得比例年金の課題につき緻密な考察を加えている。とくに積立方式への転換については，移行期に生じる「二重の負担」問題から実際上実現が困難であるとし，むしろスウェーデンで導入されている「自動財政均衡メカニズム」のような調整装置を伴う観念上の拠出建て年金の方が，年金債務を拠出能力等に応じて弾力的・柔軟に調整できる点で評価できるとしている。

公的年金に関する法的な問題としては，年金給付の受給開始前のものと受給権が認められた後の法的問題（例えば，未支給年金の請求権者をめぐる問題，年金給付の過誤払いがあった場合の処理の問題など）の2つの種類があるが，岩村論文は，とくに前者の，年金受給資格の取得に関わる問題について，いわゆる「年金記録問題」を契機として制度化された，特別な不服申立制度および年金給付を受ける権利の消滅時効に関する特例（時効特例）について検討している。いずれも，年金受給権の取得や年金額の決定に関する従来の制度に重要な修正を加えるものである。

公的年金の財政方式の課題については，江口論文で詳細な検討が行われているが，「少子化社会では後世代の負担が増大し，世代間の負担の不公平が極大化する」として賦課方式の問題点を指摘する。また，公的年金受給権の引下げという問題についても，「財政検証……という手順を踏んだ上で，適正な年金水準を確保しつつ，財政均衡を図るべきことが年金受給権の内容として予定されていると捉えることができるのではないか」と具体的な考え方を示している。他人に費用を負担させながら硬直的な権利を認める制度は行き詰まるので

あって，江口論文の指摘は正鵠を射ていると思われる。

障害年金制度は，障害ゆえに就労が困難な障害者に対して公的な所得保障を提供し，生活の安定を保障する制度として重要な意義を有するが，永野論文は，障害年金と他の障害者関連施策との役割分担を明確にする必要があることを指摘する。

企業年金は，公的年金の所得保障機能が多かれ少なかれ限定されざるを得ない現在において，退職後の高齢者にとって従前の生活水準の維持・確保にとって重要な役割を果たすものであるが，渡邊論文は，2001年の企業年金改革によって成立した企業年金2法（確定給付企業年金法と確定拠出年金法）の意義と課題を検討した上で，給付減額と企業年金の受給権保護の課題について学説および判例を素材にして詳細な検討を加えている。

V　結びにかえて

最初に触れたように，国民生活の確保の上で極めて重要な役割を果たしてきた公的医療保険も公的年金制度も，高齢化・少子化の中で，いわば「制度疲労」を起こしており，抜本的な改革が迫られている。若い時代にフィットしていたスーツが現在の体型に合わないという場合は，買い替えるにしろ作り直すにしろ問題自体は明白であり，本人の決断次第ということになるが，社会保障制度の改革は，国民一人ひとりの日々の生活に直接結びついており，白地のキャンバスに絵を描くようなわけにいかないところが難しいところである。

ゲーテの『ファウスト』の第2部第5幕に，「この土地では，子供も大人も老人も危険に囲まれてまめやかに暮らす」という言葉が出てくる。社会保障制度は，我々の周りにある生活上の危険を国あるいは社会の責任でできるかぎり排除し取り除くことを指向してきたともいえるが，他方で，国の巨大な財政赤字を考えると，国が行うことにも自ずと限りがあり，その限界を踏まえてさまざまな改革を考えることも重要であろう。本書が現在求められている社会保障法制度改革のさまざまな課題と問題点を考える重要な文献となることを願っている。

第Ⅰ部
共通する課題

第1章
医療・年金の運営方式──社会保険方式と税方式

笠木　映里

I　はじめに

　各種の社会保障制度は，一般に，大きく社会保険方式と税方式とに分けることができる。前者は，制度の対象者に前もって一定額の拠出を義務付け，この拠出を財源の全てあるいは一部として給付を行う制度運営方法であり，後者は，事前の拠出を要求せずに国庫ないし地方公共団体の費用負担により給付を実施する方法である。社会保険方式と税方式を分ける境界は，したがって，最も簡単にいえば財源調達の方法である。もっとも，既に学説によって指摘されている通り，財源調達の方法は，給付対象者，給付の水準，受給要件等，社会保障制度の全体的な構造と結びついており，2つの制度運営方法のうちいずれを基礎として制度を構築するかという論点は，当該制度のグランドデザインについて議論する上で1つの重要な論点である[1]。本章では，この点についての議論が最も古くから，かつ活発に行われてきたと思われる年金及び医療の分野に対象を限定し，諸外国および日本の法制度について分析を加える[2]。

---

1) 堀勝洋『現代社会保障・社会福祉の基本問題──21世紀へのパラダイム転換』（ミネルヴァ書房，1997年）80頁，同『社会保障・社会福祉の原理・法・政策』（ミネルヴァ書房，2009年）34頁以下，太田匡彦「権利・決定・対価（1‐3）──社会保障給付の諸相と行政法ドグマーティク，基礎的考察」法学協会雑誌116巻2号1頁以下，3号1頁以下，5号70頁以下（いずれも1999年）。
2) 日本の社会保障法学における「社会保険」研究の蓄積については，菊池馨実「社会保障

以下，前半部分で，諸外国にも共通すると思われる社会保険方式および税方式の定義を試み，歴史的文脈とも関係付けながら各種の制度を類型化した上で，それぞれの制度について，考えられるメリット・デメリットを整理する（Ⅱ）。総論ともいうべき以上の議論に続いて，諸外国の制度に検討を加える（Ⅲ）。最後に，以上の検討をふまえて，日本の年金制度および医療制度の現状・特殊性と今後の課題について検討・分析を行う（Ⅳ）。

Ⅱ　社会保険方式と税方式——定義と類型

1　社会保険方式

　社会保険方式は，保険の技術を基礎とした運営方式であり，国民の全体あるいは一部について，制度への加入が強制される（任意加入制度が併存することもある）。これらの保険加入者（被保険者）には，原則として保険料拠出が義務付けられ，この保険料を財源（の少なくとも一部）として，被保険者に対して，原則として保険料をある程度拠出したことを要件として，拠出と一定の対応関係をもつ給付が行われる。但し，社会保険方式を採用していても，一部の給付について拠出を要求しない例も存在する。また，拠出が要求される場合でも，拠出の水準と給付の水準は厳密に対応する関係にはないことがほとんどである。したがって，拠出と給付の関係は緩やかなものに留まることが多い[3]。

　社会保険方式についてより詳細な分析を加えるためには，これらの制度の背景にある歴史的文脈を遡ることが有益である。歴史的にみて，現代の社会保障制度に見られる社会保険方式の起源は19世紀末のドイツで採用されたビスマルク立法（疾病保険法，災害保険法，老齢・廃疾保険法）であり，この時に構想された労働者を対象とする社会保険は，現代における社会保険方式の最も原始的な姿である（以下，このような社会保険方式を，「労働者保険型の社会保険方式」とする）[4]。労働者保険型の社会保険は労働者階級の防貧を目的とした制度であっ

　　法学における社会保険研究の歩みと現状」社会保障法研究1号（2011年）119頁以下。
3)　堀・前掲注1)『社会保障・社会福祉の原理・法・政策』34頁。
4)　各国の社会保険制度の背景には，市民の自主的な連帯として構築されてきた共済組合等

て，被保険者たる労働者が賃金水準に応じた拠出を行い，多くの場合，給付もこの賃金水準ないし拠出水準に対応した水準に設定される。結果として，その給付は，労働者の従前生活水準の維持という役割を持つことが多い。このような社会保険方式は，その発祥の地であるドイツおよびその影響を受けた大陸ヨーロッパ諸国では現在に至るまで社会保険方式の基本的モデルとなっており，その他の世界各国における社会保険制度の発展にも影響を及ぼしている[5]。

　労働者保険型の社会保険方式としばしば対置されるもう1つの重要な類型として[6]，イギリスにおいて1942年に発表され，第二次世界大戦後のイギリスの社会保障制度の基礎となったいわゆる「ベヴァリッジ報告書」の描く社会保険方式が存在する。ベヴァリッジ報告書は社会保険が満たすべき原則をいくつか挙げているが，上述の労働者保険型と比較して特徴的なのは，労働者に限られない広い範囲の国民をカバーしようとする点，および，給付と拠出をあらゆる被保険者につき均一とする点である。ここでは，労働者の従前生活水準の維持を行う労働者保険型とは異なり，全ての国民に「ナショナル・ミニマム」を普遍的に保障することが目的とされる（以下，このような社会保険方式を，「国民保険型の社会保険方式」とする）[7]。

　後で見る通り，現代の諸外国に見られる社会保険制度は，以上の2つの社会保険方式の融合ないし組み合わせと見られるようなものがほとんどである。そのため，現代においては，多くの場合，上記の分類はモデルとしての意味をもつに留まる。とくに，第二次世界大戦後以降，社会権思想の普及・受容と福祉国家の発展，あるいは国民保険型の制度の影響を受けて，労働者保険型であっ[8]

　　の様々な民間の団体が存在するが，本章では検討を省略する。
5) Paul Spicker, *How social security works – An introduction to benefits in Britain*, The Policy Press, 2011, p. 67.
6) イギリスとドイツの社会保険・社会保障立法がその発展の過程で相互に及ぼし合った影響について，Beveridge meets Bismarck : Echo, Effects, and Evaluation of the Beveridge Report in Germany, in John Hills et al., *Beveridge and Social Security – An international retrospective*, Clarendon Press Oxford, 1994, p. 134.
7) 「社会保険と福祉国家――1911年イギリス国民保険法の成立と展開」東京大学社会科学研究所編『福祉国家 1　福祉国家の形成』（東京大学出版会，1985年）138頁。
8) 西村健一郎『社会保障法』（有斐閣，2003年）4，5頁。なお，後で見る通りイギリスの

た制度についても可能な限りその適用範囲を一般化・普遍化する方向で修正が加えられているため，現代において，医療・年金の分野で純然たる労働者保険型（労働者のみを対象とする社会保険制度）を貫徹している国は希である。とはいえ，各国の社会保険方式の背景に2種類の歴史的モデルが存在し，現行制度にも影響を及ぼしていること[9]，両者の間には，社会保険の対象者や給付水準に関する考え方の点で大きな違いがあることも事実であり，後で述べるように税方式との比較においてもこの点が見逃されてはならないと思われる。

　なお，修正された労働者保険型の制度として注目すべきものとして，労働者保険の考え方を柱としつつ，労働者階級と類似する社会的実態をもつ自営業者等，労働者以外の者についても職業集団ごとに保険者を組織する等して適用対象を拡大している制度がある（以下，このような方式を「職域保険型」とする）。また，就労により所得を得ているものを広く社会保険の対象とし，労働者と自営業者を一切区別しない，いわば「就労者保険型」と呼べるような制度も，労働者保険の発展型に位置づけられよう。

2　税方式

　税方式（社会扶助方式と呼ばれることもある[10]）の社会保障制度には多様なものがあり，これらに共通する定義は簡易なものとならざるを得ないが（なお，税財源の社会保障制度としては，各種の最低生活保障制度も重要であり，制度の構造によっては年金制度と重なる。もっとも，本章では，明確に年金制度の一部と位置づけられている場合をのぞき，厳格な所得要件を伴う最低所得保障制度は検討対象から除外する），さしあたり，給付財源に当事者による拠出を含まず，国庫あるいは地方公共団体の一般財源から，原則としてあらゆる受給者に同水準の給付が行われ

　　　国民保険はあくまで拠出を前提に給付を提供する制度であり，この点で社会権の考え方とは方向性が異なるとの指摘もある。Spicker, *op. cit.*, p. 13.
 9)　但し，各国の社会保障制度の形成において，どのような形で外国の制度やそれに反映された価値が影響を及ぼしたかについて，具体的に検証・立証をすることは困難である。本章のIII以下では，各国の制度の発展の歴史的経緯とは一応切り離して，制度の構造や給付の決定方法等からして，ある社会保険制度が労働者保険型・国民保険型のいずれに属すると考えられるかを評価・分類するという形で検討をすすめる。
10)　堀・前掲注1)『現代社会保障・社会福祉の基本問題』79頁。

る方式と定義することができよう。このような制度においては，事前の拠出は受給の要件ではない一方，（必然的なものではないが）所得・資産が一定額以下であることが受給要件とされることがあり，その場合，受給者の所得・資産の水準に応じて給付額が変動することが多い。

3　留意すべき点

社会保険方式と税方式の境界は必ずしも明確ではない。まず，社会保険方式を採用する社会保障制度において，財源の一部を税によって賄う制度が存在する。税財源を一部に用いることは当該制度が社会保険方式と定義されることを阻害しないというのが諸外国にも一応共通する考え方であると思われるものの，その程度が大きくなれば，当然税方式との境界が曖昧になろう[11]。また，医療制度ないし年金制度の内部で，社会保険方式と税方式とが併用されることがある。この場合には，個別の制度が両方式のいずれに属するかを検討するだけでは制度を正確に理解することはできず，複数の制度を組み合わせた全体としての医療制度・年金制度がどのような性格をもつかを分析する必要がある。

4　両方式のメリット・デメリット

続いて，社会保険方式と税方式について，日本における先行研究をふまえつつ[12]，各国の制度に一応共通すると思われるメリットとデメリットを指摘する。

(1) **社会保険方式のメリット・デメリット**　(a)メリット　社会保険方式が税方式と比して優れているといえる点として，まず，①拠出に基づく給付は，市民の自助努力・生活自己責任の考え方に親和的であり，近代的な人間観に合致するという点がある[13]。また，社会保険方式の制度では，②給付が拠出を前提

---

[11]　島崎謙治『日本の医療――制度と政策』（東京大学出版会，2011年）233頁は，医療保険制度について，公費投入は保険給付費の半分を限度とするという考え方が1つの「節度」として重要であると述べる。

[12]　以下の検討は，堀・前掲注1)『現代社会保障・社会福祉の基本問題』第5章，太田匡彦「リスク社会下の社会保障行政（下）」ジュリスト1357号（2008年）98頁以下，西原道雄「社会保険における拠出」契約法大系刊行委員会編『契約法大系　第5』（有斐閣，1963年）322頁以下，および以下で個別に参照する先行研究に依拠しつつ，とくに理論的な側面に絞って，筆者なりの整理を行うものである。

し，個別具体的な個人のニーズの確認を必要としない（ニーズは保険事故という形で抽象化される）ので，収入・資産等を条件に受給者を選別するミーンズテストが原則として行われない。したがって，ミーンズテストに伴うスティグマ等の問題が生じない。次に，③給付要件が，何らかの保険事故の発生という形で定型化されやすいことから，受給権の実現が行政庁の裁量に依拠しづらいこともメリットとして指摘できよう。また，拠出された保険料が基本的には全て当該制度の財源にあてられるという点で，予算配分のプロセスを経る（一般的な）租税財源に比べると④財源面における安定性が高いといえる。このことは，保険給付が財源の考慮による制約を受けにくいという点で，⑤制度全体としての給付の総量の安定性にもつながる。

そして，労働者保険型の社会保険方式が採用される場合，さらに，労働者階級をはじめとした「被保険者集団」の存在が前提とされ[14]，国家と区別される中間団体たる「保険者」が存在することが多く，この場合，⑥国家的・官僚的制度が回避され，⑦保険を共有することで当該集団の連帯意識が醸成・強化されるというメリットが存在する[15]。こうした連帯意識の醸成は，ひいては，⑧社会保障制度の枠を超えたレベルでの社会のあり方に影響を及ぼし，とりわけ労使関係を基盤とした社会構築の1つの手段としても機能することがある。また，労働者保険型の社会保険方式においては⑨従前の生活水準の維持が目指されるため，給付水準が必要最低限のものをこえた比較的手厚いものに引き上げられる理論的傾向がある。さらに，⑩被保険者を使用する事業主にも保険料負担が求められることが多く，この場合，労働者の保険料負担が軽減される[16]。

---

13) ベヴァリッジの考え方について，Spicker, *op. cit.*, p. 70.
14) この点については，以下のドイツ法に関する研究を参照。倉田聡「社会連帯の在処とその規範的意義——社会保障法における『個人』と『国家』そして『社会』」民商法雑誌127巻4-5号（2003年）612頁以下，とくに625頁以下，同『医療保険の基本構造 ドイツ疾病保険制度史研究』（北海道大学図書刊行会，1997年）。
15) 参照，水島郁子「原理・規範的視点から見る社会保障法学の現在」社会保障法研究1号（2011年）109頁。
16) なお，ここで挙げた社会保険方式のメリットは論者の立場によってはデメリットととらえられることもある。手厚い年金給付とこれを支える拠出の強制が個人の自由に対する国家の過度の介入と評価される可能性について，菊池馨実『社会保障法制の将来構想』（有斐閣，2010年）16頁，同『社会保障の法理念』（有斐閣，2000年）第4章を参照。また，本章

(b)デメリット　　社会保険方式のデメリットとしては，以下のようなものが考え得る。まず，①拠出できない者は制度から排除される，ないしわずかな給付しか受けられない可能性がある。②保険者が複数設定される場合，保険者ごとに拠出能力やリスクの不均衡が存在すると，保険料水準や保険給付水準に大きな差が生じ，このことが不公正と評価される場合がある。

そして，労働者保険型の場合，給付水準が基本的に所得水準に応じて決定されるため，③従前所得の格差が給付水準に反映され，このことが場合によっては不公正とも見える結果をうむ。また，④「被保険者集団」の設定は，社会保険が対象とするリスクとの関係での労働者階級の均質性を前提としているため，制度の存在が労働者や企業の行動に歪んだ影響を及ぼす場合があるうえ，こうした労働者の姿が変容し，従来の均質な階級・集団を想定できなくなった際に，制度の修正が必要になる。[17]さらに，⑤当該社会保険給付の適用対象を国民一般に拡大しようとする場合に困難を伴うことが多く，制度の根幹に修正を加える必要が生じる。また，⑥使用者の保険料負担は，雇用に伴うコストを増大させ，企業にとって重い負担となりうる。

(2)　税方式のメリット・デメリット　　(a)メリット　　税方式のメリットとしては，①対象者の拠出能力・拠出実績にかかわらず一定水準の給付が提供されるという点がある。また，労働者保険型の社会保険方式と比較して，一定の労働者像に依存しないので，②労働者ないし企業の行動に対して中立的であること，③対象者の所得水準と給付水準とが切断されることも，メリットと評価さ

　で挙げた労働者保険型の制度のメリット（給付水準の安定や集団の醸成等）について，給付切下げの困難さや制度の硬直性につながるとする議論として，Bruno Palier and Claude Martin, From 'a Frozen Landscape' to Structural Reforms : The Sequential transformation of Bismarckian welfare Sytems, in ; Bruno Palier, Claude Martin, *Reforming the Bismarckian welfare systems*, Blackwell publishing, 2008, pp. 10 et s.

17)　さらに，労働者保険は世帯の生計維持者としての労働者を前提としているため，当該労働者に扶養される家族にも拠出なしに給付を行う場合が多い。このような場合，当該制度はある種の家族や夫婦のあり方を前提としているため，とくに女性の働き方等に歪んだ影響を及ぼすことがある。Nicole Kerchen, Universalité, generalization et lutte contre les exclusions – À propos des débats autour des allocations familliales et de la CMU, in ; Verdier (J. -M.), *Droit syndical et droits de l'homme à l'aube de Xxie siècle: mélanges en l'honneur de Jean-Maurice Verdier*, Dalloz, 2001, p. 408.

れることがありうるだろう。なお，②，③はいずれも，国民保険型の社会保険方式にも認められるメリットである。

(b)デメリット　続いて，税方式のデメリットとしては，社会保険と比較して，①国家の財政状況や予算決定のプロセスによって給付水準が抑制される可能性が高いこと，②収入・資産要件が伴いやすく，こうした要件の存在が受給者のスティグマにつながりうることを指摘できよう。また，とくに労働者型の社会保険方式と比較した場合には，③給付水準が必要最低限のものに留まる傾向があることを挙げることができる。そして，④社会保険のような中間団体の醸成が望めず，むしろ社会の構造を個人化・二極化（国家対私人）する方向の影響をもたらしやすいと思われる。

(3) **若干の検討**　(1), (2)の検討について指摘しておくべき点は，社会保険方式と税方式とを比較する場合，1で定義した社会保険方式の2つのモデル――労働者保険型と国民保険型――のいずれを採用するかによって，両者の位置づけが変わってくることである。すなわち，国民保険型の社会保険方式と税方式との間には，程度の差こそあれ，相互に共通するメリット・デメリットが存在し（特定の労働者モデルからの中立性，対象者の所得水準と給付水準の切断，中間集団の不形成，比較的低い給付水準[18]等），労働者保険型の社会保険方式は，拠出性という点において国民保険型の社会保険方式とメリット・デメリットを共有している一方で，多くの点で異なる特徴を有する。また，税方式とは明確に対置されうるメリット・デメリットを有している。言い換えれば，国民保険型の社会保険方式は，労働者保険型の社会保険方式と税方式との中間に位置づけられるような性格を有すると評価できるのである。

5　年金制度と医療制度

社会保険方式と税方式の定義・類型化にあたっては，当該制度が対象とする給付の性格にも注目する必要がある。具体的には，①所得保障を目的とする金

---

[18]　イギリスの社会保険が常に最低限の給付を行うものであるとの指摘として，Noel Whiteside, L'assurance sociale en Grande-Bretagne 1900-1950 : La gènese de l'État-Providence, in ; *Les assurances sociales en Europe*, Presses Universitaires de Rennes, 2009, p. 127.

銭給付なのか（年金給付，および傷病手当金のような医療給付），あるいは，②現物給付，ないし財・サービスの購入費用を償還する形の金銭給付（以下，「現物給付等」とする）なのか（典型的には医療の現物給付）によって，異なる考慮が必要となる。

　すなわち，まず，①年金のような所得保障的金銭給付の場合，社会保険方式の制度では，一定期間にわたる拠出が義務づけられ，給付はその払戻しとしての性格を有しうるのであり，したがって拠出と給付との関連性が強いと考えられるのに対して（賦課方式か積立方式かの区別については検討を省略する），医療の現物給付等が社会保険方式で実施される場合，ほぼ例外なく制度加入と同時に受給権が生じ，一定期間以上の拠出は要求されない。このため，拠出と給付との関係は理論上も実際上も希薄で，フィクションとしての性格を強くもつ。[19]

　また，②労働者保険型の社会保険方式における従前所得水準の維持という考え方が当てはまるのは，原則として所得保障的金銭給付のみであり，医療制度の現物給付等には原則として関係しない。この場合，労働者保険型が採用されることの意義は，疾病リスクの分散が労働者集団ごとに行われるという点にのみ存在するといえよう。

　このような対象分野ごとの違いについては，具体的な制度の検討（Ⅲ・Ⅳ）の中でさらに分析を加えることとする。

Ⅲ　諸外国の社会保障制度における社会保険方式と税方式

1　年金制度

　本節では，年金制度（1）と医療制度（2）に分けて，諸外国の社会保障制度を概観する。以下，ドイツ・フランス・イギリス・スウェーデンの4ヶ国を主として検討対象とするが，年金との関係ではカナダにも言及する（なお，紙幅の都合上，各制度の名称の原語表記は割愛する）。

---

[19]　倉田聡ほか「座談会・年金制度のグランドデザイン」法律時報76巻11号（2004年）9頁〔倉田聡発言〕。倉田聡『社会保険の構造分析』（北海道大学出版会・2009年）286頁参照。

上記5ヶ国の年金制度は，いずれも，社会保険方式の年金制度を少なくとも一部に用いている。このうち，前3ヶ国は，社会保険方式のみで年金制度を構築しているが，中でもドイツ・フランスと，イギリスでは，制度の構造が大きく異なっている。他方，スウェーデンおよびカナダは，社会保険方式の制度に税方式の制度を組み合わせている。

すなわち，ドイツの年金制度においては，原則として，労働者および一部の職種の自営業者等，一定の範囲の就労者のみに年金保険加入義務が課されている[20]。また，フランスの年金制度は，基礎制度，補足制度の2段階構造となっているが[21]，いずれも，同じく被用者・各種の自営業者等の一定の範囲の就労者のみを対象としており，保険者も職種別に分かれている[22]。両国においては，共通して，保険料・保険給付の水準が一定の範囲で被保険者の収入に比例している。両国では，労働者を制度の中心におきつつ自営業者にも対象を拡大する，職域保険型の社会保険方式を採用しているといえよう[23]。

これに対して，イギリスの年金制度は，拠出能力をもつあらゆる国民を対象とし，定額拠出・定額給付を原則とする基礎国家年金と，被用者を対象とする国家2階部分年金という，2種類の社会保険制度を組み合わせた構造となっており[24]，いずれの制度においても政府が保険者を担当する[25]。国民保険方式の伝統

---

20) ドイツの年金制度に関する記述は，Raimund Waltermann, *Sozialrecht*, 9. Auflage, 2011, S.156 ff., 倉田賀世『子育て支援の理念と方法――ドイツ法からの視点』（北海道大学出版会，2008年）121頁以下，田中耕太郎「ドイツ（特集 年金制度のグランドデザイン）」法律時報76巻11号（2004年）30頁以下，藤本健太郎「ドイツの新連立政権の年金政策――少子高齢化をいかに乗り切るか」海外社会保障研究155号（2006年）15頁以下を参照した。

21) 付加制度および老齢者最低所得保障制度については，前者は任意加入であるため，後者は最低生活保障的給付であるために，検討対象から除外する。嵩さやか「フランス（特集 年金制度のグランドデザイン）」法律時報76巻11号（2004年）28-29頁。

22) 基礎制度と補足制度の組み合わせの態様は職種により異なり，両者が分化されていない職種も存在する。この点も含め，フランスの年金制度に関する記述は，加藤智章『医療保険と年金保険――フランス社会保障制度における自律と平等』（北海道大学図書刊行会，1995年），嵩さやか『年金制度と国家の役割』（東京大学出版会，2006年），同「フランス年金制度の現状と展開」海外社会保障研究161号（2007年）37-38頁，江口隆裕『変貌する世界と日本の年金――年金の基本原理から考える』（法律文化社，2008年）第Ⅱ部第1章によった。

23) ドイツについては，2005年の制度改革による保険者の再編（統合）により，保険者組織の観点からは，職域別の保険者設定という特徴は希薄化している。

を有するイギリスでは，定額給付で労働者以外の国民も広く対象とする基礎国家年金はベヴァリッジ報告書以来維持されてきた年金制度の柱といえるが，この制度は，所得が一定の基準額を下回る者については保険料加入義務を免除したうえ，任意加入して保険料を拠出しなければ年金を受給できないものとしており，低所得者ないし無所得者は年金受給から排除される。

　以上の3ヶ国に共通するのは，あらゆる国民が年金を受給するいわゆる「国民皆年金」の制度が採られていない点である。すなわち，いずれの国においても，非就労者や低所得・無所得者が制度から排除される仕組みとなっている。

　上記の3ヶ国とは異なり，社会保険方式と税方式とを組み合わせることで国民皆年金を実現しているのが，スウェーデンおよびカナダの年金制度である。まず，スウェーデンでは，国が保険者を担当する社会保険制度たる所得比例老齢年金が，自営業者も含め，有償で働く就労者を対象とする就労者保険型の構造を採用しているが，例えば無職者等の非就労者はそもそも制度の対象から外れる。他方で，非就労者等の無所得者ないし低所得ゆえにこの所得比例年金を

---

24) 国民保険型の伝統を有するイギリスでも，国民の生活水準の改善を受けて，1970年代に，被用者について所得比例方式の年金制度が導入された。現行制度の前身となった最初の所得比例方式の年金の導入の経緯について，嵩・前掲注22)『年金制度と国家の役割』91頁以下を参照。但し，現在の国家2階部分年金は，近年の改正により将来は（拠出は所得比例のまま）給付が定額となることが予定されており，所得比例年金の性格は弱まりつつある。丸谷浩介「イギリスの公的・私的年金改革」海外社会保障研究169号（2009年）20頁，26頁。

25) 以下，イギリスの年金制度については，堀勝洋「国民保険──年金，失業給付，傷病給付」武川正吾・塩野谷祐一編『先進諸国の社会保障① イギリス〔第2版〕』（東京大学出版会，2000年）138頁，丸谷・前掲注24) 15頁以下，Whiteside, *op. cit.*, p. 145. を参照した。

26) Spicker, *op. cit.*, p. 68.

27) また，年金額は，保険料拠出の割合に応じて減額される（満額を受け取るには30年の拠出が必要とされる）ため，加入期間が短ければ年金は低額となる。低年金・無年金の場合，収入要件の下で，公的扶助的な性格のタックス・クレジットが利用される。失業者等については，一定期間分の保険料を支払ったものとみなして，他の被保険者の負担する保険料によって当該保険料分を補う仕組みも存在する。なお，イギリスの基礎国家年金については，この給付が，年金のみならず労災補償・失業時の給付等の多様な給付を包括的に提供する社会保険たる国民保険の給付の一類型に過ぎない点も特徴的である。Wikeley, et al., *The law of Social Security 5th edition*, Oxford University Press, 2002, pp. 95-129.

28) 中野妙子「スウェーデンの老齢年金保険と自営業者」名古屋大学法政論集226号（2008年）93頁。スウェーデンは，年金制度が初めて導入された1913年から一貫して，労働者と自営業者を区別しない社会保険制度を採用している。同論文90頁以下，118頁。

受けられない，あるいは年金額が一定額を下回る者については，税方式を用いた最低保証年金が支給される。最低保証年金はあらゆる国民を対象とするが，満額の年金を受給するためにはスウェーデン国内に40年間居住したことが必要であり，居住期間が40年に満たない場合には最低保証年金額が減額される（年金受給のためには最低でも３年間の居住期間が必要である）[29]。

　また，カナダの年金制度は，あらゆる国民を対象とする税方式の老齢所得保障と，自営業者を含む就労者に適用される所得比例年金の２階部分から成る。前者の老齢所得保障は，18歳以降10年以上カナダに居住した65歳以上の者に毎月支給される[30]。高所得者については年金額が減額される制度が存在し，この点で一種の所得要件が付されているが[31]，この要件により年金を減額される受給者は全体の約５％，全額について支給を停止されるのは約２％に過ぎず，かなり緩やかな要件と評価できる[32]。他方，２階部分の所得比例年金は，政府が保険者を担当し[33]，拠出された保険料およびその運用益のみによって賄われる就労者保険型の社会保険方式の制度である[34]。

2　医療制度

　上記の各国の中で，医療制度について社会保険方式を用いているのは，ドイツおよびフランスである。両国はいずれも，伝統的には労働者保険型の医療保険制度を採用しており，非就労者等の一部の国民は制度から排除されてきた。

---

29)　中野・前掲注28）97-98頁。
30)　金子能宏「カナダの年金制度」年金と経済28巻４号（2010年）174頁。
31)　丸山桂「年金制度」城戸喜子・塩野谷祐一編『先進諸国の社会保障③　カナダ』（東京大学出版会，1999年）
32)　低所得の年金受給者には，ミーンズテストを伴う公的扶助的な補足年金も存在する。高山憲之「カナダの年金制度」海外社会保障研究139号（2002年）35，36頁。*Retirement in Canada, including : Canada pension plan, registered retirement savings plan, old age security, ontario teachers' pension plan, registered retirement income fund, caisse de depot et placement du quebec, sunrise senior living, CARP (Canada)*, Hephaestus books, 2011, p. 12. なお，2011年度現在の基準額は６万6335カナダドルである。（http://www.servicecanada.gc.ca/eng/isp/pub/factsheets/oasrepay.shtml#repay_part_pension, last visited 20 Dec. 2011）
33)　*Retirement in Canada, op. cit.*, p.1.
34)　金子・前掲注30）175頁。

現在も，ドイツの公的医療保険は被用者及び一部の非被用者・非就労者のみを強制加入の対象とし[35]，さらに，高所得者は社会保険の適用除外としている。もっとも，2007年の法改正により，現行法上は，あらゆるドイツ国民が，社会保険か民間保険のいずれかに加入しなければならないものとされ，変則的な皆保険ともいうべき状況が成立している[36]。また，フランスの医療保険制度も，職域別の複数保険者の併存という制度の大枠は維持したままで[37]，1999年以降，いずれの保険者にも属しない者を，フランス国内に居住していることを要件として一般企業の被用者と同じ保険者に所属させるという形で，社会保険の皆保険化を実現するに至っている[38]。このように，いずれの国においても，近年になって実質的な国民皆保険が実現されていることは注目に値する[39]。

また，ドイツでは，1993年以降，保険者ごとの保険料水準の格差の問題（→Ⅱ4(1)(b)参照）に対応するために被保険者が保険者たる金庫を自由に選択できる制度が導入されており，各保険者は，保険者ごとのリスクの分布の不均衡を調整するいわゆる「リスク構造調整」を受けつつ，被保険者獲得のために競争することとなった[40]。したがって，保険集団は職業上の属性と無関係に個々の被保険者の選択により構成される。なお，現物給付の医療保険部分には一般財源は用いられておらず，保険料のみが財源とされている[41]。他方，フランスでは，

---

35) 健康保険組合連合会「欧州の医療保険制度に関する国際比較研究」（2006年）91，92頁（倉田聡執筆箇所）。
36) この改正については，水島郁子「ドイツ社会保険法における民間医療保険」阪大法学60巻2号（2010年）293頁以下。
37) 健保連・前掲注35) 報告書（加藤智章執筆箇所）117頁。
38) フランスの医療については，加藤・前掲注22)，稲森公嘉「フランスの医療保険制度改革」海外社会保障研究145号（2003年）26頁以下，笠木映里「医療制度――近年の動向・現状・課題」海外社会保障研究161号（2007年）15頁以下を参照。
39) 同じく労働者保険型に分類できるオランダも含めて同様の指摘をする文献として，Patrick Hassenteufel and Bruno Palier, Towards Neo-Bismarckian health care states? Comparing health insurance reforms in Bismarckian welfare systems, in; Palier and Martin, *op. cit.*, pp. 52-53.
40) 詳細については，松本勝明『社会保障構造改革――ドイツにおける取組みと政策の方向』（信山社，1998年）120頁以下，とくに125頁以下，健保連・前掲注35) 90頁以下（倉田聡執筆箇所）を参照。
41) 母性手当等については2004年以降初めて税財源が投入されている。田中耕太郎「ドイツの医療保険制度改革」海外社会保障研究145号（2003年）23頁。

上記の社会保険の皆保険化と同時期に，租税財源の利用が本格化しており，現在，従来は被用者が負担していた保険料の大部分が租税により代替されている[42]。さらに，以上の動向に伴い，社会保険制度の管理運営に関する当事者の権限配分にも変化が生じており，従来は保険者ごとに決定権限を有していた診療報酬等の重要な事項について，国家のより強力なコントロールの下におかれる保険者の連合体に決定権限が与えられる等，制度の管理運営の面でも，国家から独立した保険者の権限が少しずつ政府へと移され，中央集権化・国家管理化が進展する傾向がみられる[43]。

以上のように，労働者保険の伝統を有するドイツ・フランスでは，近年，伝統的な制度の構造を根本的に変容させるような制度改革が行われつつある。そもそも，医療という領域は，その中心が現物給付におかれている現代においては，年金制度と比較して労働者階級や職域に特有のリスクとの結びつきが希薄といえ[44]（→Ⅱ5），むしろ国民の権利として広く保障されるべきものと考えられているように思われる[45]。このような状況で，医療保険制度については，保険集団ごとの保険料水準の差や，保険加入できない者の存在が，正当化できないものとして問題視されるのが最近の傾向といえる。

これに対して，イギリスおよびスウェーデンにおいては，現物給付の医療保障については税方式を採用している。まず，イギリスでは，税方式の国民医療サービスにより医療保障が実施されている。上述のベヴァリッジ報告書は，医療サービスを社会保険から切り離して議論しており，イギリスでは第二次世界大戦後一貫して，税方式の医療制度が構築されてきた[46]。国民医療サービスは，普遍性・包括性・利用者負担の不存在を制度創設当初から現在に至るまでの基本原則としており[47]，予防や健康増進のためのサービスから，外来医療・入院医

---

42) 健康保険組合連合会「健康保険制度における事業主の役割に関する調査研究報告書」（2011年）56頁（柴田洋二郎執筆箇所）。
43) Hassenteufel and Palier, *op. cit.,* pp. 57-58.
44) 参照，Hassenteufel and Palier, *op. cit.,* p. 53.
45) フランスについてこのような傾向を指摘する文献として，Kerchen, *op. cit.,* p. 395.
46) Wikely et al., *op. cit.,* p. 4.
47) Alison Talbot-Smith and Allyson M. Pollock, *The new NHS-A Guide,* Routledge, 2006, p. 2. 松田亮三「ブレア政権下のNHS改革——構造と規制の変化」海外社会保障研究169号

療まで多様な医療・保健衛生サービスを提供する包括的な制度である[48]。

　他方，スウェーデンでは，疾病予防も含む保健医療サービスが，ランスティング（広域地方自治体）により，主にその税収を財源として提供されている。スウェーデンにおいて，このような制度の背景には，全住民に平等な保健医療サービスが提供されるべきとの考え方が存在する[49]。

　両国に共通する特徴として，まず，上記の通り，療養の現物給付にとどまらない予防・公衆衛生等の様々なサービスが包含されていることがある。社会保険方式においては，給付は原則として何らかのリスク（傷病）が実現化した場面に対応するもので，上記のようなサービスについては別の枠組みが必要と考えるのが自然であることと比較して，このような特徴は税方式という制度の構造と関連しているといえよう。

　また，いずれの国においても，上記の制度とは別に，疾病時の所得保障を行う社会保険給付が存在する（フランス・ドイツでは，現物給付と同じ社会保険制度の枠組みで所得保障給付も行われる）。すなわち，イギリスにおいては，国民保険（注27）参照）の給付の一類型として，傷病時の所得保障給付が存在する。また，スウェーデンでも，傷病時の所得保障たる傷病手当は，社会保険たる疾病保険によって提供されており，この疾病保険は，労働者と自営業者を対象とし，所得に応じた拠出を求める制度となっている（一部に税財源を用いている[50]）。

　（2009年）49頁。
48) 単一ないし複数の病院により構成される NHS トラストが，法人格を有する独立した経営主体として競争する仕組みとなっている。また，2002年以降は，プライマリ・ケア・トラストと呼ばれる組織が，政府当局に代わり，医師や NHS トラストと契約を締結することでサービスを購入し，また，自ら地域医療サービスを提供する役割を担っている。Talbot-Smith and Pollock, *op. cit.*, p. 6, p. 63.
49) 中野妙子『疾病時所得保障の理念と構造』（有斐閣，2004年）234頁以下，237-238頁。
50) 中野・前掲注49) 11頁以下，141頁以下など。なお，保健医療サービスの財源に疾病保険からの拠出が一部存在するが，近年はこのような財政移転の重要性は縮小傾向にある。中野・同書269頁。同書272頁も参照。

Ⅳ 日　　本

本節では，日本の年金制度・医療制度について，1で概要を述べ，2では，諸外国と比較しながら日本の制度の特徴を分析し，今後の課題を指摘する。

1　日本の社会保険制度の構造

　日本の年金制度および医療制度は，いずれも社会保険方式を採用しており，少なくとも部分的に労働者保険型ないし職域保険型の性格をもつ。すなわち，厚生年金保険制度（厚年法）等，健康保険制度（健保法）等は，原則として適用事業所に使用される者，つまり労働者を対象とした社会保険であり，原則として賃金水準に応じた拠出を行う。また，国民健康保険法（以下，「国保法」とする）における国保組合は，自営業者について，一定の職種（弁護士や医師）について一定の地理的範囲で保険集団を構成することを認める制度であるから，国保制度も，少なくとも部分的に職域保険の性格を有する。このうち，厚生年金は政府により管掌されているが，医療保険の保険者は国から一応独立した組織が担当している（健保組合，全国健保協会，国保組合）。

　これらの労働者保険型・職域保険型社会保険制度は，異なる性格の社会保険方式と併用されている。すなわち，年金の分野では，国民年金制度が，日本国内に住所を有するあらゆる国民を対象とし（国年7条参照），原則として定額の拠出に対して定額の年金を支給する（但し拠出を行わない被保険者も存在する。国年94条の6ほか参照）。生活保護受給者等の保険料拠出能力をもたない者（保険料納付義務の免除の対象となる）を含めたあらゆる国民を対象とする国民年金制度によって，日本では国民皆年金が実現されている。他方，医療の分野では，健康保険等の職域保険の適用を受けないあらゆる国民が加入を義務付けられる国民健康保険が存在する（国保5条，6条参照）。この制度は，生活保護受給者や一部の外国人を適用除外とするものの（国保6条，法施行規則1条），原則として全ての日本国民がいずれかの社会保険に加入する，いわゆる皆保険制度を達成している。市町村国保は地域住民ごとに保険者を組織する制度であり，以下，

このような制度を地域保険型の社会保険方式と呼ぶ[51]。市町村国保には，国庫負担と都道府県負担が予定されている他，市町村の一般会計からの繰入等も行われており，全ての公費負担を併せると給付費の2分の1，ないしこれを超える割合に達する[53]。健保と国保の給付はほぼ同水準・同内容であるが[54]，所得保障の性格を有する傷病手当について相違が存在する（健保52条2号，国保58条2項）。

なお，医療については，75歳以上の高齢者等だけを対象とする後期高齢者医療制度も存在する（高齢者医療確保法）。2006年の医療制度改革によって導入された同制度は，市町村国保から分化したもので，都道府県単位の広域連合が保険者を担当する。市町村国保と同様，地域保険型の社会保険方式を採用する制度といえる。

2　日本の社会保険制度の特徴・諸外国との比較と今後の課題

Ⅲの検討をふまえると，年金制度については，まず，国民年金制度が，建前としては社会保険方式を採用しつつ，保険料拠出能力をもたない者も含めた国民皆保険を達成している点に日本の制度の特殊性を指摘することができる。国民年金は定額拠出・定額給付を原則としており，国民保険型の社会保険方式に分類できるものの，イギリスとは異なり，拠出能力をもたない者もいったん被保険者とした上で，第3号被保険者という特別な被保険者類型を設定したり（国年7条1項3号ほか），保険料免除期間についても一定の割合で拠出があったものとみなすという取扱いを行っている（同27条参照）。他方，日本の国民年金には，諸外国には見られない程度の（財源の半分に達する）国庫負担が存在する（同85条）。こうした制度は，諸外国にも確認できた，拠出できない者が無年金者となるという社会保険方式のデメリット（→Ⅱ4(2)(b)，Ⅲ1）を，大規模な租

---

51)　島崎・前掲注11) 216頁。
52)　このような制度設計が採用された経緯については，新田秀樹『国民健康保険の保険者――制度創設から市町村公営までの制度論的考察』(信山社，2009年) 59-60頁，島崎・前掲注11) 218頁。
53)　なお，保険料が税の形で徴収される場合（国民健康保険税，地税703条の4）については，本章では保険料に含まれるものとして扱う。
54)　倉田聡・前掲注19) 285-286頁。

税財源等を背景とした保険料免除の制度等によりカバーする制度とみることができる。他方で，国民保険型の社会保険方式がそもそも税方式に近い性格を有すること（→Ⅱ4(3)）も考慮すれば，日本の年金制度を全体としてみれば，建前としては社会保険方式を貫徹しつつ，制度の実態としては，税方式の年金制度を併用することで国民皆年金を実現するスウェーデンやカナダの制度に近いともいえるだろう。実際，近年の日本では，スウェーデンの年金制度を参考にしたと思われる最低保障年金の導入が議論されており[55]，今後は，以下のような点を考慮しつつ，国民年金が社会保険方式であることの意味を再検討することが有益となりうる。

すなわち，国民年金のように税財源を多く用いる社会保険制度においては，社会保険方式のメリット（Ⅱ4(1)(a)）のうち財源の性格に由来する④，⑤は弱くなるとも思われ，また，労働者保険型の社会保険に認められる⑥以下のメリットは，日本の国民年金にはそもそも認められない。これに対して，拠出を前提とした給付であることから生じる①〜③は，国民年金制度が社会保険方式を採用する限り，一応妥当するだろう。他方，年金を税方式で行う場合のデメリットとして，ミーンズテストの導入等の給付要件の厳格化が懸念される（Ⅱ4(2)(b)）。この点，スウェーデンにでも，カナダでも，厳格な所得審査等は課されていないが，居住期間と所得に関連する条件（所得比例年金が一定額以下であること（スウェーデン），一定額以上の（比較的高額な）所得を有しないこと（カナダ））が要求されている。

次に，厚生年金等の2段階目の年金についてであるが[56]，本章で検討した限りでは，全体としての年金制度の構造にかかわらず，どの国でも何らかの形で報酬比例の年金を導入している。また，日本も含めた各国に共通して，年金の場合には，報酬比例年金を給付する労働者保険やその修正型といえる社会保険方式について，政府が保険者を担当する例が散見され，保険者の自治が医療保険

---

[55] 社会保障・税一体改革素案（政府・与党社会保障改革本部決定，平成24年1月16日）16頁ほか。

[56] 非正規労働者との関係で被用者年金をどのように構成すべきかという問題（参照，Ⅱ4(1)(b)）については別稿が存在する（→第2章）。

制度ほどは強調されない傾向を指摘できる[57]。

　次に，医療制度については，社会保険方式を採用しつつ，この制度があらゆる国民に適用されるものとされ，同時に，税が国保財源の重要な割合を占めるという日本の状況は，フランスの医療保険制度の現状と類似している。もともと，日本の医療保険制度は，1961年に早々と国民皆保険を達成しており，地方自治体たる市町村（国保）や政府（2004年改正前の健保）が直接に保険者を担当するという制度設計を採用し，異なる保険者間でほぼ同水準の給付が提供されるなど，中央集権化された普遍的な社会保険制度を，ある意味ではフランスに先駆けて構築してきたといえる[58]。

　上述の通り，医療の分野では労働者保険型ないし職域保険型の制度は根本的な変容を迫られており，日本においても，給付の面や保険料水準の差から見れば，被用者と非被用者について区別した保険制度をおくことの意義は希薄化しつつある。既にⅢ2で指摘した通り，医療の分野において保険者ごとの連帯という性格をもつ社会保険方式を採ることの意義については，年金制度とは別の観点から改めて問い直す必要があると思われる[59]。最近の医療制度改革（2006年）においては，協会管掌健保において都道府県ごとのリスク分散が行われることとされ，将来的には，地域保険に一本化した上での保険者の都道府県単位化が議論されている[60]。都道府県単位での地域保険方式は，医療計画等をはじめとした都道府県の医療提供体制整備や予防を含めた保健・公衆衛生に関わる行政サービスとの連携を容易にするものであり，そこにはイギリスやスウェーデンのような税方式の制度との共通点を見いだすことも可能である（このように見

---

57)　本章では紙幅の都合上割愛せざるを得ないが，保険者を政府が直接に担当しない場合でも，保険者自治は年金よりも医療について議論される傾向にあり（とくにドイツ），分野ごとに社会保険方式がもちうる意味や機能について，より厳密に分けて議論する必要があるように思われる。

58)　なお，日本の医療保険の重要な特徴である高齢者医療の財政調整については，別稿がある（→第7章）。

59)　重要な論点の1つになると思われる保険料の事業者負担について，参照，健保連・前掲注42）71-72頁（柴田洋二郎執筆箇所）。

60)　加藤智章「平成18年改正法に基づく保険者の変容」ジュリスト1327号（2007年）32-33頁，菊池・前掲注16）『社会保障法制の将来構想』146頁。

る場合，傷病給付金制度については別に議論が必要であろう。→Ⅲ2)。他方で，上記のような都道府県ごとのリスク分散の導入によって都道府県ごとに医療費を低く抑えるインセンティブが働くことが期待されており，こうした制度が「保険者の自律」の重視という文脈で議論されることもある[61]。この観点からすると，むしろ，今後，医療制度が社会保険方式で実施されていることが従来よりも重視された形で，保険者集団という存在とそのイニシアティブを明確に意識した新しい地域保険型の社会保険方式が志向される可能性もあろう[62]。

Ⅴ　おわりに

日本の社会保険に多くの税財源が用いられていることや，また諸外国も含めて労働者保険・職域保険型の社会保険に根本的な修正が加えられていることからして，現代において，社会保険方式・税方式というテーマについて議論することの意義は小さくなりつつあるとも考えられよう。もっとも，本章で検討した通り，とくに社会保険方式については，制度の歴史的背景および対象分野（所得保障・現物給付）を軸として，議論を精緻化することが可能である。税方式との比較・対照も含めて，とりわけ比較法的研究の観点から，このように修正された形で伝統的な議論枠組を用いることには，依然として意味があるように思われる。

---

61) 辻哲夫『日本の医療制度改革がめざすもの』(時事通信社，2008年) 129頁以下。
62) 保険者間の競争を予定したドイツの制度も含め，労働者保険型の制度を採用していたヨーロッパ諸国においては，分権と保険者間の競争の強化を進める国々が見られる。Pellet (R.), L'Europe et «la privatisation des États-providence», *Droit Social*, 2011, p. 205. ドイツと並んでオランダをそのような例としてあげる文献として，Hassenteufel and Palier, *op. cit.*, pp. 55-56. このように，医療の分野では，労働者保険型の制度が根本的変容に迫られる中で，複数保険者を相互に競争させることで良質な医療サービスの効率的な提供を実現するという観点から，なお社会保険方式を重視する例が見られ，日本の近年の制度改革についても，このような観点から説明することも可能であろう。なお，ドイツの現行制度を，被保険者個人の選択に基づく社会連帯と評価するものとして，倉田聡『医療保険の基本構造――ドイツ疾病保険制度史研究』(北海道大学図書刊行会，1997年) 325頁。

第2章
非正規就業・失業と社会保険——医療保険を中心に

国京　則幸

I　はじめに

　1950年の社会保障制度審議会による「社会保障制度に関する勧告」に基づき構築されてきた日本の社会保障制度は，社会保険制度を中心とし，国家扶助制度を補完的制度として位置付けてきている。社会保険は，保険技術を労働者や国民の生活事故に対応する生活保障のために用いるものであり，さらに，保険技術に修正を加えることによって，その目的のために社会保障制度の1つの重要な基盤として広く国民全体をカバーするものとなっている。[1]このような社会保険制度は，「日本的雇用慣行」（新規学卒採用，長期雇用，企業内訓練，年功賃金などの慣行を特徴とする）と言われるものが形成・維持され，安定した雇用が存在していた時期（1950年代～1980年代）に，「皆保険・皆年金体制」（1961年）として1つの到達点を迎えることとなる。現在，この社会保険の仕組みを採用する制度としては，目的別に，医療保険，年金保険，雇用（失業）保険，労働者災害補償保険（労災保険），介護保険の5つが存在している。また，さらに具体的な制度は，それぞれ適用対象の異なる複数の制度・保険集団から成り立っており，大別すれば，対象ごとに，被用者とその家族とを対象とする，いわゆる

---

1) 社会保険の特徴や意義について，岩村正彦『社会保障法I』（弘文堂，2001年）40頁以下など参照。

「被用者保険(職域保険)」と,一般国民を対象とし,とくに自営業・農林業者を典型とする,いわゆる「地域保険(住民保険)」となっている。そして両者の制度が併存する場合,制度の展開の経緯等から,「被用者保険(職域保険)」に中心的な位置づけが与えられており,「地域保険(住民保険)」がこれを補完的にカバーすることとなっている。

　ところで,社会保険の基本的特徴の1つに,強制加入(適用)がある。これは,「逆選択」の防止を目的とするものであり,同時に,日本の社会保険体制の特徴である「皆保険・皆年金」を実現するための強力な手段としても位置付けられるものである。そしてこの強制加入(適用)は,当事者の意思を問題とせず,法令の定めるところにより,また客観的事実に基づき,当該保険の法律関係を成立させるものであり,該当者には当然に被保険者資格を付与することとなる。このように,法律の規定と客観的事実とに基づく形式的な適用が皆保険の下での社会保険を特徴づけるものとなっている。

　しかし,90年代以降の非正規雇用の本格的導入をはじめ,現在の急激な雇用形態の変化や社会経済的変化の中で,各種社会保険制度は,問題に直面することとなってきている。とくに,直接的には,いわゆる正規雇用を前提とした被用者保険(職域保険)について,その屋台骨を揺るがしかねない状況に至っており,他方で,皆年金・皆保険体制の下でこれをカバーする地域保険(住民保険)にも大きな負荷がかかるようになってきているのである。

　本章では,このような就業形態の変化,とくに非正規雇用に従事する者(以下,「非正規就業者」とする)の増大や失業・無業者の増大が被用者保険(職域保険)のみならず地域保険(住民保険)も含め,社会保障の重要な基盤である社会保険に与える影響について取り上げ,検討を加える。そしてその中で,現在の状況が,社会保険の(人的)適用範囲の問題だけでなく,貧困問題と絡んで,改めて,公的扶助等との関係について問題を提起するようになってきている点も見ていくことにしたい。

---

2) 馬渡淳一郎「社会保障の人的適用範囲」日本社会保障法学会編『講座社会保障法第1巻 21世紀の社会保障法』(法律文化社,2001年)96頁。

そこで，以下では，まず，非正規就業者，失業者・無業者について，現在の状況を確認することから始め（Ⅱ），それを踏まえて，制度適用の問題について検討を加えることにしたい（Ⅲ）。本来，社会保険各種制度について適用の問題を取り上げて検討しなければならないが，本章では，上述したような問題意識から，同一の目的の下で被用者保険（職域保険）と地域保険（住民保険）との異なる適用対象，論理を内包している医療保険について取り上げ，検討することとしたい[3]。

Ⅱ 非正規就業・失業の実態と問題

 2008（平成20）年12月末のいわゆる「年越し派遣村」は，当時の派遣労働者をはじめ，非正規就業者の現状を可視的に再認識させることとなった[4]。ただ，非正規雇用自体は，もちろん，ごく近年になって生じたものではない。にもかかわらず，現在，非正規就業者にかかる問題が大きく取りざたされるようになっているのは，非正規就業者が増大してきていることに加え，質的な変化というのが社会のあり方にまで大きな影響を与えるようになってきているからにほかならない。また，失業者・無業者に関する問題も，失業率の上昇などその量的な側面に加えて，とりわけ若年失業者の増大といった質的な側面の持つ意味を考慮しなければならない。

 ここでは，統計資料等に基づき，非正規就業者や失業者・無業者の状況，実態について概観するとともに，社会保険の適用問題を考える上で考慮しなければならない点について指摘し，若干の検討を加える。

1 非正規就業者，失業・無業者の現状

 日本でのふだんの就業・不就業の実態から就業構造や就業の実態を明らかに

---

3) 医療保障法における医療保険の位置づけにつき，倉田聡「医療保険法の現状と課題」日本社会保障法学会編『講座社会保障法第4巻　医療保障法・介護保障法』（法律文化社，2001年）44頁など参照。

4) 例えば，年越し派遣村実行委員会編『派遣村――国を動かした6日間』（毎日新聞社，2009年）など。

する目的で行われている調査に,「就業構造基本調査」がある[5]。本調査では,雇用形態を,「正規の職員・従業員」,「パート」,「アルバイト」,「労働者派遣事業所の派遣社員」,「契約社員」,「嘱託」,「その他」,と区分し[6],「正規の職員・従業員」を「正規就業者」,それ以外の6区分を「非正規就業者」として調査を行っている。この調査を手掛かりに,非正規就業者,失業・無業者の現状を確認していくことにしたい。

2007（平成19）年の結果によれば,まず,有業者の80.7％（5326万3000人）は雇用者[7]であり,自営業主が10.1％（667万5000人）,会社役員などが6.1％（401万2000人）,家族従業者が2.8％（187万6000人）となっている。前回2002（平成14）年調査と比べて,雇用者の割合は若干上昇している。

そして,そのうち,雇用者を雇用形態別にみると,「正規の職員・従業員」が3432万4000人で（全体に占める割合は64.4％),「パート」が885万5000人（同16.6％),「アルバイト」が408万人（同7.7％),「契約社員」が225万5000人（同4.2％),「労働者派遣事業所の派遣社員」が160万8000人（同3.0％）などとなっている。つまり,現在,雇用者のうち35％強が「非正規就業者」ということになる。

また,これを男女別にみると,男性は「正規の職員・従業員」が2379万9000人（男性雇用者に占める割合は80.0％）と最も多く,次いで「アルバイト」が205万9000人（同6.9％),「契約社員」が116万3000人（同3.9％）などとなっている。女性は「正規の職員・従業員」が1052万6000人（女性雇用者に占める割合は44.7％）と最も多く,次いで「パート」が794万人（同33.7％),「アルバイト」

---

[5] 1956（昭和31）年開始以来ほぼ3年ごとに,1982（昭和57）年以降は5年ごとに実施されている。2007（平成19）年10月の調査は15回目のもの。

[6] 本調査での雇用形態の区分は,「職場での呼称」に基づいて行われており,一般職員又は正社員などと呼ばれている者を「正規の職員・従業員」,就業の時間や日数に関係なく勤め先で「パートタイマー」またはそれらに近い名称で呼ばれている者を「パート」,就業の時間や日数に関係なく,勤め先で「アルバイト」またはそれらに近い名称で呼ばれている者を「アルバイト」などと分類している。このような点から厳密でないものの,実勢に近いとみることができる。

[7] 当該調査では,会社員,団体職員,公務員,個人商店の従業員など,会社,団体,個人,官公庁,個人商店などに雇われている者,とされている。

が202万1000人（同8.6％）などとなっている。

これらの結果は，先の調査である2002（平成14）年の結果と比べると，「正規の職員・従業員」が23万3000人減少し，「アルバイト」も15万7000人減少したのに対して，「パート」が103万1000人，「労働者派遣事業所の派遣社員」が88万7000人，それぞれ増加していることがわかる。また，社会経済情勢からみた就業状況の変化として，雇用者に占める「パート」や「アルバイト」などの非正規就業者の割合の推移を男女別にみると，男性は1987（昭和62）年の9.1％から2007（平成19）年には19.9％と，ほぼ2割に達している。また，女性も37.1％から55.2％へと上昇を続けており，2002（平成14）年に引き続き，5割以上が「非正規就業者」となっている。男女とも，「非正規就業者」の割合が上昇し続けてきていることがわかる。

このことは，1つに，そもそも社会に出て最初に就く職が「非正規就業」となっている現状とも関係している。1982（昭和57）年10月以降「初職（アルバイトなどを除く）」に就いた者について，初職の雇用形態をみると，「非正規就業者」として初職に就いた者は年を追うごとに高くなっており，2002（平成14）年10月〜2007（平成19）年9月では43.8％と4割以上を占めている。また，同時期に初職に就いた者について男女別にみると，男性は非正規就業者が31.0％，女性は54.3％となっており，非正規就業者として初職に就いた者の割合は男女とも1982（昭和57）年以降で最も高くなっている。

また，正規就業と非正規就業との間の就業異動について，次のような結果が示されている点も注意を要する。転職就業者のうち過去5年間に雇用者間の転職を行った者（1113万4000人）について，雇用形態間の異動状況をみると，前職が「正規の職員・従業員」だった者（556万6000人）のうち，352万7000人（63.4％）は「正規の職員・従業員」に異動し，203万7000人（36.6％）は「非正規就業者」に異動している。一方，前職が「非正規就業者」だった者（556万4000人）のうち，147万2000人（26.5％）は「正規の職員・従業員」に異動し，408万9000人（73.5％）は「非正規就業者」に異動している。このことから，せっかく正規職に就いたものの，何らかの事情で非正規就業に移行する者が一定数存在すること，そして非正規就業者については，就業異動があってもその

大多数が非正規就業にとどまっていることがわかる。

　また，パートなどに従事している者が低所得にとどまっていることも明らかになっている。主な雇用形態ごとに所得（主な仕事からの年間収入）階級別割合をみると，「正規の職員・従業員」では，男性は「500～699万円」が21.5％と最も高く，500万円未満では全体の57.0％，700万円未満では78.4％となっている。一方，女性は「200～299万円」が31.3％と最も高く，300万円未満では全体の53.8％，500万円未満では84.1％となっている。これに対して，「パート」では，男性は「100～199万円」が49.4％と最も高く，200万円未満が全体の79.3％となっている。女性は「100万円未満」が53.5％と最も高く，200万円未満が全体の93.7％となっている。また，「アルバイト」では，男性は「100万円未満」が49.1％と最も高く，200万円未満が全体の82.9％となっている。女性も「100万円未満」が66.4％と最も高く，200万円未満が全体の92.6％となっている。このように，正規就業者と非正規就業者との間の所得の格差は大きなものとなってきている。

　次に，失業者・無業者についてもみておくこととしたい。同じく2007（平成19）年「就業構造基本調査」によれば，無業者を男女別にみると，男性が1510万8000人，女性が2921万6000人となっている。これは2002（平成14）年と比べると，男性は31万6000人（2.1％）増加したのに対し，女性は15万7000人（0.5％）減少している。

　ここでとくに注目しておきたいのは，無業者の中でも，とくに深刻な意味合いを持つと考えられる若年無業者である。本調査では，若年無業者を，15～34歳で家事も通学もしていない無業者のうち，①就業を希望している者のうち，求職活動をしていない者（非求職者），②就業を希望していない者（非就業希望者）として把握している。このような若年無業者は，実数で63万3000人（就業希望者のうち非求職者30万2000人，非就業希望者33万1000人）と，2002（平成14）年と比べ6万1000人の減少となっているものの，15～34歳人口に占める若年無業者の割合は2.1％となっており，2002（平成14）年と比べずかに上昇している。男女別にみると，男性は39万5000人で，2002（平成14）年と比べ2万4000人の減少，女性は23万8000人で3万7000人の減少と，男女とも減少している。

2 非正規就業者，失業・無業者をめぐる問題

このような非正規就業者の現状を踏まえ，とくに考慮すべき問題点を確認しておくこととしたい。[8]先に見てきたように，①その割合がかなり大きくなっており，かつ増え続けてきている，ということ，②非正規就業者の固定化（正規就業に移行することが困難である），③不安定で過酷な就労状況かつ低所得にとどまっている，といったような問題点を指摘することができる。

①に関しては，一方で確かに，非正規就業者側の一定のニーズもあろうが，大枠で見れば，事業主側の，相対的に賃金の低い者を活用しようとする人件費コストの抑制（そして社会保険料等負担回避・軽減）志向が強く，さらに労働者派遣事業の規制緩和が，こうした傾向を後押しした面があったものと考えられる。また，ひとくちに非正規就業者，と言っても，置かれている環境・状況は多様になってきている点も考慮に入れねばならない。従来のように，主に正規社員雇用を前提にしたパートなど「家計補助型」が中心であったのに代わって，現在は，雇用情勢の悪化なども影響し，「フルタイム型」非正規就業者が非正規雇用の中心となり，正社員に代替するための受け皿となってきていることも指摘されている。そしてこのような非正規雇用の変容と増大は，非正規就業者だけの問題ではなくなっている。非正規就業者が増える中，業務の基幹的部分を担う正規雇用者には責任と過重な労働がますます重くのしかかってくるようになり，正規雇用者の「過労死」といった問題や精神的疾患などに繋がっていっている。そして，これに耐え切れない者は正規雇用の職を辞して非正規の職に移行する場合も見られる。

②については，1つには，雇用情勢の悪化により，正規の職に就けない者が増えており，やむを得ず非正規就業者となる者が一定層いることに加え，先にも指摘したように，さまざまな理由から，一旦正規の職に就いたものの，離職し，非正規就業者となっていく者がいるということである。そして，いずれにしても，一旦非正規就業者となってしまうと，次になかなか正規の職に就く機会を得られず，そのまま非正規就業者として滞留してしまう状況などが，先の

---

8) 調査結果の他，各年次の，厚生労働省『厚生労働白書』や『労働経済白書』なども参照。

調査ほかからも明らかになってきている。

　これらの問題点とあわせて，とりわけ大きな意味を持つのは，③に関連して，非正規就業者の収入が低く抑えられ，かつ不安定なものとなっている点である。とくに，「家計補助型」でない非正規就業者にとっては，この問題は深刻であり，しばしば自立した生活を確保・維持するために複数の就労を行わざるを得ず，このような中で健康等に悪影響が生じる場合も少なくないことが指摘されてきている。

　基本的には，無業者・失業者の問題を考えるにあたっても同様のことを考慮に入れる必要があるが，さらに，現在の非正規就業者，無業者・失業者の問題を考える際に，1つ異なった視点からの考慮の必要性を指摘するとすれば，それは，「若年者」の問題として顕在化している点を挙げることができる。この点に関しては，かつて日本社会保障法学会のシンポジウムでも検討が行われている。無論，どの世代においても，上記のような特徴を有する非正規就業等の状況は深刻なものであるが，とりわけ，若年者にとっては，社会に出て社会の構成員として責任を果たそうとするまさにその時期に，非正規就業，失業・無業の問題が大きく横たわっていることは，「自立」の機会を逸することにもなりかねない。

　この問題は，当人が現在直面する問題であることに加えて，将来にわたって生じるであろう問題として，そして日本の構造的な社会的課題となっていることを認識すべきであろう。

　このような非正規就業者の置かれている，相対的に厳しい就業・生活環境の改善に向けては，第一義的には雇用の改善の問題として正面からその在り方を問い直さねばならない。しかしあわせて，既存の社会保障制度による対応という点からも改善の方策を，早急に探る必要があると言える。

9）　日本社会保障法学会第51回大会（於：法政大学）「『若者』と社会保障——その法的検討に向けて」。社会保障法23号（2008年）や，脇田滋・井上英夫・木下秀雄編『若者の雇用・社会保障——主体形成と制度・政策の課題』（日本評論社，2008年）参照。
10）　木下秀雄「『若者』と社会保障」社会保障法23号（2008年）6‐7頁。

III 非正規雇用・失業と社会保険の適用

1 制度への適用——医療保険を中心に

次に，先に見たような非正規就業者，失業・無業者の実態，問題点を踏まえ，社会保険の適用について検討したい。パート労働や派遣労働者など，雇用期間が短期間または断続的にしか継続しない労働者を，社会保険，とりわけ被用者保険の上でどのように取り扱うべきかという問題については，精緻な研究が既に数多くみられる。[11] しかし，先に見たような非正規就業者，失業者・無業者の現状を踏まえるとき，この問題は，被用者保険（職域保険）への適用のあり方にとどまらず，社会保険のもう1つの柱である地域保険（住民保険）への適用とそこでの問題とも否応なくかかわってくる。非正規就業者，失業・無業者の適用が直接的に問題となるのは被用者保険（職域保険）である。しかし，強制保険による皆保険体制の下では，この適用関係はそのままもう1つの社会保険である地域保険（住民保険）の適用と表裏の関係にあり，とくに二重適用を認めない医療保険の適用関係においては，この問題は連動することとなっているのである。

ここではとくに医療保険をとりあげ，適用関係を概観し，そこに存在する問題を検討することとしたい。

被用者保険（職域保険）たる健康保険（以下，「健保」とする）[12]においては，健康保険法（以下，「健保法」とする）3条3項1号に列挙された事業で常時5人

---

11) 例えば，水町勇一郎『パートタイム労働の法律政策』（有斐閣，1997年）や社会保障法学としては，保原喜志夫「パート労働者への社会保険等の適用」ジュリスト1021号（1993年）49頁以下，倉田聡「短期・断続的雇用者の労働保険・社会保険」日本労働法学会編集『講座21世紀の労働法 第2巻 労働市場の機構とルール』（有斐閣，2000年）261頁以下，同「労働形態の多様化と社会保険の将来」法律時報75巻5号（2003年）35頁以下，同『社会保険の構造分析——社会保障における「連帯」のかたち』（北海道大学出版会，2009年），上田真理「被用者保険（医療，年金）の適用の拡大」脇田・井上・木下編・前掲注9）108頁以下など。
12) 健保には，健康保険組合が保険者となり組合員たる被保険者の保険を管掌する（健保6条）いわゆる「組合健保」と，全国健康保険協会が保険者となり健康保険組合の組合員以外である被保険者を管掌する（同5条），いわゆる「協会けんぽ」との区別がある。

以上の従業員を使用する事業所及びそれ以外の国または法人の事業所で常時従業員を使用する事業所（2号）を強制適用事業所として，ここで「使用」される者を（強制）被保険者として被保険者資格を付与する。[13]被保険者としての制度への適用は，この使用関係と常用性の判断が重要な判断基準となってくる。一般に，この使用関係は，事実上の使用関係があれば足りるとされ，事業主との間の法律上の雇用関係の存否は，当該使用関係を認定する参考となるに過ぎない。またここに言う使用関係は，労働基準法9条に言う使用従属関係を中核としつつも，より広い概念として実務上取り扱われている。[14]そこで，非正規就業者であっても，1日の労働時間が当該事業所の通常の従業員の労働時間の4分の3以上ある場合や1月の勤務日数が当該事業所の通常の従業員の所定勤務日数の4分の3以上ある場合には，被保険者資格を付与されることとなる。[15]また，登録型の派遣労働者については，2002（平成14）年5月1日に人材派遣健康保険組合（はけんけんぽ）が設立されており，健保の被保険者資格を取得できるようになっている。[16]

このように被保険者資格を取得すると，原則として事業主の資格取得届によって行われる保険者の「確認」[17]（健保39条1項）によって，当該資格は給付に向けた効力を生じることとなる。[18]この確認によって，事業主は保険料納付義務

---

13) 健保の強制適用被保険者は，国籍，年齢，住所，報酬の多寡に関係なく，当該要件に合致すれば被保険者資格を取得することとなる。この他，退職等によって被保険者資格を喪失した際，喪失日の前日まで継続して2ヶ月以上被保険者であったものは，原則として2年間，任意継続被保険者として被保険者資格を継続することができる（健保3条4項）。他方，制度の重複を避けるため，船員保険の被保険者は適用除外となるほか（同条1項1号），事業の実態ないし使用関係が臨時的・浮動的なものであり保険経済上あるいは保険技術上の困難があるとして，日雇特例被保険者となる場合を除いて，臨時に使用される者，季節的業務，臨時的事業所に使用される者についても適用除外としている（同項2号-5号）。
14) 倉田・前掲注11）「短期・断続的雇用者の労働保険・社会保険」の他，竹中康之「社会保険における被用者概念」修道法学19巻2号（1997年）155頁など参照。
15) この点については，台豊「被用者保険法における短時間労働者の取扱いについて」季刊社会保障研究38巻4号（2003年）308頁以下で詳細に検討されている。
16) 倉田・前掲注11）『社会保険の構造分析』122頁の他，派遣健保のホームページ参照。
17) 事業主の届の他，被保険者本人による請求によっても行うことができる（健保51条1項）。
18) 確認は，資格の取得または喪失という法律関係の存否を認定する行為であるとされ，資

を負うとともに、被保険者については、現物給付たる療養の給付（同63条1項）をはじめ、所得保障としての傷病手当金（同99条1項）等を受けることができるようになる。

　また、健保の適用に関しては、このような被保険者資格に基づく者の他、一定の範囲にある者で「主としてその被保険者により生計を維持するもの」を「被扶養者」（3条7項）として制度に適用することとなっている。被扶養者の認定は、収入がある者については、基本的に、年間収入130万円未満であって、かつ、被保険者の年間収入の2分の1未満である場合には、被扶養者として認定される。非正規就業者は、仮に使用関係・常用性の判断から被保険者資格を認められない場合であっても、当該条件を満たす場合には、被扶養者として健康保険の適用を受けることとなる。ただし当該被扶養者としての適用の効果は、被保険者資格に基づく適用とは異なるものである。被扶養者は保険料の算定根拠としては考慮されない故に、独自の給付として被保険者が受ける療養の給付の対象となることはできず、あくまで、生活維持者たる被保険者に対して行われる家族療養費（建前上、金銭給付）（同110条1項）の支給対象として制度の適用を受けるにとどまる。もっとも、現実的には、多くの場合、被保険者

　　格得喪の関係が形成されるという意味ではない、とされる。確認によって、保険の法律関係が公に確認されることにより、保険給付の支給や保険料の徴収・支払といった法律効果を発することとなる。法律効果発生の時期は、確認の日ではなく、資格得喪の事実が発生した日に遡る。

19）　一定の範囲とは、①被保険者の直系尊属、配偶者（婚姻の届け出をしていないが、事実上婚姻関係と同様の事情にある者を含む）、子、孫、および弟妹、または②被保険者と同一の世帯に属する、被保険者の3親等内の親族、被保険者の配偶者であって、婚姻の届け出をしていないが事実上婚姻と同様の事情にある者の父母および子などである。①については「生計維持関係」が、②については「生計維持関係」に加えて「同一世帯」であることが被扶養者認定の要件となる。

20）　被保険者への依存の程度につき、1957（昭和32）年の改正前には「専ら」となっており、この場合、「原則として被保険者以外からの生活の資を得ない」程度とされていた。しかし改正により、「主として」に改められ、依存の程度に関しては緩和されている。

21）　「収入がある者についての被扶養者の認定について」（昭52・4・6保発9号・庁保発9号）。

22）　いわゆる「130万円の壁」問題として、当該基準が主婦パートの就労抑制や賃金水準を低く抑えることになっている点から、130万円という基準の妥当性の検討の必要性が指摘されているところである。

と同じく現物給付として取り扱われることとなっている（同条4項，6項）。とくに，被扶養者の存在，位置付けから，後に述べる国民健康保険（以下，国保とする）の適用と比べても，健保は家族的な適用を行うものということができる。

他方，非正規就業者が被保険者または被扶養者として健保の適用を受けることができない場合，強制適用による皆保険体制の下，地域保険（住民保険）たる国保の被保険者資格を取得することとなる。また，失業者・無業者については，適用除外となる生活保護受給世帯や後期高齢者医療制度の被保険者に該当しない限り，同じく，国保の被保険者資格を取得することとなる。そこで，国保の適用関係についても確認しておきたい。

市町村が保険者となって行う国保は，当該市町村の区域内に「住所」を有する者をすべて被保険者として，強制的に保険に加入させ（国保5条），その疾病，負傷，出産または死亡に関して必要な保険給付を行う（同2条）。国保の適用＝被保険者資格取得は基本的に，完全な個人単位主義となっており，被保険者となる者は，当該市町村の区域内に「住所」を有するに至った日または法6条各号所定の適用除外事由に該当しなくなった日から，その資格を取得する

---

23) 現在は，高齢者の医療の確保に関する法律により，後期高齢者医療広域連合の区域内に住所を有する75歳以上の者または65歳以上75歳未満の者で一定の障害状態にある者は，後期高齢者医療制度の被保険者となる（高医50条）ため，国保からは除外される（国保6条）。

24) 国保にも，業種別の国保組合が実施するもの（2010（平成22）年3月末現在で165），市町村が行うもの（同1723）とに大別できる。ここでは後の検討と関係することになる市町村国保に限定して確認しておきたい。

25) 国保には別段の定めはなく，民法22条の「生活の本拠」を準用してきている。関連して，住所の認定について，「定住の意思と定住の事実の両面より判断して，生活の本拠を確定すべきである」（昭34・1・27保発4号）の他，住民基本台帳法施行（昭42年11月）後，「客観的居住の事実を基礎とし，これに当該居住者の主観的居住意思を統合して決定する」（昭42・10・4法務省民事甲2671号・保発39号・庁保発22号・42食糧業2668号・自治振150号）が示されている。なお，国保では，「複数住所説」はとらず，1個に限定されるべきものとされている。

26) ここでの記述との関係で指摘しておくと，被用者保険の被保険者の場合，一般的には，退職した日までは被用者保険の被保険者資格が存在するため，その翌日が国保の資格取得日となる。被用者保険の被扶養者の場合，被用者保険の被保険者の資格喪失と連動して国保の適用を受けることになる場合は，被保険者と同一の日に国保の資格を取得することになり，被扶養者が単独で被用者保険の適用要件を喪失し国保の適用を受ける場合には，被

(同7条)。健保の場合と同様，国保についても，適用者の意思を問題とはせず，住所の存在＋適用除外非該当という事実が発生した日に，当然に被保険者資格を取得することとなっている。そして資格取得の日から，保険給付を受ける権利と保険料（税）を負担すべき義務が発生する。ただ，現実的には，被保険者の把握のために，被保険者の属する世帯の世帯主が所定の届出を行うことになっている（同9条1項，9項）[27]。

また，国保の保険者は，国保事業の費用に充てるため，保険料（税）を，被保険者の属する世帯主から徴収する（同76条）[28]。このとき保険料（税）を滞納している被保険者世帯には，有効期間が通常よりも短い被保険者証（短期被保険者証）の交付が可能となっており（同9条10項），また特別の事情がないにもかかわらず，長期にわたり保険料を滞納している場合，被保険者資格証明書を交付することとなっている（同9条3項，6項）[29]。いずれにしても，強制加入（適用）であることから，保険料の納付状況いかんで被保険者資格を喪失するわけではない。ただし，当該被保険者資格証明書の場合，現物給付たる療養の給付を受けることはできず，申請によって事後的に金銭給付が行われる特別療養費（同54条の3）の適用となる。

他方，保険料等の負担能力の有無にかかわらず，「住所」を有する者（でか

扶養者でなくなった日から国保の資格を取得する。生活保護世帯については，生活保護を停止または廃止された日に国保の資格を取得する。

27) 届出を行わない場合に過料の制裁を行う規定を，条例等により設けることができる（国保127条）。ただし，本文中にも記したように，被保険者資格は当該届出により取得するものではないので，届出がなされない場合でも，適用すべき事実の発生まで遡及して適用されることとなる。

28) 国保76条の規定は，保険料を本則とし，地方税法703条の4に基づく保険税を例外と位置づけている。しかし，現在，実態としては，市町村国保の大多数が保険税を採用している。2009（平成21）年度末現在，保険税による保険者数は1425保険者，保険料による保険者数は218保険者となっている。厚生労働省保険局『平成21年度　国民健康保険事業年報』(2011年)。

29) 厚労省保険局国民健康保険課「平成21年度国民健康保険（市町村）の財政状況等について＝速報＝」(2011年)によれば，保険料（税）の収納率は，2008（平成20）年度以降の景気悪化の影響などから，国民皆保険になって以降の最低を更新している（現年度分）。また，2010（平成22）年6月1日現在における，市町村国保の全世帯（2113.7万世帯）に占める滞納世帯の割合は20.6％（436.4万世帯）に上り，短期被保険者証交付世帯は128.4万世帯，被保険者資格証明書交付世帯は，30.7万世帯となっている。

つ適用除外に該当しない者）に国保の被保険者資格を当然に付与することとなっているため，保険料（税）については減免に関する規定を置き[30]，併せて一部負担金についても，「特別の理由」がある者で支払いが困難と認められる者について，減免または猶予をすることができるようになっている（同44条）[31]。したがって，とくに，無業者・失業者の場合などでは，この保険料（税），一部負担金の減免の適用可能性と，他方で，そもそも社会保険たる国保の適用を受けずに公的扶助たる生活保護による医療扶助の受給可能性，という，社会保険と公的扶助との選択・接続の問題が生じる場合がある。

2 問題点の検討

非正規就業者，失業・無業者の社会保険の適用は2つの視点から検討しなければならない。1つは，非正規就業者，失業者・無業者が直面する問題，すなわち，これらの者の生活保障の問題として，適用がどうあるべきかという視点である。もう1つは，逆に，適用される制度の側の問題として，公平な負担等，制度の維持という視点である[32]。順に見ていくこととしたい。

まず，非正規就業者，失業者・無業者が直面する問題という視点から検討することとしたい。この点で最も大きいのは，医療へのアクセス保障の問題である[33]。ただ，非正規就業者，失業者・無業者の医療へのアクセスとして社会保険

---

30) 保険料方式の場合，国保81条に基づき，条例等を定めて保険料の減額賦課をすることができ，保険税方式をとる場合には，地方税法703条の5に基づき，一定の基準を満たす低所得被保険者に対して保険税のうちの応益負担部分である被保険者均等割額及び世帯別平等割額を減額しなければならない。また，保険料方式の場合には，法77条に基づき保険料の減免または徴収猶予を，保険税方式の場合には，貧困に因り生活のため公私の扶助を受ける者その他特別の事情がある者に対して，条例による保険税の減免（地税717条）または徴収猶予（同15条1項）をそれぞれ行うことができる。
31) なお，一部負担金に関しては，高額療養費（国保57条の2）制度も存在する。しかし当該制度は，一部負担金が一定の限度を超える場合，その限度を超えて支払った分について保険給付を行う制度であり，一部負担の負担軽減のための制度であるが，低所得者のための制度というわけではない。
32) 菊池馨実『社会保障法制の将来構想』（有斐閣，2010年）63頁以下参照。
33) 医療へのアクセスとは若干異なるが，本来的被保険者であるところの自営業主等と異なり，何らの資産や生活手段を有しない非正規就労者にとっては，医療のための給付以外の，所得保障たる「傷病手当金」の給付の有無は，現実的には大きな意味を持っていると考えられる。この点からは，とくに，フルタイム型の非正規就業者については，できる限

各種制度への適用の問題を考えるとき，どの医療保険に（また，どのように）適用されるのか，ということは，現在，とくに給付に着目する限り，大きな違いはなくなっている。というのも，被用者保険である健保に被保険者として適用される場合（療養の給付）であっても，被扶養者として適用される場合（家族療養費）であっても，さらに国保の被保険者として適用される場合（療養の給付）であっても，現実的には，現物給付で医療を受けることができ，また，一部負担金割合（給付率）は2002（平成14）年の改正以降すべて横並びとなっている。したがって，現在，給付に着目する限り，どの制度にどのように適用されるかを論じる実益は小さいと言える。

ただし，給付の前提となる保険料（税）の納付・負担を考えると，どの制度にどのように適用されるか，という問題は，なお，適用のされ方によって大きな差異があり，かつしばしば深刻な問題に直面することになる。既に見てきたように，健保の被扶養者として制度に適用される場合，保険料の負担なしに給付を受けることができる。また，健保の被保険者として適用される場合でさえ，適用される（相対的に低い）標準報酬をベースにかつ事業主と折半のうちに保険料を納付することになるため，非正規就業者の負担は相対的に小さなものにとどまる。これに対して，健保の適用を受けることができず，国保の適用となる場合，逆に相対的に大きな保険料（税）負担を余儀なくされ，また低所得かつ不安定な収入とあいまって，結果，保険料（税）納付が困難になることが懸念される。ところが，国保において，保険料（税）の納付が滞ると，有効期限の短い短期被保険者証や被保険者資格証明書の適用となり，医療へのアクセスが著しく阻害される可能性が出てくる。

このように考えると，非正規就業者，失業・無業者への社会保険の適用の問題は，現在の状況を踏まえれば，それぞれの制度への適用範囲の問題としてばかりでなく，さらに，低所得（かつ不安定な収入）であることに起因する問題として検討を加える必要があると言える。低所得者の医療保障という点では，困

り健保の被保険者として適用できる方が良いということになる。
34) 低所得者の医療受給権の問題を論ずるものとして，丸谷浩介「低所得者と医療受給権」社会保障法18号（2003年）180頁など。

窮のため最低限度の生活を維持することのできない低所得者は,生活保護制度における医療扶助(生保15条)を受けることができる[35]。そこで,低所得ゆえに保険料(税)や一部負担金の支払が困難な者においては,国保の各種減免制度を活用して国保にとどまる＝社会保険の適用を受けるのか,公的扶助たる生活保護の適用を受けるのか,という制度適用の優先順位の問題が生じることとなる。次に,この点について少しだけ見ておくこととしたい。

現実問題として,国保の保険料(税)の納付が著しく困難である状況でも,スティグマ等の問題から,しばしば生活保護の申請を行わず,国保にとどまり減免の活用を探ることがあり,保険料(税)の減免をめぐって,いくつかの訴訟も提起されてきている[36]。これらによれば,国保が被保険者として予定しているのは,あくまでも保険料負担能力を有する者であり,また国保料減免制度は,一応合理的に算定し賦課決定された保険料を,その後の被保険者の保険料負担能力の変化のために,例外的に修正しようという制度であるため,賦課決定後に負担能力に変化が生じるわけではない「恒常的生活困窮者」は当然に保険料の減免の対象者になる者ではなく,この場合には,法は,国保の保険料の減免ではなく,生活保護による医療扶助の適用を予定している,として,国保の減免の適用よりは,医療保障全体の仕組みの中で生活保護を優先させるべき,との考え方をとってきていた。ところが,最近,国保税の減免や国保の一部負担金減免に関するいくつかの裁判例で,国保における保険料(税)や一部

---

[35] 医療扶助では,保険料(税)の納付や一部負担金の支払いは問題とならず,「国保の例」による(生保52条)医療を,現物給付で受けることができる(同34条)。この医療扶助をはじめ,生活保護の各種扶助を受ける場合(いずれの扶助であっても),世帯全体が国保の適用除外(国保6条9号)となる(昭34・1・27保発4号)。ただし,生活保護世帯でも保護を停止されている場合は,国保が適用される。

[36] 例えば,杉並区保険料減免事件(東京地判昭43・2・29判例時報525号42頁)や,旭川市国保料国家賠償事件(旭川地判平12・12・19判例自治216号73頁),静岡市保険料免除申請事件(東京高判平13・5・30判例タイムズ1124号154頁)など。この他,国保の保険料条例における課税要件と租税法律主義が争点となった旭川市健康保険料条例事件(最大判平18・3・1民集60巻2号587頁,札幌高判平11・12・21民集60巻2号713頁,旭川地判平10・4・21民集60巻2号672頁)でも,恒常的な生活困窮者を保険料減免の対象としないことが憲法25条,14条に違反しないか,という点について争われている。島崎謙治「判批」西村健一郎・岩村正彦編『社会保障判例百選〔第4版〕』(有斐閣,2008年)16頁。

負担金の軽減措置の意義をより積極的に位置付けようとするものがみられる[37]。ただし，減免制度適用の意義については，被保険者の側からの考慮だけでなく，保険者からの考慮も必要である。とりわけ，赤字財政となっている保険者にとっては，被保険者の保険料や一部負担金の減免の費用は，他の被保険者の保険料等によって充当されるのであり，保険制度を維持していく上での健全な財政確保の観点からの考慮も必要である。このような意味では，一定の場合に，国保料負担分を介護保険と同様のシステムとして生活保護給付により対応する指摘など[38]は現実的かつ実効性のあるものであると考えられる。

他方，社会保険全体としてみた場合，公平な負担という点からの考慮も必要であり，この点からすると，非正規就業者，失業・無業者の受け皿として事実上国保が機能していることは問題がある，と言える。平成21（2009）年9月末現在，市町村国保の世帯数の構成割合で最も高いのは「無職」であり，全体の40％弱を占めている。また，所得階層別の世帯分布では，「所得なし」が27％弱となっている[39]。国保における高齢者医療の負担が構造的な問題となったように，今後，改めて，非正規就業者，失業者・無業者に関する負担が国保の構造的問題となる可能性は高く，「連帯」のあり方にまでさかのぼって，社会保険全体の制度のあり方として抜本的な検討を行う必要がある。

Ⅳ　おわりに

本章では，医療保険について検討を加えてきた。見てきたように，非正規就業者，失業者・無業者の位置づけについて，現在の状況は，もはや一時的なものと考えるべきではないのであろう。この問題は，根本的には，雇用のあり方の問題として問われなければならないが，しかし，他方で，社会保障の問題，

---

37) 国保の一部負担金減免申請について司法判断が示された初めての事案の高裁判決（確定）仙台高秋田支判平23・1・19（原審：秋田地判平22・4・30）賃金と社会保障1545号40頁以下や，手持金（預貯金）の保有と国保税の減免をめぐる一連の判決，秋田地判平23・3・4賃金と社会保障1556号12頁以下など参照。

38) 例えば，菊池・前掲注32）121頁以下など参照。

39) 厚生労働省保険局『平成21年度　国民健康保険実態調査報告』（2011年）。

とりわけ，雇用のあり方と密接にかかわっている社会保険への適用としても検討すべきであり，このとき，非正規就業等の問題が，もはや個人責任の問題に帰することができないような状況であることを踏まえた検討を行う必要である。これら非正規就業者等は，社会保険，とりわけ被用者保険（職域保険）がこれまで典型として想定してきた被保険者像とは異なるものであり，他方で，地域保険（住民保険）が想定してきた被保険者像とも異なる。しかし，強制加入による皆保険体制の下では，法令の規定と客観的事実により適用が決まることとなっている。したがって，このとき，どの制度に適用されることになるのか，という制度適用の帰趨に加えて，保険料の負担という適用の現実的な問題にまで目を向けなければならない。強制適用による皆保険体制の下，被保険者資格を付与され制度の適用は受けるが，保険料（税）を納付することができないために，適用される制度において具体的に給付を受けることができないような状況が現実的に生じてきているからである。そして，保険料納付・負担の問題は，一方で，保険制度にある各種減免の適用をどの程度積極的に位置づけるのかについて，連帯を維持できる範囲や保険制度の財政問題との調和を図りつつ，検討することとなる。また，他方で，社会保険の適用と公的扶助たる生活保護の適用の関係まで見据えた，負担のあり方の検討も必要である。とくに，保険料の減免との関係では，強制的に適用される社会保険の保険料を納付することで最低限度の生活を割り，生活保護受給となってしまうような状況も踏まえて考慮しなければならない。

　また，制度的な観点からは，当該医療保険に加えて，とくに，その保険の性質上，医療保険以上に大きな影響を，本人および制度に与えると考えられる年金保険においても，中長期的な影響まで考慮する必要がある。非正規就業者，失業者・無業者の問題は，当面の保険の適用の問題に加え，将来における生活保障の対応として社会保険が十分に機能しうるのかどうか，に繋がっており，このことはとりわけ，若年者の問題としてみる場合，より深刻な問題となり得ると考えられる。

第3章
女性と社会保険

衣笠　葉子

I　はじめに

　進学，仕事，結婚，出産など人生のあり方について従来の既成概念が薄れ，様々な生き方が選択できる社会になってきた。それに伴い，社会保険を見直す際の視点も「個人の選択」に対する中立性へと変化している。本章では，社会保険の中でも生活に身近な年金・医療保険に焦点を当て，負担・給付面における問題の所在を明確にした上で，今後の制度改革の方向性を考えてみたい。

II　社会保障の中立性と女性の生き方の多様化

1　社会保障と中立性

(1)　**男女平等から「中立」の視点へ**　　社会保障の給付や仕組みは各人の直面する社会的危険とニーズに合わせて制度設計されるものであって，性別のみを理由に扱いに差を設けるものではない。

　1975（昭和50）年の国際婦人年を契機として社会保障における男女の平等取扱いが進められ，1985（昭和60）年の年金制度改正では，基礎年金の導入に際して女性の年金権も確立された。その後これまで目に見える男女差については見直しが行われ，むしろ女性に配慮して設けられていた男女差（被用者年金の老齢年金の支給開始年齢や保険料率）が段階的に解消されてきている。しかし，

遺族年金における男性の受給制限など，規定上の男女の違いもなお存在する。

そして，現在では，急速に変化する社会において，形式的な性差を是正する視点から，実質的な性差さらには性差にかかわらず個人の選択に対する「中立性」という視点によって社会保障制度を見直す方向性へと変化している。

「女性」というキーワードから社会保障を捉え直す際は，まず性別役割分業（ジェンダー）の視点が欠かせない。例えば，社会保障が伝統的に保障単位としてきた世帯モデルをいまだ前提としていることが批判される[1]。一定年齢になると皆が婚姻して夫が労働して家計を支え，妻は専業主婦として被扶養者となり，その関係が一生涯継続するとの仮定に基づくモデルであり，主に高度経済成長期に築かれた[2]。しかし，現実には，未婚・非婚の増加，晩婚化，共働きの増加，離再婚の増加など家族ないし世帯そのものが多様化し，かつ，流動的なものとなっている。そして，「個人の選択に中立的」というキーワードが，とくに年金制度の見直しと絡めて2000年頃からよく登場するようになった[3]。

なお，性別役割分業の視点に関しては，1999（平成11）年成立の男女共同参画社会基本法の第4条が，社会制度・慣行が「男女の社会における活動の選択に対して及ぼす影響をできる限り中立なものとするように配慮」されるべきことを規定している。同法を受けた男女共同参画基本計画では，第1次計画（2000年），第2次計画（2005年），第3次計画（2010年）を通して，社会制度・慣

---

1) ビスマルク社会保険モデルとベヴァリッジモデルにおける家族像について，木下秀雄「社会保障と家族」日本社会保障法学会編『講座社会保障法第1巻　21世紀の社会保障法』（法律文化社，2001年）205-207頁参照。なお，1984年のILO報告書「21世紀への社会保障」（"Into the Twenty-First Century: The Development of Social Security"）は，社会保障と男女平等に関し，被扶養者ではなく独自の受給権，夫婦間の受給権分割，育児・介護期間の拠出に係る配慮等に関する原則を勧告し，各国の制度改革に影響を及ぼしたとされる（都村敦子「家族政策・男女平等と社会保障」大原社会問題研究所雑誌526・527号（2002年）37-38頁参照）。
2) 浅倉むつ子「社会保障とジェンダー」日本社会保障法学会編・前掲注1) 226-227頁参照。
3) 「女性のライフスタイルの変化等に対応した年金の在り方に関する検討会」報告書（「～女性自身の貢献がみのる年金制度～」2001年12月）は，基本的視点の1つとして，「個人，とりわけ女性の多様なライフスタイルの選択に中立的な年金制度」の構築が重要だと指摘した（14-15頁参照）。また，社会保障審議会年金部会「年金制度改正に関する意見」（2003年9月12日）も，「個人のライフコース」「人生の様々な選択」に対して中立的な制度となるよう見直すべき旨を記述した（5頁参照）。

行を個人の選択に中立的なものに見直すとの基本的方向が示され，その具体的施策として，第2次計画と第3次計画では，パート労働者への厚生年金の適用拡大や第3号被保険者制度の見直しを検討する旨も定められた。

(2) **性別・生き方に中立でない社会保険**　現行の社会保険は基本的には性別に中立に設計されている。しかし，性別によって取扱いが異なるものはゼロではなく，また，規定上は中立でも結果的に男女で偏りが生じているものもある。そこで以下，現行の年金・医療保険におけるそれらの諸点を，(a)規定上性別による取扱いが異なるもの，(b)規定上は性別に中立だが，結果的に男女で格差が生じているもの，で整理してみたい。

(a)**規定上性別に中立でない制度**　規定上性別に中立でない制度については，第1に，生物学的な男女の違いをとらえたものと，第2に，社会的な男女の格差や置かれた立場の違いを反映したものとに分けて考えることができる。

第1に，男女の生物学的な違いをとらえた社会的リスクとして典型的なものは「出産」である。出産に関わる給付のうち出産手当金（健保102条）は，労働者の産前産後休業中の所得を保障するものであり，当然に女性のみが支給対象となる。なお，地域保険である国民健康保険（以下，「国保」とする）にはこの種の手当は存在しない。後述するが，労働者の全てが厚生年金や健康保険などの被用者年金・保険の適用を受けられるわけではないため，出産手当金のあり方はむしろ，ライフスタイルの「選択」に対する中立性の問題と関連してくる。

第2に，社会的な男女の格差や立場の違いをとらえた典型的なものとして，遺族年金を挙げることができる。まず遺族基礎年金について，支給対象は子（18歳到達年度の年度末を経過しない者または20歳未満で障害基礎年金の障害等級1・2級の状態にある者。以下，たんに「子」とする）のいる妻または子に限られる（国年37条の2）。子を養育する女性の就労の難しさが背景にあるといえるが，同じ子を養育する立場でも夫は支給対象から外されている。一方，被用者年金

---

4) ちなみに，浅倉・前掲注2) 227頁以下は，ジェンダーの視点に基づき，社会保障制度について（括弧内はそのうち本章に関連する制度），性差別的視角（遺族年金，寡婦年金），実質的受給権保障視角（パート労働者の社会保険），性別役割を撤廃する視角（第3号被保険者，被扶養者概念，離婚時の厚生年金），女性独自の権利視角の4点から検討する。

の遺族年金においては，妻も夫も支給対象とされているが，夫には年齢制限（妻死亡時に夫55歳以上で60歳から支給。厚年59条，65条の2）がある。

(b)結果的に男女で格差が生じているもの　　次に，規定上は性別に中立だが現実には男女で偏りが生じている制度を挙げる。その背景にあるのは，(a)の第2と同様，社会的な男女の格差や置かれた立場の違いである。

その典型的なものに国民年金の第3号被保険者の制度がある。被用者年金が適用される者（第2号被保険者）と婚姻し（事実婚も含む）その者に生計を維持される者（国年7条1項3号）は，第3号被保険者として保険料を個別に負担しなくてよい。同制度は既婚女性の年金権の確立を目的として創設されたものであり，「専業主夫」も増えてきたとはいえ，女性が圧倒的に多い。同様に健康保険等の被用者保険における「被扶養者」についても，既婚者のうち被扶養者となるのは圧倒的に妻が多くなる。ちなみに，国民年金の第1号被保険者は個別に定額の保険料を負担するし，国保には被扶養者の枠はなく，（世帯単位で負担が調整されるが）個々が被保険者として保険料を課される。

そのほかにも男女で結果的に偏りが生じている制度として，離婚時における被用者年金の分割制度も挙げられる。規定上は性別に中立であるが，もともと離婚後の女性の高齢期の所得保障を目的に導入されたものであり，現実には，収入が多く年金額が多い男性から女性に対する分割のケースが多数派となる。

ただ，これらの制度が性別役割分業を念頭に置いてつくられたのは事実であるが，規定上は中立なため，制度の利用に男女で偏りが生じていることは一面では個人の選択の結果ともいえる。この「個人の選択」という観点からは，むしろ，以下に説明するとおり，保険料負担がない第3号被保険者・被扶養者の枠や給付の面で有利な被用者年金・保険と，それ以外の年金・医療保険との格差の問題を指摘することができる。

第3号被保険者制度や被扶養者の枠は「専業主婦（主夫）」に有利な制度だと批判されるが，専業主婦（主夫）と一口に言っても無業の者と就業している者とがいる。現行の基準では，雇用労働に従事する場合，労働時間・労働日数がその事業所の通常の就労者の概ね4分の3以上になれば，年収にかかわらず被用者年金（第2号被保険者）・被用者保険の適用対象となる（被用者年金・保険

適用基準〔常用関係〕「4分の3要件」[5]）。そうでない場合は，基本的に国民年金（第1号被保険者）と国保が適用される。ただし，先に触れたように被用者年金・保険が適用される配偶者による生計維持（年間収入が130万円未満かつ当該配偶者の年収の2分の1未満）[6]が認められれば，「第3号被保険者」，「被扶養者」として保険料の負担は必要なくなる（被扶養者認定基準「130万円要件」[7]）。

したがって，同じ雇用者でも被用者年金・保険の適用を受ける者と受けない者とに分かれることになり，給付（年金の2階部分，傷病手当金・出産手当金など）の面での格差が生じうる。また，配偶者が被用者年金・保険の加入者か否かで，第3号被保険者や被扶養者の枠が適用されるかどうかも違ってくる。

女性だけでなく，男性の非正規労働者の割合も年々上昇している[8]。被用者年金・保険の適用のあり方や被扶養者枠のあり方については，「女性」というだけでなく，「個人の選択」に対する中立性の視点から問い直す必要が大きい。

2　女性のライフコースの変化と生き方の多様化

生涯にわたり専業主婦でいる人は減少し，結婚・出産後も就業を継続する者や再就職する者は着実に増えている。そもそも未婚率も高まっており，女性のライフコースは多様化している。高度経済成長期に形成された典型的な専業主婦家庭・核家族像の実態は，1980年代以降大きく変化を遂げたといえる。

女性の労働力率は依然としてM字カーブを描いているが，M字型の底に当たる年齢階級は今では30歳代後半へと移ってきており，また底は年々浅くなっている（総務省「労働力調査」によると，2010年の「35～39歳」の労働力率は66.2％。生産年齢全体では63.1％）。とくに，有配偶者の労働力率の上昇幅が大きい（2010年で「25～29歳」53.3％，「30～34歳」54.3％）。なお，子がいない世帯の妻だけで

---

5) 昭55・6・6各都道府県保険課（部）長宛内かん（健康保険・厚生年金の適用基準）
6) 60歳以上または障害厚生年金を受給しうる程度の障害を有する者は180万円未満。
7) 第3号被保険者制度の創設時，健康保険の被扶養者認定基準（昭52・4・6保発9号・庁保発9号）と同額（当時90万円）に設定され（昭61・3・31庁保発13号），その後，引き上げられてきた（1993（平成5）年から130万円）。
8) 総務省「労働力調査」によると，非正規職員・従業員の雇用者（役員を除く）に占める割合は，1985（昭和60）年と2010（平成22）年を比べると，女性では32.1％から53.8％まで，男性も7.4％だったのが18.9％まで上昇した。

図表 1　基礎礎年金導入当時（1985（昭和60）年）の女性を取り巻く状況

女性の労働力率	生産年齢	54.5%
	型	完全なM字型
	底	20歳代後半（54.1%）　　30歳代前半（50.6%）
	有配偶者	20歳代後半38.9%　　30歳代前半45.7%
女性の雇用形態別割合		正規雇用67.9%　　非正規雇用32.1%
雇用者の共働き世帯		共働き722万世帯：片働き952万世帯＝43：57
婚　姻	総　数	73.6万組
	婚姻率（人口千対）	6.1‰
	初婚割合	夫87.8%　妻89.2%
離　婚	離婚率（人口千対）	1.39‰

出典：本文中に記載した調査結果等に基づき筆者作成。

なく，近年，子がいる世帯の妻の就業率も上がってきているのが特徴である[9]。

夫婦共に雇用者の「共働き世帯」は年々増加し，男性雇用者と無業の妻からなる「片働き世帯」との差はますます広がっている。1991～92年頃から両者の数がクロスし始め，1997（平成9）年以降は一貫して共働き世帯数が片働き世帯数を上回っている（2010年で共働き世帯1012万世帯，片働き世帯797万世帯）[10]。もっとも，女性雇用者のうち正規雇用は半数を切っており，そのような状況を反映して，給与水準は男性に比べて低い傾向にある[11]。

他方で「婚姻」に着目すると，未婚率が高まっており，生涯未婚率も上昇している[12]。厚生労働省「人口動態統計」によると，婚姻数はなだらかな減少傾向にあるが（2010年（確定数）で約70万組，婚姻率は5.5‰），そのうち再婚の占める割合が増えていることが特徴的である（同年の初婚割合は夫81.5%，妻83.8%）。なお，離婚率は高止まりで推移している（同年で1.99‰）。

以上のとおり，従来の典型的な働き方・生き方に当てはまらない人が増えている。これは，現行制度が前提としてきた「専業主婦世帯モデル」や「正社員

---

9)　厚生労働省「平成22年版 働く女性の実情」（2011年5月）51-55頁参照。
10)　内閣府「平成23年版 男女共同参画白書」（2011年6月）63-64頁参照。
11)　国税庁「民間給与実態統計調査」によると，年間給与水準300万円以下の者の割合（2010年）は，男性が23.4%であるのに対し，女性は66.2%に上る。
12)　総務省「平成17年 国勢調査報告」，国立社会保障・人口問題研究所「人口統計資料集（2011年版）」参照。

モデル」が，現実社会に合わなくなってきていることを意味する。

Ⅲ 現行の年金・医療保険と女性

1 保険料負担における問題の所在

(1) **第3号被保険者，被用者年金の適用拡大** (a)第3号被保険者制度創設の経緯 個別の保険料負担なしに基礎年金が保障される第3号被保険者の制度は，その導入経緯から，また現状でも女性の割合が圧倒的に高いことから[13]，典型的な女性の年金問題と捉えられてきた。

同制度創設までの沿革は次のとおりである。雇用者以外にも公的年金を保障するため1961（昭和36）年4月から拠出制の旧国民年金がスタートし皆年金体制となったが，そのとき学生と被用者世帯の専業主婦（主夫）は強制加入から外され任意加入とされた。当時の旧厚生年金では被保険者の配偶者は被扶養者扱いで，そのほとんどを占める無業の妻を強制加入にするか議論もあった[14]。しかし，旧厚生年金の老齢年金の給付水準は世帯単位で設定され妻の給付面がある程度カバーできていたことなどから強制加入とされなかった（離婚や障害の際の年金保障はない）。ちなみに，基礎年金導入前には被用者の妻の任意加入率は7割程度に達していた（妻が任意加入する世帯は老齢年金の過剰支給となる）。

1985（昭和60）年に国民年金を各年金に共通するものとして改革した「基礎年金」が，翌年4月から導入され，厚生年金における給付水準の合理化を図るとともに，専業主婦（主夫）である被用者の妻（夫）は国民年金の強制適用対象（第3号被保険者）とされ独立した年金受給権が認められることになった。他方で保険料負担をどうするかが議論になったが，結局は個別の保険料負担は求めず，第2号被保険者全体で第3号被保険者の基礎年金を広く支える形（被用

---

13) 男性の第3号被保険者は，2007（平成19）年度末で10万人を超え，わずかではあるが増えてきている。厚生労働省「平成22年度厚生年金保険・国民年金事業の概況」（2011年12月）によると，第3号被保険者数は2010（平成22）年度末で1005万人（公的年金加入者全体の14.7%），そのうち男性は11万人（1.1%）となっている。

14) 当時の議論の内容につき，社会保険庁運営部年金管理課・年金指導課編『国民年金三十年のあゆみ』（ぎょうせい，1990年）53-56頁参照。

者年金による拠出金)が採用された。

　基礎年金が導入される頃には既に共働き家庭は増加傾向にあったのだが，以上のとおり，第3号被保険者制度は，旧制度が拠っていた専業主婦像をそのまま引き継ぐようにして導入されたものといえる。

(b)これまでの改革議論と問題の所在

①第3号被保険者制度の見直し

　第3号被保険者の課題や見直しの方向については，2004(平成16)年の年金改革の際にほぼ議論し尽くされている。様々な見直し案が議論されてきたが，まずは短時間労働者への被用者年金の適用拡大によってその範囲を縮小させるという内容に落ち着いている。

　かつて，旧厚生省年金審議会の意見書（1998年10月9日）のもとに発足した「女性のライフスタイルの変化等に対応した年金の在り方に関する検討会」（以下，「女性と年金検討会」とする）において，年金の個人単位化，第3号被保険者制度，遺族年金，離婚時の取扱い，パートタイム労働者の年金など女性をめぐる様々な論点について網羅的な議論が行われた。2001(平成13)年12月に出された報告書（「報告書 ～女性自身の貢献がみのる年金制度～」）では，個別の課題として，①標準的な年金（モデル年金）の考え方，②短時間労働者等に対する厚生年金の適用，③第3号被保険者制度，④育児期間等に係る配慮措置，⑤離婚時の年金分割，⑥遺族年金制度，が掲げられ，③では第3号被保険者に保険料負担を求める際の考え方の案が6つ提示された。[15]

　なお，後述する厚生年金の適用拡大については，②で，働いた分が反映される被用者にふさわしい年金保障を確立すべき，就業に中立的な制度であるべき，としてその論点が提示された。もっとも，非正規労働者に対する年金制度適用のあり方については，雇用の多様化や非正規労働者の増加を受け，女性の年金問題とは別に，当時既に見直しを求める提言が繰り返し行われていた。[16]

---

15) 案の1つに第3号被保険者としての保障を育児・介護期間中の被扶養配偶者に限るものも示された。厚生労働省「年金改革の骨格に関する方向性と論点」(2002年12月)も，年金制度における次世代育成支援策のあり方と併せてその点を検討するとした。

16) パート労働者に対する厚生年金適用の検討経過については，戸田典子「パート労働者へ

次に、2004（平成16）年改正に向けた議論のたたき台としてとりまとめられた厚生労働省「年金改革の骨格に関する方向性と論点」(2002年12月)（以下、「方向性と論点」とする）では、第3号被保険者制度の見直し方法について、女性と年金検討会の6つの案を踏まえ、Ⅰ夫婦間の年金権分割案（標準報酬を夫婦間で分割）、Ⅱ負担調整案（第3号被保険者に負担を求める）、Ⅲ給付調整案（第3号被保険者の給付を減額）、Ⅳ第3号被保険者縮小案という4つに整理された。

社会保障審議会年金部会「年金制度改正に関する意見」(2003年9月12日) においては、Ⅳ案の厚生年金の適用拡大等によって第3号被保険者を縮小していく方向性については一致したが、そのほかの第3号被保険者制度そのものの見直し案については結論が出なかった。最終的に、厚生労働省案「持続可能な安心できる年金制度の構築に向けて」(同年11月17日)において、第3号問題については、まず厚生年金の適用拡大により制度を縮小する方針に落ち着き、2004（平成16）年6月に成立した「国民年金法等の一部を改正する法律」(法律104号)の附則3条3項に、「短時間労働者に対する厚生年金保険法の適用」について総合的に検討し必要な措置を講ずる旨が規定された。

②パート労働者への被用者年金の適用拡大

上記附則を受けて検討が続けられた結果、厚生労働省案「パート労働者に対する厚生年金適用の拡大について」(2007年3月13日)において、新たな基準を設けて第2号被保険者の適用範囲を拡大すること、あわせて健康保険についても同様に適用拡大することが示された。そこで、「被用者年金制度の一元化等を図るための厚生年金保険法等の一部を改正する法律案」(同年4月13日、166回国会提出)において、適用除外を定める厚生年金保険法12条に、「所定労働時間週20時間未満」、「1年以上の使用見込みがない」（この「1年」は当時の雇用保険の適用要件に合わせたもの）、「報酬月額9万8000円未満」、「学生・生徒等」のいずれかの要件に該当する労働者を適用除外とする旨を新たに規定する改正内容が盛り込まれたが、2009（平成21）年7月の衆議院解散に伴い廃案となった。

の厚生年金の適用問題」レファレンス683号（2007年）35-36頁参照。

③育児期間中の配慮措置

育児期間に関しては,「女性と年金検討会」の報告書や厚生労働省「方向性と論点」において,現行の育児休業中の被用者年金・保険の拠出と将来の年金額計算の面における配慮措置を,育児休業を取得せず働き続けている者や第1号・第3号被保険者にも拡大することについて検討していくことが示されていた。なお,1995(平成7)年度から被用者年金・保険の保険料の本人負担分の免除,2000(平成12)年度から事業主負担分についても免除が導入されているが,このような配慮措置は,「将来の支え手となる次世代の育成の支援」の観点から(介護休業にはなく)育児休業のみに設けられている[17]。

④問題の所在

上記のとおり,第3号被保険者の「縮小案」の議論は具体化されつつあるが,第3号被保険者制度そのものの「見直し」の議論はあまり進んでいない。ライフコースが多様化すればするほど,第1～3号の間を移動する人が増えるが,負担と給付における制度間の整合性が重要である。

具体的に第3号被保険者制度の問題の所在は,第1に,第1号被保険者と第3号被保険者で同じように収入がない,あるいは少ない場合の両者の公平性についてである[18]。第1号被保険者にはそのような場合に保険料免除制度が設けられている。免除を適用されると将来の老齢年金も減額されてしまうが,保険原理(等価性)としては一貫している。むしろ,制度内相互扶助によって負担なしに満額を保障される第3号被保険者の仕組みのほうが特別だといえる。

第2に,第3号被保険者に負担を求めない根拠となる「収入がない・少ない」状況が,「働かない」ことによるものか,「働けない」ことによるものか特に区別されていない点である。第3号被保険者の枠を限定的に捉え,家族的責

---

17) 衣笠葉子「育児休業の取得促進と所得保障に関する課題」ジュリスト1383号(2009年)40頁参照。
18) 配偶者の収入が高い第3号被保険者に批判が集まりがちであるが,被用者年金の負担は報酬比例であるため(給付も報酬比例となるが),世帯単位でみれば不公平かどうか評価しづらい。ちなみに,堀勝洋『年金の誤解』(東洋経済新報社,2005年)92-93頁は,第3号被保険者に対する基礎年金費用は第2号グループのみで負担しているとして,単純に第3号被保険者と第1号被保険者を比較するのは妥当ではないと論じる。

任のなかでも育児・介護等に着目して，その期間に限って負担を免除するのも1つの方法である（なお，脚注15参照）。この点，第1号被保険者も家族的責任を担う者があることは同じなので，第1号被保険者に対する保険料免除のあり方についても同時に考えていく必要があろう。

第3に，第3号被保険者制度が性別役割分業を前提としているという観点から問題点を考えてみたい。例えば，非常に稀なケースであるが第3号被保険者の夫が死亡し，第2号被保険者の妻と子が遺されたとする。その妻と子は生計維持関係（年収850万円未満）が認められる限り遺族基礎年金を受給しうる。しかし，死亡した夫は第3号被保険者なので自ら拠出はしていない。遺族年金はただでさえ保険料と給付との牽連性が間接的であるが，そのケースの遺族基礎年金に対応する拠出は元をたどれば第2号被保険者全体の相互扶助による負担に基づくものとなる。第3号被保険者の妻が死亡した場合だと夫は遺族基礎年金の支給対象とはされていないのでそのような問題は生じないが，男女逆パターンにしてみると，拠出なしに被保険者となる制度の特殊性がみえてくる。

ところで，2010（平成22）年10月以降，「社会保障・税一体改革」の議論が進められているが，その改善対象の中に，2004（平成16）年改正で積み残された「短時間労働者に対する厚生年金の適用拡大」，「第3号被保険者制度の見直し」[19]や，「産休期間中の保険料負担免除」[20]が含まれている。

(2) **離婚時の年金分割**　2004（平成16）年の年金改革で，被用者年金の報酬比例部分に，①2007（平成19）年度から離婚時の分割（「合意分割」），②2008（平成20）年度から第3号被保険者期間の分割（「3号分割」）の制度が新たに導入された。①は，夫婦双方の標準報酬の合計の2分の1を上限として夫婦の合意あるいは裁判所の決定による按分割合に基づき分割できるものである（厚年78条の2-）。②は，婚姻中の第3号期間について，分割される配偶者の合意は必要

---

19)　第3回社会保障審議会年金部会（2011年9月29日）は，①妻に別途の保険料負担，②夫に追加の保険料負担，③妻の基礎年金を減額，④保険料を半分ずつ夫婦共同負担（みなし），の4案を示した。④は実質は2階部分の年金分割案に近い。同改革案の評価として江口隆裕「第3号被保険者のあり方」週刊社会保障2657号（2011年）36-37頁参照。
20)　社会保障・税一体改革で示されている育児期間中の配慮措置拡充の方向性は，産前産後休業中の保険料を免除して将来の年金給付には反映させるという内容にとどまる。

なく，当然に2分の1ずつ分割できるものである（厚年78条の13-）。

　この離婚時の年金分割制度の導入も「女性と年金検討会」で具体的議論が始められたものである（前出の個別の課題の⑤）[21]。報酬比例部分につき離婚した配偶者に直接の権利がないのは，年金受給額に男女で格差がある中，婚姻について中立的ではないという指摘がなされ，報告書では，分割対象を報酬比例部分とすること，年金権そのものを分割することを基本とする方向性が示された。

　上記2003（平成15）年9月の年金部会の意見を経て，同年11月の厚生労働省案では，「離婚時の年金分割」として上記①のタイプ，「第3号の被保険者制度の見直し」として，その時点では，婚姻期間中も含む「第3号被保険者期間についての年金分割案」が提示された。そして，後者につき最終的に婚姻期間からの分割は除かれる形となり，改正法案では上記②の内容に落ち着いた。

　以上のように，①は離婚時の財産分与に近い発想で検討されてきたが，②は第3号被保険者制度の見直しという異なる方向から議論されてきたものであり，指摘される問題点は両制度の成り立ちや性格の違いに起因する。

　①の合意分割は，「保険料納付に対する当事者の寄与の程度その他一切の事情を考慮して」（厚年78条の2第2項）分割請求割合を決めることができるが，②の3号分割では，当事者の貢献度にかかわらず分割割合は当然に2分の1とされる。第3号被保険者の見直し議論の中で検討されていた「年金権分割案」における"第3号被保険者世帯では，被用者本人の報酬に基づく保険料納付を，夫婦がともに半分ずつ負担したものと擬制して評価する"との考え方がそのまま本制度にとり入れられている。条文上も，②についてのみ，保険料を「当該被扶養配偶者が共同して負担したものであるという基本的認識の下に」制度が定められている旨が明記されている（厚年78条の13「共同負担認識規定」[22]）。

　この点，②の第3号期間だけ無条件に2分の1ずつ分割する方法は第3号被保険者のみを優遇しているとの指摘がある[23]。一方で，被用者年金の老齢年金は

21）　離婚時の年金分割制度の導入に至るまでの経緯につき，高畠淳子「年金分割——女性と年金をめぐる問題の一側面」ジュリスト1282号（2005年）75-77頁参照。
22）　この規定は，「ある意味で民法の夫婦別産制（民762条1項）や財産分与規定の趣旨に反するような制度を合法化するためのもの」と説明されている（堀勝洋『年金保険法——基本理論と解釈・判例〔第2版〕』（法律文化社，2011年）383頁参照）。

基本的に夫婦双方の老後等の所得保障としての意義を有するとして、婚姻期間中の保険料納付は「それぞれの老後等のための所得保障を同等に形成していく意味合い」をもつとの見解もある[24]。そう考えると、むしろ財産分与の性格（清算的要素）が大きい①の合意分割のほうが社会保障制度上は異質だといえる。いずれにせよ、何号被保険者であるかに関係なく、夫婦の保険料負担については共通した考え方の上に制度が構築されるべきである（①の合意分割についても分割割合を基本的に双方合計の2分の1ずつとし、司法の関与を残す方法もある）。

(3) 被用者保険の「被扶養者」　医療保険のうち被用者保険については、被保険者の収入によって生活している家族は「被扶養者」として、保険料の負担なく医療が保障される。もっとも、第3号被保険者の年金と異なり、被扶養家族に対する直接の医療給付は現物サービスであるゆえの事実上のものに過ぎず、家族給付（家族療養費等）はあくまで被保険者本人に対する給付であり、負担と給付の主体は一致している。

「被扶養者」の範囲は、被保険者本人に生計を維持される、①配偶者（事実婚を含む）、②子・孫・弟妹、③直系尊属、④上記以外の3親等内の親族、⑤事実婚の配偶者（死亡後も含む）の父母・連れ子とされ、④⑤は生計維持関係だけでなく同一世帯にあることが要件となる（健保3条7項）。

なお、「被扶養者」に該当するかどうかの基準は、Ⅱ1(2)で説明したとおりである。つまり、就労状況によって（「4分の3要件」）被用者保険の被保険者本人になるのか、それとも国保の被保険者となるのか、さらに年収によって（「130万円要件」）被用者保険の被扶養者になるのかが決まる。

しかし、「被扶養者」が女性の問題としてクローズアップされることはあまりない。上記のとおり、被扶養者は被保険者に生計を維持される者を広く対象としており、年金のように配偶者に限定されるものではないからである。医療保険ではまさに被用者保険と国保の公平性が問題となる。被用者保険の保険料は被用者本人の収入のみで算定されるのに対し、国保では世帯員各員（被用者

---

23)　高畠・前掲注21) 81-82頁は、第3号期間を持たない者との間で不均衡を生じる等と指摘し、3号分割についても当事者の合意による分割を基本とすることを提案する。

24)　岡健太郎「年金分割事件の概況について」判例タイムズ1257号（2008年）10頁。

保険加入者を除く）が被保険者となるため，たとえ所得がない子ども等であっても均等割部分が課され，世帯全体の負担は人数に応じて増加するからである[25]。

保険料負担に関する制度間の格差は従来から議論になっていたが，それを浮き彫りにしたのは後期高齢者医療制度の導入である。同制度は75歳以上の保険適用の個人単位化を図り，75歳以上であれば一律に後期高齢者医療制度の被保険者として保険料を独立して賦課されるようになった。もっとも，同制度の廃止・見直し案（高齢者医療制度改革会議「高齢者のための新たな医療制度等について（最終とりまとめ）」2010年12月20日）は，被用者保険・国保の突抜けに戻しており，被用者保険に帰る者のなかで被扶養者の制度を復活させている。

ところで，国保加入者の職業別の変化は国民年金の第1号被保険者と同じ傾向を示し，厚生労働省「国民健康保険実態調査報告」によると，60歳未満の者だけをみても被用者保険に加入できない非正規労働者が増加している。対策の一つとして被用者保険の適用拡大が示唆される。その点，1(1)でとりあげた被用者年金の適用拡大の議論の中で，実務的な問題から健康保険もできる限り同一の基準で適用拡大することが基本となるとの見解も示されてきた[26]。「社会保障・税一体改革」でも年金とともに適用拡大の議論が行われている。

このとおり医療保険においても年金の第3号被保険者と同様に，「被扶養者」の範囲を縮小する方向になる。ただ，年金制度では第3号被保険者について負担と給付の主体が対応していないこともあり，1階部分における中立性・公平性のため，最終的に第3号被保険者に何らかの形で負担を課していくことが念頭に置かれるが，医療保険は複数の制度が縦割り的に分立しており，また負担と給付の対応についても一応問題はないため，「被扶養者」に負担を課すかどうかにつき第3号被保険者と必ずしも同じに考えなくてよいともいえる。

---

25) 市町村によって応能部分（所得割，資産割），応益部分（被保険者均等割，世帯別平等割）を組み合わせて設定される。もっとも，応益部分に世帯ごとの負担軽減制度がある。
26) 社会保障審議会年金部会「パート労働者の厚生年金適用に関するワーキンググループ 報告書」（2007年3月6日）参照。

2　保険給付における問題の所在──遺族年金

　保険給付に性別で差違があるものに遺族年金と出産手当金があるが，後者が女性のみを対象とするのは当然であるので，ここでは遺族年金をとりあげる。

　遺族年金には創設当初から支給対象に男女で大きな違いがある[27]。基礎年金導入前の旧国民年金には母子年金，祖母や姉を対象とする準母子年金，孤児を対象とする遺児年金があったが，遺族基礎年金の発足に伴って廃止された。同じく基礎年金導入前の旧厚生年金においては，遺族年金の額は老齢年金の2分の1で，受給者が夫の場合は年齢制限があり，受給権者が妻で子がいるときの加給年金や寡婦加算などがあった。基礎年金導入によって，遺族厚生年金は死亡した配偶者の報酬比例の老齢厚生年金の4分の3相当額とし，中高齢の子のいない妻には加算によって，子のいる妻には遺族基礎年金によって給付が重点化されることになった。

　現行の遺族基礎年金の対象は，死亡した本人に生計を維持されていた「子のある妻」または「子」である。そこで「夫」が遺族となった場合は遺族基礎年金は皆無である。ただし，妻であっても「子のいない妻」は支給対象とならないことから，子の養育に着目した給付であるといえる[28]。

　遺族厚生年金は死亡した本人に生計を維持されていた遺族が妻である場合はとくに条件はないが，「夫」の場合は本人死亡時に夫が55歳以上で支給開始は60歳以降という条件が付されている。なお，2004（平成16）年改正で2007（平成19）年度から，①子がいない30歳未満の妻に対する遺族厚生年金は，若年層の雇用条件の格差縮小の動向を踏まえ，5年間の有期給付とされ，②中高齢寡婦加算は，夫死亡時に妻35歳以上（40歳から支給）だったのが40歳以上に引き上げられるなど，若齢期の女性については「自立」を重視し対象が縮小されている。

---

27)　「女性と年金検討会」の報告書は，遺族年金の支給要件における男女の取扱いの違いはほとんどの国で存在しないとして，見直す方向が適当とであると言及していた。しかし，最終的に厚生労働省案は，（遺族厚生年金における男女差について）「将来に向けた課題として検討していくべき」と述べるにとどまった。なお，遺族年金としては，労働者災害補償保険の遺族（補償）年金においても同様の問題が存在するといえる。

28)　ただし，それだと第1号被保険者の遺族妻で子どもがいない者には公的給付が一切ないことになるため，寡婦年金が設けられている。また，死亡一時金もある。

ところで遺族年金の問題点は，遺族年金の支給要件そのものに性別役割分業を前提とする明示的な性別による取扱いの差が残っていることである。

第1に，遺族基礎年金は子の養育に着目した給付となっているにもかかわらず，子を養育する夫は支給対象から外されている。しかも，子が父と生計を同じくする場合は子の遺族基礎年金も支給停止となるので（国年41条2項），父子世帯には実質的に支給されないことを意味する。働き方とともに家族形態や家族のあり方も多様化している現在では，生活実態に関係なく母子世帯か父子世帯かというだけで取扱いに格差を設けることに合理性はないといえよう（2010年8月から児童扶養手当の支給が父子世帯にも拡大されたこととのバランスも考える必要がある）。なお，「社会保障・税一体改革」でも父子世帯への支給が検討されている。また，第2に，遺族年金の支給要件に男女差が設けられていることは，遺族年金をのこす側の保険料拠出の重みが男性（夫）と女性（妻）とで違ってしまうことを意味するのであり，この点でも問題である。

Ⅳ　将来に向けた課題

1　検討の視点

(1)　**社会保障の個人単位化**　「個人の選択の中立性」の確保のためには社会保障制度の設計を個人単位とすべきだという意見がある。個人単位化については1990年代から積極的な議論がみられる[29]。社会保障制度審議会「社会保障体制の再構築（勧告）～安心して暮らせる21世紀の社会を目指して～」（1995年7月）は，妻を夫の被扶養者と位置づけるような従来の女性の役割を反映した仕組みを見直す必要があるとして，「世帯単位から個人単位に切り替えることが望ましい」と提言した。

純粋な意味の「個人単位」とは，1人ひとりが被保険者となり保険料を納めそれに見合った給付を受ける，つまり負担と給付の両面にわたり完全に個人を単位に設計されていることを意味する（介護保険は個人単位化の先例といわれる）。

---

29)　その頃の個人単位化の動きについて，木下・前掲注1) 209-210頁も参照。

第3章　女性と社会保険

　第3号被保険者は固有の年金権が保障され，給付面の個人単位は確立されているが，負担面では前述のとおり配偶者が加入する被用者年金が支える仕組みであるから[30]，負担と給付の対応関係は明確でない。なお，被用者年金については，給付水準は夫婦の基礎年金を合わせて世帯単位で保障する考えに立って設計されてきたとされるが[31]，負担と給付の対応関係は被保険者本人について一致している。離婚時の年金分割制度は，そのような給付水準の世帯単位の性格に着目したものであるが，保険料納付記録を分割する方法をとることで，分割後の年金権にかかる負担と給付の対応関係を一応クリアしている。

　他方で，遺族年金は配偶者や子などに対する保障であるため，負担と給付の関係でみて仮に純粋な個人単位化を目指すのであれば廃止という議論になる。

　ちなみに，被用者保険においては，前述したとおり，家族療養費をはじめとする家族給付は，あくまで被保険者本人に対する保険給付である。したがって，個人単位化の議論はもっぱら年金制度において，「ライフスタイルの多様化に伴う個人の選択に中立」な制度構築のための方策として提言されてきた[32]。年金について「個人の選択」に対する中立性が強調されるのは，中心的役割を果たす老齢（基礎）年金の保険事故（満65歳到達時に生存）の発生確率が高く大部分の人が受給できる反面，保険料納付期間は基本的に40年と長く，その間に人によって様々なライフコースを辿る可能性があるためである。

　個人単位化には，負担・給付の両面で厳密に個人単位化する案から（第3号被保険者からも保険料徴収，遺族年金は廃止ということになる），第3号被保険者の負担につき世帯収入を夫婦で分割し各々の所得とみなして保険料を賦課する案まで，濃度・程度に幅がある。前者のような完全な個人単位化を実施すると，個人の選択が多様化したとはいえ男女間，正規・非正規労働者間の雇用格差・

---

30) 堀・前掲注22) 16-17頁は，世帯単位の年金（厚生年金，配偶者加給年金，第3号被保険者の基礎年金）が負担の割増しなく給付設計できる根拠は扶助原理にあるとする。
31) 厚生省『平成10年版 厚生白書』（1998年6月）118頁参照。
32) 社会保障構造の在り方について考える有識者会議「21世紀に向けての社会保障」（2000年10月）の「補論2」，男女共同参画会議・影響調査専門調査会「『ライフスタイルの選択と税制・社会保障制度・雇用システム』に関する報告」（2002年12月）21-22頁など。なお，諸外国の年金制度における被扶養配偶者の負担と給付の取扱い等につき，丸山桂「女性と年金に関する国際比較」海外社会保障研究158号（2007年）19頁以下参照。

賃金格差など，社会実態が必ずしも中立な形になっていない現段階では，格差がそのまま年金の中に反映されてしまい新たな課題をもたらしかねない。

(2) **応能負担と「世帯」**　年金・医療保険が「社会保険」として実施されている以上，リスク分散を行う保険原理を基本としつつも，社会連帯にたって扶助原理に基づき制度内で所得再分配を行うことが許容されることになる。[33] 国民年金の第1号被保険者は定額負担であるが，社会保険料は原則として応能負担をとり，応能負担をベースに応益負担の要素を加えているものもある（国保，後期高齢者医療制度など）。

前項でとりあげた「個人単位化」に沿って考えると，負担単位自体は給付に対応して個人単位で設定することになるが，負担水準の決定についてまで厳密に個人単位とすることを求めるものではないと解される。第1号被保険者の保険料にも，国保や後期高齢者医療制度，介護保険の保険料にも世帯の収入に応じた保険料減免等の制度が設けられているように，実質的な負担能力を測る際には生計を同じにする世帯ごとにみるのが適当であり，とくに保険料負担を調整（減免）する場面では世帯の要素は欠かせないからである。

そこで，制度改革によって将来的に第3号被保険者に個別の負担を課すことになる際にも，実質的な負担能力をどう計るかが課題になってこよう。

2　個別の課題

(1) **第3号被保険者, 他**　(a) 第3号被保険者制度　第1に，性別役割分業の視点から考えてみたい。第3号被保険者には規定上，男女の差違はない。片働き・共働き，夫婦のどちらがメインで働くかは夫婦の自己決定によるものである。被扶養者枠に収まるため就労調整するかどうかも，結局は本人の選択次第である（その場合，制度の支え手には資さないが）。

しかし，性別役割分業を出発点に構築された制度であるため，Ⅲ1(1)で問題

---

[33] 倉田聡『社会保険の構造分析──社会保障における「連帯」のかたち』（北海道大学出版会，2009年）203頁は，「保険集団内における構成員間のリスク引き受けのあり方について，『完全な応益負担原則』によらないことを原理的に許容した点こそが社会保険の本質」であり，その本質を支える理念は「社会連帯」であるとする。

点として指摘したように，第3号被保険者が死亡した際の遺族基礎年金の点など制度上の無理も生じている。さらに，次に述べるように第1号被保険者には所得がなくても保険料が課されることとのバランスも考えると，現在のような第3号被保険者枠については廃止も含む見直しの必要性が肯定される。

　第2に，保険料負担の側面から考えてみたい。第1号被保険者は各人が定額保険料を課され，その上で世帯を勘案した保険料免除の制度が設けられている。他方，第3号被保険者は配偶者にどれだけ収入があっても個別に負担しなくてよいので一見不公平である。もっとも，扶養する第2号配偶者はその収入に応じた拠出をしている。おおよそ，各人が拠出する第1号被保険者の制度も，被扶養配偶者の立場を被用者年金内で連帯して支える第3号被保険者の制度も，それぞれ合理性があるといえる。

　しかし，第3号被保険者と違って，同じ無収入・低収入の第1号被保険者は保険料免除を受ける際に世帯としての負担能力を問われる上に免除を受けた場合は年金額が減額されてしまう。公平性を重視するなら，収入がないとされる第3号被保険者であっても，世帯として負担能力がある場合には個別の保険料を課すべきである。ただ，1階部分は国民年金法に基づく1つの制度とされているにもかかわらず，制度のルーツが異なる被用者年金は保険料負担について1階，2階部分を分離せず独自の方法をとっている。そのような既存の制度の形を前提にする限り，第3号被保険者の問題を解決することは困難である。

　そこで，改革の方向性として，例えば，1階部分と2階部分を別制度として分離し[34]，1階部分を給付・負担両面で一律の制度とする（定額保険料をとり保険料免除制度で細やかに対応する），逆に，制度を統合（一元化）して最低保障を付けつつ完全に応能負担化する（捕捉性の面で問題がある）など，様々なものが考えられる。前者の1階・2階分離案をとった場合でも，被用者世帯で2階の報酬比例部分を夫婦間でどうとらえるか課題が残るが，現行の離婚の際の年金分割制度を参考に，指摘される課題を解決した上でルールを構築すればよい。

---

34) 竹中康之「公的年金と女性」日本社会保障法学会編『講座社会保障法第2巻　所得保障法』（法律文化社，2001年）152，157頁参照。

(b)家族的責任と保険料負担　第3号被保険者は「被扶養」を理由に保険料の負担が課されないが，もう少し具体的に，支え手として制度に参加「しない」のか「できない」のかを区別することが必要であると考える。参加「できない」理由として，育児といった家族的責任に配慮することが従来から提案されている。例えば，Ⅲ1(1)で触れた現行の育児休業期間中の被用者年金・保険の保険料負担に関する配慮措置について（前述のとおり，産前産後休業中については検討中である），被用者年金・保険の適用対象者を拡大することでも恩恵を受ける層は広がるが，さらにその考え方を，第1号被保険者や第3号被保険者にも応用することが考えられる。

その際，介護のケースにも拡大することを検討すべきである。介護についても「介護費用の社会化」の観点から配慮措置を根拠づけることができよう。[35]

(c)被用者年金・保険の適用拡大　「被用者保険の存在意義が，業務外の傷病，老齢，障害という稼得能力喪失事由によって失われる所得を，うべかりし利益として補償することにあるとするならば，就業形態が非典型であるということのみを理由にこの制度からパート労働者や派遣労働者を排除すべきではない」[36]と指摘される。Ⅲ1(1)で説明したように，被用者年金・保険の短時間労働者への適用拡大は，同じ被用者である非正規労働者が適用を排除されている弊害の解消や第3号被保険者制度見直しの第1歩として検討が進められてきた。適用拡大によって年金給付が増える可能性があるといったメリットに着目されがちであるが，医療保険において被用者保険のみの給付である傷病手当金や出産手当金の対象となりうることにも大きなメリットがあるといえる。

適用拡大にかかる課題は既にいくつか挙げられている。適用対象の範囲をどう設定するか，事業主負担に理解が得られるか，新たに適用対象となる者が第1号被保険者より少ない保険料で手厚い年金給付を受けることがあり得ることをどうするか，新たに適用対象となる者の被扶養配偶者を第3号被保険者として認めるか，など解決すべき点は様々ある。

---

35)　竹中・前掲注34) 153頁。
36)　倉田・前掲注33) 117頁。

(2) **遺族年金**　年金の個人単位化論からは遺族年金の縮小・廃止が導き出されるが、社会実態に照らしてそれは時期尚早である。そこで、遺族年金を存続させるとの仮定の上に、遺族年金における性差について考えてみたい。

Ⅲ2で述べたように、第3号被保険者である「専業主夫」の妻（第2号被保険者）が亡くなり夫と子が残されても、遺族基礎年金は夫には支給されないし、父子が共に暮らしている限り子にも支給されない。また、被用者年金においても男性による遺族年金の受給はかなり限定されている。

では、男性も女性と同じように「保護」すればよいのか。現状で雇用機会や雇用条件等に男女間で格差が存在する限り、所得保障の必要性の度合いは異なる。しかし、遺族基礎年金は、「子」の養育に着目して支給されるものなので、父子世帯に対象を広げることには合理性があろう。ただ、そうすると、第3号被保険者の死亡による遺族基礎年金の問題が顕在化すると考えられ、第3号被保険者の負担のあり方の見直しがこの点でも課題になってくる。被用者年金の遺族年金は、支給年齢が男女で異なるが、これも同じにすべきである。

もっとも、支給の拡大だけでなく、同時に、男女ともに「働くこと」「自立」を基軸に（既に若齢期の女性につき被用者年金の遺族年金が縮小されたが）、年収基準や給付水準の見直し、年齢に基づく加算額による工夫などが必要となろう。

遺族年金の適用は性別にかかわらず同じにすべきである。男性がそうなら、女性の拠出する保険料も同じく、自身の老後や障害のためだけでなく、遺される家族のためのもののはずだからである。

Ⅴ　おわりに

「女性」という視点で社会保険における論点を抽出したが、大部分は年金に関するものとなった。年金保険料の納付期間は基本的に長く、保険料を納めているうちに社会が変化し、ニーズも変化してしまう。性別役割分業をはじめ社会におかれる立場による中立性・公平性の課題については世代間のギャップも大きい。それだけに困難もあるが、少なくとも性別で左右されない制度、人生の選択に際し納得がいく制度へと、積極的に改革が進められることを望む。

第Ⅱ部

医　療

第4章
公的医療保険の保険者と適用

新田 秀樹

I はじめに

本章では，21世紀に入ってからの10年間における日本の公的医療保険の保険者およびその加入者に係る法制度が，それ以前に比べどのように変化したかを分析した上で，今後の保険者の在るべき方向性を探るに当たって必要と思われる幾つかの論点を検討する。分析に当たっては保険者に重点を置き[1]，それに関連づける形で加入者および医療保険の体系にも言及する。また，近年の変化を分析するために必要な範囲で，それ以前の保険者および加入者の特徴についても検討を行う。

II これまでの保険者

1 古典的な保険者像

医療保険の母国ドイツにおいては，保険者は工場の賃労働者や手工業職人等の相互扶助組織を整理・再編する形で形成されてきた[2]。この保険者は疾病金庫

---

1) 日本の医療保険の保険者像と保険者機能につき検討を行った先行研究として加藤智章「医療保険における保険者論」社会保障法14号（1999年）を参照。
2) この形成過程については，倉田聡『医療保険の基本構造——ドイツ疾病保険制度史研究』（北海道大学図書刊行会，1997年）が詳しい。

(Krankenkasse)と呼ばれる社団形式の公法人(公共組合)であり，倉田聡によれば，その特徴は，保険事業の管理運営に被保険者(および使用者)が当事者として参加するという意味での「政治的自治」と，疾病金庫が国家から独立した存在として規約や財政や人事を決定できるという意味での「法的自治」という2つの「保険者自治」が尊重される点にあるとされる[3]。また，ドイツにおいては，基本的に疾病金庫以外の保険者は存在せず，その疾病金庫が(職場や職業といった)職域をベースに形成されたという経緯もあって，非被用者を対象とする地域保険も存在しない[4]。

　医療保険制度は時代や国により当然異なるが，我々が医療保険の典型的な保険者として思い浮かべるのは，このようなドイツの保険者であることが多いであろう[5]。そこで，これを古典的な保険者と位置付けるとすると，その特徴として以下のような点を挙げることができる。

①医療保険の体系は，職域をベースとする一定の同質性を有する加入者をメンバーとする職域保険(基本的に被用者保険)の保険者のみで成り立っている。農業者や自営業者の医療保険についても，地域住民であること(住所)ではなく，その職業に着目して保険集団が構成されている。
②保険者は，相互扶助組織を沿革的な母体とした公法人(公共組合)であり，加入者間の相互扶助意識(連帯意識)も相対的に強いと考えられる。
③保険者については，保険者自治，すなわち，保険者が財政面や人事・組織面等で国家等の外部からの干渉を受けないという対外的独立性と，保険運営が加入者の参加に基づき民主的に行われるという内部的民主性が尊重される。
④(③の保険者自治の具体的表れとも言えるが)自己完結的な保険運営が原則である。すなわち，自ら保険財政計画(予算)を立案し，それに基づいて，被保険者の

---

3) 倉田・前掲注2) 19-24頁。
4) 年金受給者はそれまで被用者として所属していた疾病金庫に残り，農業者については特別の疾病金庫が対応し，自営業者の多くは同業組合疾病金庫でカバーされる(倉田聡『社会保険の構造分析——社会保障における「連帯」のかたち』(北海道大学出版会，2009年) 79-80頁)。
5) もっとも，ドイツの医療保険制度は1993年の医療・保健構造法(GSG)の施行以後大きく変容してきており，現在の保険者は従前とは相当変化していることに留意されたい。この点については，倉田・前掲注2) 283-291頁，倉田・前掲注4) 78-92頁，松本勝明『ドイツ社会保障論Ⅰ——医療保険』(信山社，2003年) 36-66頁，島崎謙治『日本の医療——制度と政策』(東京大学出版会，2011年) 136-150頁等を参照。

資格管理，保険料の賦課・徴収，保険給付の実施，保健事業の実施などの業務を行い，それに必要な資金は保険料の形で自ら調達する。
⑤加入者は，被用者たる強制被保険者とその家族（一定所得額以下の配偶者及び子）である家族被保険者である。なお，自営業者の多くや一定額以上の高所得被用者は強制適用から除外（ただし基本的に任意加入は可）とされているので，公的医療保険への加入率は約9割に止まっている。

2 保険者の日本的特徴

古典的保険者像と比較した場合，日本の医療保険の保険者の特徴として次のような点が指摘できる。なお，日本の医療保険制度も時代とともに変遷してきているが，1961年の国民皆保険の達成により現在まで続く医療保険体系の基盤が基本的に確立されたことに鑑み，ここでは皆保険達成から高度経済成長期に至る時期の医療保険者を念頭に比較を行う。

(1) **職域保険と地域保険の2本立ての体系**　日本の場合，市町村を保険者とし，農業者・自営業者・無職者等の地域住民を加入者（各人が被保険者）とする地域保険である国民健康保険（以下，「国保」とする）が存在し，民間被用者と

---

6) 他に公的年金受給者，失業手当受給者等がいる。
7) 上村政彦は，法律の適用が生活の基礎単位としての「家族」を対象とする点に，ビスマルク労働者疾病保険法以来の被用者保険立法の「家族」主義的特徴が認められる旨を述べる（上村政彦「医療保障法の展望」日本社会保障法学会編『講座社会保障法第4巻　医療保障法・介護保障法』（法律文化社，2001年）252頁）。
8) 2007年に制定された公的医療保険競争強化法（GKV-WSG）は，民間保険会社に公的医療保険と同等の給付を保障する「基本タリフ」の提供を義務付けたが，これは公的医療保険の強制適用範囲を基本的に変更するものではないとされる（島崎・前掲注5）149頁）。
9) 国保の保険者としては，市町村の他に，医師，弁護士，理容師など特定の同一自営業種ごとに組織される国保組合があるが，こちらは職業に着目した職域保険に属する。
10) 上村は，日本の市町村国保は各加入者が保険給付の名宛人となる被保険者となる点で，被用者保険よりも「個人」主義的であるとするが（上村・前掲注7）253-254頁），各種療養費の支給の名宛人は世帯主であり，また，個々の被保険者は保険料の算定賦課の対象とはなるが保険料納付義務は世帯主のみが負っていることからすると，国保においても家族（乃至世帯）主義的要素は色濃く残っていると考えるべきであろう。ただ，介護保険の第1号被保険者や後期高齢者医療制度の被保険者は，一義的には個々の被保険者が自身に賦課された保険料の納付義務を負うことからすると，「個人」主義に一歩近づいたと言えるかもしれない。なお，介護保険の第1号被保険者につき木下秀雄「社会保障と家族」日本社会保障法学会編『講座社会保障法第1巻　21世紀の社会保障法』（法律文化社，2001年）210-212頁も参照。

その家族を加入者(被保険者・被扶養者)とする健康保険(以下,「健保」とする)や公務員とその家族を加入者(組合員・被扶養者)とする共済組合などの職域保険(基本的に被用者保険)との2本立ての体系となっている点が,職域保険のみのドイツとは大きく異なる。

このように日本の医療保険の運営が職域保険と地域保険の2本立てとなったのは,1922年に工場や鉱山の労働者等を対象とした健保法がまず制定され[11],1938年に農林漁業者や自営業者等を対象とした旧国民健康保険法(以下,「旧国保法」とする)が制定された[12]という沿革的な理由によるところが大きいが[13],その背景には両制度の加入者の生活様式や稼得形態が大きく異なり,保険料設定方式,医療給付内容,現金給付の種類等の制度設計が統一できなかったという事情が存在した。

そして,国民皆保険の実現に向けての議論を行った社会保障制度審議会が1956年11月にまとめた「医療保障制度に関する勧告」においても,国民皆保険は,今後相当の期間は被用者保険と地域保険の2本立てのままで進めることが現実的であるとされ,それから現在に至るまで,大きな医療保険制度改革の際は被用者保険と国保の統合・一本化が繰り返し議論の俎上に載せられてきたものの,その度に時期尚早その他の理由から見送られ続け現在に至っている。

---

11) 健保法は,第一次世界大戦後に日本が深刻な不況に陥り労働争議その他の労働運動が激化する中で,労使関係の対立緩和等を目的として制定された。当初,健保法は,工場・鉱山等の現場労働者(被保険者)本人についてのみ給付を行っていたが,1939年の法改正(昭和14年法律74号)で家族給付が任意給付として創設され,1942年の法改正(昭和17年法律38号)で法定給付化された。また,健保法が適用されなかった工場・鉱山等の現場労働者以外の被用者(例:本社の事務職員等)については,1939年に職員健康保険法が制定されたが,同法は1942年の法改正により健保法に吸収統合された。

12) 旧国保法制定の主目的は,企画立案の当初(1933年頃)は昭和恐慌の直撃を受けて疲弊した農山漁村地区の住民の医療費負担の軽減であったが,その後戦時色が強まる中で,国民体位の向上による壮健な兵力と労働力の育成という目的も強まっていった。なお,制度創設期から市町村公営主義採用の時期(1948年)に至る間の国保の歴史については,新田秀樹『国民健康保険の保険者──制度創設から市町村公営までの制度論的考察』(信山社,2009年)を参照されたい。

13) 倉田も,被用者保険を中心とする職域保険と市町村国保(地域保険)というわが国の医療保険制度の制度構成は,歴史的経緯によるものであって,必ずしも理論的な根拠に基づいたものではない旨を述べる(倉田聡「医療保険法の現状と課題」日本社会保障法学会編・前掲注7) 60頁)。

(2) 公法人（公共組合）型保険者と公共団体（一般行政主体）型保険者との並存

保険者についてみると，日本においては，①専ら保険運営を行うことを目的とした公法人（保険組合等）に運営を担わせるという考え方（組合主義）と，②国や市町村といった公共団体（一般行政主体）が保険者も兼ねるという考え方（公営主義）とが並存していて，それぞれの保険者が存在する点が，①の考え方に立つ疾病金庫のみが保険者であるドイツとは異なっている。

すなわち，制定当初の健保法はその規定の多くを基本的にドイツの疾病保険法に倣ったが，保険者については，政府（国）と健保組合の2本立てとしたのである。これは，当時，日本においてはドイツと異なり保険運営を任せられる共済組合等の自治組織が十分発達していなかったため，健保組合によって保険運営を確実に行える場合はこれによることとするが，それ以外の場合は政府が保険者として保険運営を行うとの方針が採られたことによる。なお，両者の関係については「解散ニ因リテ消滅シタル健康保険組合ノ権利義務ハ政府之ヲ承継ス」という規定（健保40条）が置かれており，これは皆保険達成時（1961年）においても変わりはなかった。

また，国保については，第二次世界大戦前の旧国保法制定当初（1938年）は組合主義が採用されたが[15]，戦後間もない1948年に戦争で壊滅的打撃を受けた国保事業の維持・再建を図ることを目的として市町村公営主義に切り替えられたという経緯があり，その際，国保事業は市町村が行うことを原則とするが，市町村が事業を行わない場合には国保組合等の他の保険者が事業を行うことができる旨の規定が旧国保法に置かれ，これが1958年に制定された現行国民健康保険法（以下，「国保法」とする）にも基本的に受け継がれたのである[16]。

この結果，日本においては公法人（公共組合）型保険者と公共団体（一般行政主体）型保険者とが並存し，しかも法解釈としては，公共団体（一般行政主体）

---

14) 島崎・前掲注5) 39-40頁。
15) 制度創設時の国保の主たる保険者は，原則として市町村区域内の世帯主を組合員とする普通国保組合（公法人）であり，被保険者は組合員とその家族とされた。
16) 現在の国保法は，17条3項で，都道府県知事は，国保組合の設立が市町村の国保事業の運営に支障を及ぼさないと認めるときでなければ設立認可をしてはならない旨を定めている。

型保険者（政府・市町村）が，公法人（公共組合）型保険者（健保組合・国保組合）よりも基本的な保険者として位置付けられることとなった[17]。

こうした日本の保険者も，（少なくとも皆保険達成から高度経済成長期においては）自ら集めた保険料を自身の加入者のための給付に使うという点では，古典的保険者と同様自己完結的な財政運営を行っている保険者であると言うことができよう。しかし，当時から，国保の保険者たる市町村や健保の保険者たる政府は，国庫を中心とする多額の公費補助を受けており，その点に着目すれば，健保組合・共済組合以外の多くの保険者について，既に財政的な自己完結性（財政面の保険者自治）は破られていたとも評せる。内部的民主性についても，政府管掌健康保険（以下，「政管健保」とする）の運営に被保険者代表は直接的には関与せず，また，市町村国保の運営を担っているのは，当事者自身は必ずしも国保被保険者ではない市町村長や市町村議会議員であるという問題があった。

さらに，日本の場合，健保法や国保法をはじめとする医療保険法及びそれに基づく関係政令・省令・告示，さらには行政通知等による保険者に対する規律密度が非常に高いことから[18]，これと公共団体（一般行政主体）型保険者の優位性や多額の公費補助の存在を考え併せると，日本の保険者に対する公的統制は古典的保険者に対するものよりも相当強く，そのことが日本の保険者における保険者自治の脆弱性を招いていると言うことができよう。

(3) **国民皆保険体制の実現**　公的医療保険の適用に関しては，1961年の時点で「原則としてすべての国民が何らかの公的医療保険に強制加入している」[19]国

---

17) 健保法においては，健保組合は国（政府）の保険事業を代行するものと解され（いわゆる代行説）（厚生省保険局健康保険課編『健康保険法の解釈と運用〔第2版〕』（社会保険法規研究会，1959年）336頁および469頁，籾井常喜『労働法実務体系・18　社会保障法』（総合労働研究所，1972年）112頁および131頁，倉田・前掲注2）321-322頁等），国保法においては，市町村が一義的な保険者とされた。もっとも，有力な反論もある（加藤智章『医療保険と年金保険──フランス社会保障制度における自律と平等』（北海道大学図書刊行会，1995年）5頁，島崎・前掲注5）268-270頁など）。

18) やや古いが健保組合に対する規律について検討したものとして新田秀樹『社会保障改革の視座』（信山社，2000年）114-116頁。

19) 「原則として」と述べたのは，生活保護受給者（被保護者）は医療保険（正確には市町村国保）の適用から除外され被保険者となっていないからである。

民皆保険が達成された点が，制度的に任意加入者の存在を認め，なお1割程度の未適用者がいるドイツとの相違点として挙げられる。

この皆保険は，言うまでもなく市町村国保がその基盤となっている。すなわち，市町村国保について，国保法は「当該市町村の区域内に住所を有する者であって，被用者保険加入者，被保護者など他制度による医療（費）保障を受ける者以外のものを被保険者とする」旨を規定し，いわば消去法的に被保険者が決まることとされている。そして，他の医療保険制度等に加入できない者の最終的な受け皿となっている市町村国保の実施が，1958年の現行国保法により全市町村に義務付けられた結果，1961年に皆保険が達成されたのである。こうした日本の皆保険は，複数の被用者保険制度とそれ以外のすべての者のための単一制度（地域保険たる市町村国保）との組合せによる適用の普遍化として理解することができよう。[20]

しかし，この結果，国保保険者たる市町村は，消去法的に加入者が決まるが故の，或いは保険者が市町村単位であるが故の，①加入者の年齢が高い，②無職者が多い，③低所得者が多い，④保険料収納率が低い，⑤医療費や保険料の市町村間格差が存在する，⑥相当数の小規模保険者が存在する，といった制度的・構造的問題を抱え込むこととなった。すなわち，近年の医療保険制度改革で解決しなければならないとされている市町村国保の課題の多くは，近年になって新たに発生したものではなく，制度創設当初から存在していた問題が経済社会状況の変化に伴い顕在化・深刻化したもの（その意味では予想されていた問題）であることに注意する必要がある。

III　21世紀初頭の保険者

1　医療保険を取り巻く状況変化と改正動向

(1)　オイルショック以降の状況変化と制度的対応　　皆保険達成時に一応の確立を見た日本の医療保険制度の体系は，その後高度経済成長期を通じて維持さ

---

20)　新田・前掲注12) 229-230頁。

れ，この間国庫負担の拡充とそれに裏打ちされた給付の改善が進められた。そして，福祉元年と称された1973年には給付改善のいわば総仕上げとして高額療養費支給制度が創設され，また，老人医療費支給制度（老人医療費の無料化）が実施されたが，同年に日本は第１次オイルショックに見舞われて高度経済成長に終止符が打たれ，福祉２年は幻となったのである。その後の日本は，①少子・高齢化の進行，②低経済成長下での国・地方の財政の深刻化，③いわゆるグローバル化の進行，④地域（ムラ）・職域（カイシャ）等の（疑似）共同体の解体，⑤雇用の流動化・多様化（＝被用者と非被用者の境界の曖昧化），そして，⑥①～⑤の変化に起因する医療保険集団の変質等が進行し，それらは21世紀に入ってより顕著となってきている。[21]

　1980年代以降の医療保険制度改革の歴史は，経済が上向かず国や地方の財政状況が悪化する中で高齢化だけは着実に進行するという状況下で，如何に市町村国保の破綻を防ぎ国民皆保険を維持するかに腐心した法改正の繰り返しであったと言っても過言ではない。その代表的なものが，老人保健制度の創設（1982年）であり，退職者医療制度の創設（1984年）であり，介護保険制度の創設（1997年）であった。[22] 老人保健制度や退職者医療制度は医療保険者間の財政調整の嚆矢であり，[23] また，高齢者医療の隣接領域の制度たる介護保険制度は，年金保険者による介護保険料の特別徴収，医療保険者による納付金制度，財政安定化基金の設置などの点で，後期高齢者医療制度の先行型として位置付けることができる。

(2) 2006年の医療保険制度改革　　21世紀に入っても医療保険制度の改正は繰

---

21)　例えば，市町村国保の世帯主の職業別世帯構成割合を見ると，農林水産業の世帯が23.3％（1975年度）→5.5％（2000年度）→3.9％（2007年度）と減少する一方で，無職世帯が8.4％（1975年度）→49.5％（2000年度）→55.4％（2007年度）と急増している（厚生労働省『国民健康保険実態調査報告』（各年度版））。
22)　この他，皆保険との関係では，1988年の国保法改正（昭和63年法律78号）の議論の途上において，厚生省から福祉医療制度の提案がなされている。同制度は，国保被保険者中の低所得者の医療給付費を，低所得者自身が負担する保険料以外はすべて公費負担（租税財源）で賄おうとするものであったが，地方関係者等からの猛反発を浴びて実現を見ず，最終的には保険基盤安定制度の創設という形で決着を見た。
23)　これらの財政調整の性格等については新田秀樹「財政調整の根拠と法的性格」社会保障法研究２号（2012年予定）を参照。

り返されたが[24]，保険者の在り方と保険適用に大きな影響を与えたのは，2006年の医療保険制度改革（平成18年法律83号，以下，「2006年改革」とする）である[25]。同改革は「国民皆保険を堅持し，医療保険制度を将来にわたり持続可能なものとしていくこと」を目的に，①医療費適正化の総合的な推進，②新たな高齢者医療制度の創設，③保険者の再編・統合の3つを柱として行われた。そして，③については都道府県単位を軸とする保険運営を目指すこととされ，具体的には，

①政管健保については，全国健康保険協会の設立という形で保険者を公法人化した上で，基本的に都道府県支部単位の財政運営（地域の医療費を反映した支部単位の保険料率の設定等）を行い，加入者の年齢構成及び所得構成の違いに基づく支部間の財政格差については，協会が調整を行う，
②組合管掌健康保険については，同一都道府県内の健保組合の再編・統合の受け皿として，企業や業種の枠を超えた地域型健保組合の設立を認める，
③市町村国保については，市町村保険者は維持するが，高額医療費共同事業の継続，新たな保険財政共同安定化事業の創設といった財政調整の拡大により，都道府県単位での財政運営を実質的に強めていく，

こととされたのである。

また，後期高齢者医療制度の運営主体は，都道府県単位に設立される当該区域内の全市町村が加入する広域連合（後期高齢者医療広域連合）とされ，その加入者（各人が被保険者）は，①当該広域連合内に住所を有する75歳以上の者（後期高齢者）全員および②当該広域連合内に住所を有する65歳以上75歳未満の者で一定の障害状態にある旨の広域連合の認定を受けたものとされた[26]。

なお，市町村国保については，その後の2010年の国保法改正（平成22年法律35号）により，都道府県は，国保事業の運営の広域化又は国保財政の安定化を推進するために，当該都道府県内の市町村に対する支援方針たる広域化等支援

---

24) 平成12年法律140号，平成14年法律102号，平成17年法律25号等。
25) 2006年改革に至る政策動向については菊池馨実『社会保障法制の将来構想』（有斐閣，2010年）122-129頁を，その全体像については栄畑潤『医療保険の構造改革——平成18年改革の軌跡とポイント』（法研，2007年）45頁以下を参照。
26) ただし，加入者たる後期高齢者等からの保険料の徴収は，原則として市町村が行う。

方針を定めることができるとされ，同方針において保険財政共同安定化事業の対象となる医療費の額や同事業への市町村拠出金の拠出方法について特別の定めができるようになったことに注意する必要がある。[27]

(3) **その後の動き**　後期高齢者医療制度は2008年4月から施行されたが，これに対しては，年齢による制度区分や「後期高齢者」という名称は差別的である，高齢者の保険料負担が増加するといった様々な批判が噴出し，2009年8月の衆議院議員総選挙による政権交代の結果，厚生労働省に「高齢者医療制度改革会議」が設けられて同制度を廃止する方向での検討が進められ，2010年12月に次のような内容の「高齢者のための新たな医療制度等について（最終とりまとめ）」（以下，「最終とりまとめ」とする）が公表された。

①後期高齢者医療制度を廃止し，地域保険は国保に一本化する。被用者保険の被保険者と被扶養者は年齢に関係なく被用者保険に加入し続け，それ以外の者は市町村国保に加入する。
②第1段階では，市町村国保中の後期高齢者の医療の財政運営は，都道府県単位の運営（運営主体は都道府県が適当との意見が大勢）とする。その場合，原則として，都道府県単位の運営主体が財政運営と標準（基準）保険料率の設定を行い，市町村が，被保険者の資格管理，標準（基準）保険料率に基づく各市町村毎の保険料の決定・賦課・徴収，保険給付，保健事業を行う。第2段階で，国保の財政運営を全年齢について都道府県単位の運営とする。

このように，「最終とりまとめ」では，後期高齢者医療制度の廃止が打ち出される一方で，地域保険たる国保については，2006年改革で示された都道府県単位の医療保険運営を目指すとの方向性がますます強く明確に示された。[28]

2　保険者の変容

1980年代から先行的な動きが見られ，2006年改革で相当明確にされた保険者

---

27) 支援方針において，仮に保険財政共同安定化事業の対象医療費を1円以上と定めれば，国保財政の都道府県単位の運営が事実上可能となる。実際に2012年の国保法改正（平成24年法律28号）では，そうした方向性が打ち出された。
28) この方針は，2011年6月に政府・与党で取りまとめられた「社会保障・税一体改革成案」にも「市町村国保の財政運営の都道府県単位化」という形で引き継がれ，2012年2月には「社会保障・税一体改革大綱」として閣議決定された。

第4章　公的医療保険の保険者と適用

の見直しの方向性を整理すれば，次のようになろう。

(1) **保険者の主体と規模**　保険者の主体面からの変化を見ると，2006年改革により2008年10月から政管健保の運営主体を政府（国）から全国健康保険協会という公法人に切り替えたことは，これまで（少なくとも行政解釈では）基本的保険者と考えられていた公共団体（一般行政主体）型保険者から公法人（公共組合）型保険者への重点移動を図る動きと評価できなくもない。保険者の変更に伴い，全国健康保険協会には運営委員会が設置され，また保険料率の変更上下限の幅が拡大されるなど，ガバナンスの構造や裁量の範囲・機能が健保組合に近い形に改められたことを評価する見解もある[29]。しかし，他方で協会の理事長や運営委員会委員は，加入者による選挙ではなく厚生労働大臣の指名により選出されていることなどからすると，公法人化（より正確には公共組合化）の動きはなお途上にあると見るべきであろう[30]。

地域保険に目を転ずれば，後期高齢者医療広域連合の設立は，特別地方公共団体とはいえ組合型保険者に一歩近づいたとも言えたが，「最終とりまとめ」では，広域連合を解消し，現在の市町村国保も含めて都道府県という公共団体（一般行政主体）による運営を目指す方向に逆戻りしているように思われる。

結局のところ，医療保険全体として，今後公営主義と組合主義のいずれに重点を置くのかという方向性は判然としていないと言わざるを得ない。

これに対し，保険者の規模についての（少なくとも政府当局の）方向性は，「都道府県単位を軸とする保険運営を目指す」ということで明瞭と思われる。前述のとおり，2006年改革においても，全国健康保険協会管掌健保における都道府県支部単位の財政運営，地域型健保組合の設立，市町村国保における共同事業の拡大などにそうした方向性は示されており，その後の医療保険制度改正の議論の中でもそれはより強くなってきていると言える。

(2) **保険者機能と保険者自治**　保険者機能が何であるかは議論があるが，前述した被保険者の資格管理，保険料の設定・賦課・徴収，保険給付や保健事業

---

29) 島崎・前掲注5) 269頁。
30) 碓井光明『社会保障財政法精義』（信山社，2009年）199-200頁も参照。

の実施といった機能に加えて，レセプトの審査・支払や医療提供側との折衝などが主なものであろう。そして，古典的保険者においては，こうした機能を自ら備え自己完結的に諸機能に係る業務を行い，そのことが保険者自治の発現と捉えられていたと考えられる。

しかし，日本の保険者において，このような古典的保険者を見出すことは難しい。前述したとおり，もともと日本の保険者は健保組合・共済組合を別にすれば財政的な自己完結性は破られており，さらに，強い公的統制が保険者自治の十全な発達を妨げていたが，近年の制度改正は保険者間財政調整の実施や保険料徴収機能の分散などにより，保険者の自己完結性をさらに弱めてきている。

すなわち，保険料の賦課・徴収に関して言えば，（後期高齢者医療制度の先行型と言い得る）介護保険制度の保険者としての市町村は，第1号被保険者の保険料徴収の大部分を公的年金の保険者に，また，第2号被保険者の保険料の賦課・徴収を医療保険の保険者に委ねているし，後期高齢者医療広域連合は，加入者である後期高齢者の保険料を市町村に徴収させていて，さらに市町村はその徴収の大部分を（介護保険と同様）公的年金の保険者に委ねている。保険給付に関しても，老人保健制度においては医療保険者ではなく市町村が給付事務を行っていた先例があり，また，高齢者の医療の確保に関する法律に基づく特定健診をはじめとする保健事業の一部を，他の主体に委託して実施している医療保険者も多い。

さらに，市町村国保や全国健康保険協会に多額の公費が投入されていて財政的自立からは程遠い状態にあるのは従前からのこととしても，老人保健法における老人医療費拠出金制度の導入以降，介護給付費納付金，後期高齢者支援金，前期高齢者納付金などによる種々の保険者間財政調整が行われるようになった結果，直接的には公費が投入されていない健保組合や共済組合についても，財政単位としての完結性・自律性（財政面の保険者自治）は著しく損なわれ

---

31) 新田・前掲注12) 216頁等。なお，保険者機能について多角的な検討を行った論文集として山崎泰彦・尾形裕也編著『医療制度改革と保険者機能』（東洋経済新報社，2003年）がある。

るに至っている。また，国保の保険者たる市町村や健康保険の保険者たる政府における内部的民主性は，十分貫徹されているとは言い難かったが，政府から健康保険を継承した全国健康保険協会についてもなお同様のことが指摘できる。

　このように，保険者の（とくに財政面を中心とした）自己完結性，すなわち対外的な保険者自治は，近年の制度改正により従前よりもさらに弱まってきていると言えるが，しかし，これは見方を変えれば，単体の自己完結的な保険者から複数の主体による保険者機能の分担，すなわち保険の共同運営への移行が進みつつあると理解できなくもない。「最終とりまとめ」において，都道府県を高齢者医療の運営主体としつつも，都道府県は基本的に財政運営と標準保険料率の設定のみを行い，それ以外の，被保険者の資格管理，市町村単位の保険料の決定・賦課・徴収，保険給付及び保健事業の実施は各市町村が行うことで，高齢者医療に係る保険事業を「共同運営」するとの仕組みが提案されたのも，こうした流れに沿ったものと言える。

　(3)　**医療保険の体系と保険適用**　　医療保険の体系面から見ると，近年の制度改正，とくに2006年改革における後期高齢者医療制度の創設は，被用者保険から地域保険への重点移動の第１歩と評価することもできよう[32]。後期高齢者医療制度は，それまで健保等の被用者保険の加入者であった者も含めて75歳以上の高齢者全員を例外なく被保険者とし[33]，特別地方公共団体たる後期高齢者医療広域連合を保険者とする点で，市町村国保よりも純度の高い新たな地域医療保険と評することができるからである[34]。しかし，「最終とりまとめ」では，制度間財政調整は行うものの，再び国保と被用者保険の２本立てに戻ることとされており，なお腰が定まらないとの印象も受ける。

　これに対し，公的医療保険の適用に関しては2006年改革で謳われた「国民皆

---

32)　ちなみに，民主党は，2009年８月の総選挙におけるマニフェストでは「被用者保険と国保を段階的に統合し，将来，地域保険として一元的運用を図る」と述べていた。
33)　ただし，被保護者は除かれている。
34)　もっとも，一定の地域住民すべてを被保険者とする純度の高い社会保険としては，65歳以上の地域住民すべてを第１号被保険者とする介護保険制度が，先行型として存在していた。

保険の堅持」に変更はないものと思われる。しかし，後期高齢者医療制度の創設等に伴う医療保険体系や保険者の見直し，或いは近年活発に議論されている被用者保険の適用範囲の見直しに伴い，個々人の所属する保険や資格（被保険者か被扶養者か）は変動していく可能性があることに留意すべきであろう。

Ⅳ　これからの保険者

1　公的医療保険の保険者の基本的役割

　本節では，Ⅱ及びⅢの分析を踏まえ，これからの保険者の在り方を考える上で必要と思われる幾つかの論点を検討したい。初めに公的医療保険の保険者の基本的役割について考える。近年の医療保険制度改正により，保険者の自己完結性が弱まって保険を共同で運営する傾向が見られるようになった旨を指摘したが，そうであるならば，ある主体が医療保険の保険者であると言い得るためには最低限どのような要件或いは機能を満たすべきかを改めて確認し，その上で共同運営の意義とその望ましい在り方が検討されて然るべきであろう。保険者機能については既に述べたが，その中でたとえ共同運営となったとしても維持しなければならない保険者の基本的機能乃至責務とはいったい何か？

　医療保険も保険であり，保険者とは保険の運営主体かつ財政単位であることからすると，保険者の最大の責務は，保険運営の大原則である収支相等の原則に則り，赤字が生じないように安定的・継続的に保険事業を運営していくことではないか。運営を担うということは具体的には保険財政計画（予算）を作成することで表されることからすると，数ある保険者業務（機能）のうちでも保険財政計画（予算）を作成する権限と責任を有することが，保険者と言い得るための形式的な最低要件ということになりそうである。しかし，より実質的には，赤字が生じないように運営したにもかかわらず結果的になお赤字が生じたときに赤字補填の最終責任（最終的な財政責任）を負うことこそが，保険者が保険者たる所以ということになるのではないか。

2 これからの保険者を巡る論点

(1) 保険者の主体と規模　(a)保険者の主体　医療保険全体として，今後組合主義と公営主義のいずれに重点が置かれていくのかはなお不透明であるが，ここではそれぞれの長短を検討しておきたい。

組合主義の長所（＝裏返せば公営主義の短所）としては，①保険組合の執行・議決等の機関は基本的に被保険者代表のみで構成されるので，保険者としての自治・自律の徹底が図れる，②保険組合は保険運営のみに専念するので，保険者としての専門性が向上し，当該保険者の実情に応じた弾力的・効率的な保険運営を行える等を，また，公営主義の長所（＝裏返せば組合主義の短所）としては，①保険事業の公共性を強化できる，②関連する他の行政や事業との一体的・総合的な運営を行いやすい，③事業運営に当たり一般財源（租税財源）からの補助を事実上受けやすい，④既存の行政組織を活用できる等を挙げることができる。

このうちのどちらに理があるかの判断はなかなか難しい。古典的保険者を念頭に置けば当然組合主義に与することになる。その場合には，日本では，健保組合を中心に据えた保険者の体系を考えることになろう。他方で，地域保険たる国保において，長らく市町村が保険者であり続け，国保事業の経営主体と国保行政の執行主体という二面的役割を果たしてきた事実は重い。また，強い公的統制の下で保険者自治が脆弱な日本の保険者の現実に鑑みれば，日本においては公営主義の方が適合的ではないかとの判断もないわけではない。[35]

しかし，筆者としては，医療費保障を今後とも社会保険方式で続けていくのであれば組合方式の方が後述するような社会保険の本来的メリットが活かせるので，組合方式での医療保険運営の在り方をなお追求すべきではないかと考える。その場合には，保険者自治を（内発的に）育む制度的な工夫をどのように凝らすかが重要となろう。

(b)保険者の規模　保険者規模については，既に見たとおり，とくに地域医

---

[35] ちなみに，岩村は，そもそも公的医療保険の保険者は健保組合も含めて行政主体としての性格をもつものに限られてきた旨を述べる（岩村正彦「社会保障改革と憲法25条」江頭憲治郎・碓井光明編『法の再構築［Ｉ］国家と社会』（東京大学出版会，2007年）111頁）。

療保険たる国保について，市町村区域単位から都道府県区域単位への規模の拡大の是非が焦点となっている。規模拡大のメリットとしては，①リスク分散が図りやすく保険財政が安定する，②医療サービスの受益と費用負担との対応関係がより明確になる，③保険者機能の多く（対外交渉力，内部の事務処理能力等）が強化されるといったことが，またデメリットとしては，①保険者間の競争の減少により保険運営の効率性が低下する，②保険料の賦課・徴収機能が弱まる可能性がある，③保健事業の実効性が低下する，④保険者自治（とくに内部的民主性・自律性）や連帯意識が弱まる，⑤市町村が行っている国保以外の保健・医療・福祉行政との連携・協働が困難になるといったことが挙げられよう。

保険者規模の見直しに当たっては，以上述べた①保険財政の安定性，②保険運営の効率性，③医療供給面との関連性，④保険者機能の強度，⑤保険者自治の強度，⑥加入者の連帯の強度，⑦保険運営のフィージビリティ（保険料徴収の現実性，他事業・他部局との連携の円滑性等）などの様々な要素について，その長短を総合的に検討する必要がある。その上で，あるべき論と現在の国保の実態とを比較対照し，実現可能な見直し案を探ることが肝要であろう。

そうした観点から，現在の国保の都道府県単位化或いは都道府県営化の議論を改めて見てみると，議論の重点が保険財政面と医療供給面に偏りすぎていて，あるべき保険者自治或いは加入者の（社会）連帯の醸成という観点からの検討が不十分なように思われてならない。社会扶助（租税財源の制度）と異なる社会保険の本質が保険者自治と加入者の連帯（互助精神）にあるとするならば，あるべき論としては，国保（或いはそれに代わる地域医療保険）を単なる行政施策ではなく，できる限り（社会）保険事業として運営しつつ，保険料負担者による民主的決定の貫徹，決定プロセスへの参加を通じての新たな連帯の醸成（これには制度構造が加入者の意識を変えることへの期待も含む），分権的な複数保険者の競争による給付管理の効率化といった，社会保険ならではのメリットを追求していくことが望ましい。そうであるとすれば，保険者は，やはり行政主体よりも保険組合の方が，その数は単一ではなく複数の方が，また，各保険者の規模はそうしたメリットを最大化できる程度の規模である方が適当であろ

う。その場合には，保険者規模はそれほど大きくならないと思われるので，一気に都道府県レベルまで保険者の規模を拡大することについては，なお慎重な検討が必要と考える。

　他方，健康保険において，政府から全国健康保険協会へと保険者が切り替えられ，都道府県支部単位での財政運営が目指されるようになったことについては，単一保険者から複数保険者的になった点および組合方式に一歩接近した点で，プラスの評価ができよう。

(2) **保険者機能（共同運営の是非）**　保険者は本来自己完結的であることが望ましいと考えるが，上述のとおり赤字補填の最終責任を負うことが保険者の基本的役割であるとするならば，それ以外の機能・権限の一部又は全部を他の主体に委ねて「共同運営」するという選択肢も政策論としてはあり得よう。共同運営は，医療保険運営の負担とリスクの分散・軽減を図り運営を安定化させる方法として有効かもしれない。しかし，実際に共同運営を行うに当たっては，運営に携わる主体間の権限と責任，とくに赤字が発生した場合の補填責任の所在を予め明確にしておかないと，「共同責任すなわち無責任」という責任曖昧化の弊に陥りかねないことに留意する必要がある[36]。なお，赤字補填の責任者（すなわち保険者）と保険料の賦課・徴収主体とが一致する必要は理論的には必ずしもないであろうが，赤字補填の最終的・中心的財源を保険料に頼るというのであれば，実際的には保険者が保険料の賦課・徴収権限を手放すことについては慎重であるべきではないか[37]。

(3) **医療保険の体系と保険適用**　(a)職域保険と地域保険の２本立ての是非
　現在の制度改革の議論は，地域保険である市町村国保及び後期高齢者医療制度の在り方に焦点が当てられているが，そもそも論として，今後とも職域と地

---

36) 赤字発生の場合の補填の最終責任は単一主体に帰着することが多いと思われるが，合意を得られるのであれば複数の主体が最終責任を分担し，字義どおりの共同運営を行うこともあり得よう。しかし，その場合には，補填の比率と方法を予め明確に，できればルール化しておく必要がある。加えて関係主体間の権限・責任（を巡るトラブル）を調整する仕組みも用意されていることが望ましい。
37) 保険者以外の主体に保険料の賦課・徴収を委ねるのであれば，受託者が責任を持って当該業務に取り組むような制度的担保を設ける必要がある。

域の2本立てによる医療保険運営を行うべきかどうかという議論があろう。

　医療保険の運営が職域と地域の2本立てとなったのは前述のとおり沿革的な理由によるところが大きいが，被用者保険を地域保険に統合する形で一元化するとなると，①保険者をどうするか，②（定額の応益的保険料を残すかどうかも含め）保険料の設定方法をどうするか，③被用者保険における傷病手当金や事業主負担の取扱いをどうするか，などといった多くの課題が考えられる。

　しかし，他方で，制度創設当初に比べれば両者の隔たりが狭まりつつあることも事実であろう。職域と地域の2本立てと言っても市町村国保には多数の零細企業従業員（すなわち被用者）が加入しているという点でもともと不徹底なものであった上，近年の雇用形態の著しい多様化・流動化の中では被用者と非被用者の明確で継続的な区分という2本立ての前提自体が崩れつつあると言えなくもない。また，上述の問題の幾つかは技術的に解決可能であろう。保険料については，介護保険や基礎年金と同様，同一制度内に複数の被保険者類型とそれに応じた保険料設定方法及び財源負担区分を設けることが考えられるし，保険給付についても，既に医療給付内容は統一されている以上，特定の被保険者類型（現在の被用者保険の被保険者）のみに傷病手当金等の現金給付を行うことは，現在の情報処理技術をもってすればそれほど難しいことではあるまい。このように考えてくると，医療保険の保険者の再編の議論を地域保険の枠内に止めず，職域と地域の2本立ての妥当性自体を問い直すところまで踏み込むことも強ち非現実的な夢物語とまでは言い切れない時期に立ち至っているのではないか。

---

38)　この問題につき詳細な検討を行った最近の研究として菊池・前掲注25）146-151頁がある。

39)　島崎は，①稼得形態の本質的な相違，②所得捕捉率の相違，③被用者保険の方が地域保険より加入者数が多くいわば原則であることを理由に一元化に反対する（島崎・前掲注5）221-223頁）。

40)　倉田は，被用者保険から傷病手当金などの所得保障給付を切り離し，純粋に医療サービスのみを保障する制度に転換すれば，被用者保険の独自の存在意義はかなり乏しいと述べる（倉田・前掲注13）60-61頁）。

41)　或いは，被用者保険の保険者を，所得保障給付の実施とそれに必要な保険料の徴収，および地域医療保険の保険者が行う医療給付を賄うのに必要な保険料のうちの被用者に係る分の徴収代行を行う組織に特化することで存続させることも考えられよう。

42)　もっとも，その場合でも，被用者保険が原則ではないかとの原理的問題と事業主負担の

第4章　公的医療保険の保険者と適用

(b)皆保険体制の評価　2006年改革に限らず近年の医療保険制度改正の最大の狙いは，「国民皆保険の堅持」すなわち全国民に対する公的医療保険の強制適用の維持にあるとされるが，それが必ずしも世界共通の普遍的仕組みではない以上，その妥当性も一応は検討しておく必要があろう。ここでは，公的医療保険（実際にはその内の地域保険）は，保険料負担能力のない（或いは極めて乏しい）低所得者（貧困者）をも加入させなければならないのかという点について考えてみたい。[43]

現在の市町村国保は被保護者を適用除外としているが，これは保険料負担の見返りとして保険給付を行うという保険の考え方（保険原理）からすれば当然とも言える。（現在の医療扶助がそうなっているかどうかは一応措くとして）国がその責任において貧困者にも他の国民と同様の公平な医療サービスを保障するために，貧困者に対する適切な医療（費）保障を医療保険制度とは別に講じているのであれば，貧困者も含めた全国民の保険加入は皆保険であることの必要条件とはならないとも考えられる。

しかし，社会保険の社会性（扶助原理）を重視し国民皆保険の理念を徹底させるのであれば，貧困者も医療保険に加入させるのが筋であろう[44]。また，同じく市町村を保険者とする介護保険が65歳以上の被保護者を第1号被保険者としていることとの均衡も考慮する必要がある[45]。さらに，日本の農村社会に旧くから根付いていた国民の強い平等志向意識は，ムラ社会の解体に伴い相当弱ってきているとはいえ，医療に関してはなお健在であると考えられることや，実質的には被保護者と同様の所得・生活水準にありながら，生活保護の申請をせず

取扱いについては，さらに検討すべき点が残るように思われる。今後の課題としたい。ちなみに，倉田は，被用者保険を20世紀的な遺物とみなすか，21世紀においてもより積極的に維持されるべきものとして再評価するかは，最重要の理論課題であるとする（倉田・前掲注4）299頁）。

43）本来は高所得者に対する加入強制の是非も検討する必要があるが，紙幅の関係で省略する。これについては新田・前掲注12）222-223頁を参照されたい。
44）被保護者も国保に加入させるべきとする見解として，例えば阿部和光「社会保険の適用範囲（権利主体）」河野正輝ほか編『社会保険改革の法理と将来像』（法律文化社，2010年）40-41頁。そのほか菊池・前掲注25）145頁も参照。
45）さらに言えば，国民年金も被保護者を被保険者から除外してはいない。

91

に国保に留まり結果的に保険料を滞納している多くの低所得者が存在することなどを総合的に勘案すると，租税を財源とする別立ての低所得者向け医療制度の創設よりも理論的にはすっきりしない嫌いがあり，また財源論も詰める必要はあるが，一定の要件に該当する（生活保護受給要件該当者（要保護者）より広範囲の）低所得者については，（保険料を支払う旨の）申出のない限り「保険料免除プラス一部負担の免除又は軽減」という形で公的医療保険への加入を認めても，国民からの反発は案外と少ないのではないか。

V　おわりに

本章では，最近の日本の公的医療保険の保険者および加入者に係る法制度の変化の分析を踏まえ，今後の保険者の在るべき方向性について若干の私見を述べた。考え得る選択肢のそれぞれに長短があり，医療保険の最適保険者が一義的に導き出されるわけではないが，よりよい保険者の決定に関しては，理論的に公平かつ効率的であるばかりでなく，現実的故に加入者が制度への信頼感を持つことができる制度を構築できるかどうかも重要である。今後の制度改正の動きもそうした観点から注視していく必要があろう。

第5章
公的医療保険の給付

稲森 公嘉

I はじめに

　21世紀に入ってからも，公的医療保険は，高齢化の進行，医療技術の進歩等に伴う医療費の増加にいかに対応し，持続可能で安定的な医療保障のしくみを維持していくかを模索し続けている。国民皆保険の達成から50余年，わが国の公的医療保険は皆が一般的水準の医療を公平に受けられることを目指して発展してきたが，近年では，公的医療保険の給付と負担のあり方の見直しが叫ばれる中，有限の社会保障財源をいかに使うかという観点から，公的医療保険の給付を必要最小限のものに限定し，それを上回る部分は各人の自助努力に委ねるとか，公的医療保険の給付は多額の医療費を要する重症者・慢性疾患者や医療費負担が重い低所得者等の必要性の高いものに重点的に支給するといった，従来の公的医療保険観を覆すような議論も見受けられる。他方で，格差社会や貧困の問題が社会的な関心を集める中，国民皆保険体制の実質を問う形で，低所得者の医療保障のあり方に関心が寄せられるような状況にもある。
　公的医療保険の給付のあり方は，2002年の医療保険改正や2006年の医療制度改革等による重要な制度改正に加え，診療報酬の改定や新たな裁判例の登場等によってもさまざまな変化を受けている。本章では，上記のような現在の状況を念頭に置きつつ，保健医療サービスを中心に，公的医療保険の給付に関し2000年以降に新たな動きのあった論点を検討する。

第Ⅱ部 医　　療

Ⅱ　給付の対象と分類

1　公的医療保険の給付の対象

　公的医療保険が給付の対象とするのは，誰のどのような状態であるか。この問いへの回答は，制度によって異なる。まず，健康保険（以下，「健保」とする）は，労働者の業務外の事由による傷病・死亡・出産と被扶養者の傷病・死亡・出産を給付の対象とする（健康保険法（以下，「健保法」とする）1条）。健保は一時期，被用者の業務上の傷病等も給付の対象としていたが，戦後，1947年に労働基準法と労働者災害補償保険法が制定され，業務上の傷病に対する給付が労災補償法制に移されたことから，再び業務外の傷病のみを対象とすることになった。これに対して，国民健康保険（以下，「国保」とする）は，被保険者の傷病・出産・死亡を給付の対象とし（国民健康保険法（以下，「国保法」とする）2条），後期高齢者医療制度も，高齢者の傷病・死亡に関して給付を行うとしており（高齢者の医療の確保に関する法律（以下，「高確法」とする）47条），業務上の事由による場合も含めて，給付の対象としている。

　以上の整理については，留意すべきことが2つある。第1に，適用基準を満たさない短時間労働者など，健保適用外のため国保に加入する被用者については，その業務上の事由による傷病は，労災保険の対象になるので，国保からの給付は行われない（国保56条1項）。後期高齢者医療制度に加入する75歳以上の被用者についても同様である（高確57条1項）。第2に，健保に加入する法人代表者については，その業務上の事由による傷病は，健保からも労災保険からも行われないことになってしまうので，このような場合には健保から給付を行うこととする旨の通達が出されている[1]。

2　公的医療保険の給付の分類

　公的医療保険の行う給付には，沿革的な理由もあって，多様なものが混在し

---

1)　「法人の代表者等に対する健康保険の保険給付について」平15・7・1保発0701002号。

ている。以下，その分類についての若干の例を示しておこう。

第1に，保険事故の種別により，①傷病に関する給付，②死亡に関する給付，③出産に関する給付が区別される。

第2に，給付の性質により，①現物給付，②金銭給付が区別される。後者の中には，法律上は金銭給付を原則とするが，サービス提供者に直接支払うことで被保険者に支給されたものとみなす，という形で事実上の現物給付化がなされている給付もある[2]。

第3に，給付の目的から，①保健医療サービス保障給付，②所得保障給付を区別することができる。後者のうち，代替所得を保障する給付（傷病手当金，出産手当金）は被用者保険でのみ法定されており，国保でも条例または規約で設けることができるものの，その例は多くない。

公的医療保険による保健医療サービスの保障方法には，サービス自体を給付する現物給付方式と，サービスに要した費用を償還する費用償還方式があるが，わが国の公的医療保険は前者（療養の給付）を原則とし，（事実上の現物給付化がなされているものを別にして，）後者（療養費）を例外としている。この関係で，留意すべきことが2つある。

第1に，柔道整復師の施術に係る療養費については，厚生労働省の通知[3]に基づき，受領委任の取扱いが認められている。往時の整形外科医不足等の沿革的理由から，特例的に認められてきたものである。この特例的措置があん摩マッサージ指圧師に認められていない[4]ことについて，「受領委任払いは特例的措置であるから拡大しない方向で実施ないし運用するのが相当である」とし，現在の取扱いの合理性については疑義がないではないが，合理性がないとまではいえないとした裁判例がある[5]。

---

2) 事実上の現物給付の法的性質は「代理受領」であるとの理解が一般的であるが，この点につき考察を加えるものとして，小島晴洋「『事実上の現物給付』論序説」菅野和夫・中嶋士元也・渡辺章編『友愛と法——山口浩一郎先生古稀記念論集』（信山社，2007年）263頁以下参照。
3) 「柔道整復師の施術に係る療養費について」平11・10・20保発144号・老発682号。
4) 「按摩，鍼灸術にかかる健康保険の療養費について」昭25・1・19保発4号。
5) 千葉地判平16・1・16裁判所ホームページ。もっとも，実際には民法上の委任により，あん摩マッサージ指圧師からの療養費請求を認めている保険者も多いという。

第2に，国保の特別療養費である。これは保険料（税）滞納世帯に対する一種の制裁措置として，被保険者証の返還を求め，その代わりに被保険者資格証明書（以下，「資格証明書」とする）を交付し，現物給付（療養の給付）を費用償還給付（特別療養費の支給）に切り替えるもので，1986年の国保法改正で創設され，後期高齢者医療制度でも採用された。もともとは老人保健拠出金の計算方法の変更等に当たって悪質滞納者への対応を厳格化する意図で導入されたしくみだが，国保加入者に生活保護非受給の低所得・無所得者が増える中，必ずしも悪質ではない滞納世帯への資格証明書交付例も増えてきた。資格証明書が交付されると，当該世帯に属する国保被保険者は，いったん保険医療機関で支払う医療費の全額を用意しなければならない上に，特別療養費請求権は相殺禁止債権ではないから，保険者の有する滞納分の保険料債権と相殺され，実際にほとんど費用償還されないことがあり得る。しかし，受診控えが生じて，かえって症状の重篤化を招いては，国民皆保険の目的に反する結果となりかねない。そこで，資格証明書の交付については抑制的な運用をする旨の指針が示されるとともに，2009年改正で保険料滞納世帯に属する中学生以下の者には有効期間を6ヶ月とする短期被保険者証を交付することになり，2010年改正でその範囲は高校生世代以下にまで拡大された。

III　保健医療サービス給付

1　療養の給付の範囲

(1) **現行法令の構造**　公的医療保険による保健医療サービス給付のうち，基本となるものは，被保険者等が自己の選定した保険医療機関等から受ける療養の給付である。療養の給付は，ある傷病に対する保健医療サービスの一体性を前提として，そのような一体的なサービスを保険者自らまたは他の適切な医療機関に委託して被保険者に提供するものといえる。

　療養の給付は，①診察，②薬剤又は治療材料の支給，③処置，手術その他の治療，④居宅における療養上の管理およびその療養に伴う世話その他の看護，⑤病院又は診療所への入院およびその療養に伴う世話その他の看護とされてい

る。現行の規定になったのは、在宅医療にかかる法律上の位置づけを明確化するとともに、金銭給付として移送費を新設した1994年改正からである。

医療保険各法は、療養の給付の範囲から明示的に除外されるものとして、①食事療養、②生活療養[6]、③評価療養[7]、④選定療養[8]の4つを定めており、これらに関しては、それぞれ、別途金銭給付として入院時食事療養費（①）、入院時生活療養費（②）、保険外併用療養費（③④）の支給が行われる。

これらの療養を除く療養の給付のより具体的な範囲は、法律の委任を受けて厚生労働大臣が定める「保険医療機関及び保険医療養担当規則」[9]（以下、「療養担当規則」とする）や「診療報酬の算定方法」[10]（以下、「算定方法告示」とする）などで定められている。

療養担当規則は、保険医療機関や保険医が療養を担当する際に遵守すべき準則を定めるもので、そこには療養の給付の範囲に関する重要な規定も置かれているが、具体的な診療方針（20条）の一部を除いて抽象的かつ概括的な規定が少なくない[11]。

算定方法告示は、その名の通り診療報酬の算定方法を定めたものであるが、療養の給付の範囲との関係では、その別表第1ないし第3に掲げられた医科・歯科・調剤の3種類の報酬点数表（以下、「診療報酬点数表」とする）が重要であ

---

6) 生活療養は、2005年の介護保険法改正で介護保険施設入所者の食費・居住費（光熱水費）が介護保険給付の支給対象から外され、別途低所得者に対する補足給付が設けられたことを受けて、2006年改正で、療養病床に入院する70歳以上高齢者についても、介護保険との負担の均衡を図るため、療養の給付から入院中の食事および温度・照明・給水を切り離すことにしたものである。
7) 評価療養は、厚生労働大臣が定める高度の医療技術を用いた療養その他の療養であって、療養の給付の対象とすべきものであるか否かについて、適正な医療の効率的な提供を図る観点から評価を行うことが必要な療養として厚生労働大臣が定めるもので、その内容は「厚生労働大臣の定める評価療養及び選定療養」（平18・9・12厚生労働省告示495号）で列挙されている。
8) 選定療養は、被保険者の選定に係る特別の病室の提供その他の厚生労働大臣が定める療養で、その内容は同じく前掲注7）の厚生労働省告示495号で列挙されている。
9) 昭32・4・30厚生省令15号。
10) 平20・3・5厚生労働省告示59号。
11) 例えば、厚生労働大臣の定める内服薬または外用薬については、1回につき14日分、30日分または90日分を限度とする旨の投薬量に関する定め（20条2号ヘ）、注射薬の投与量に関する同種の定め（20条2号ト）など。

る。診療報酬点数表は，療養の給付の範囲内にある個々の医療行為に点数を付し，その価格を定めるものであるが，そこに掲げられていない医療行為は療養の給付の範囲外とされることから，実質的に療養の給付の範囲を定める機能を有している。

実際には，診療報酬点数表への収載の有無に加え，そこでの点数の如何も，療養の給付の内容を規定する。診療報酬による政策誘導が意図される所以である。例えば，平均入院日数を減らすため，長期入院患者については，2002年に患者の在院日数に応じて入院基本料を逓減し，さらに180日を超える入院を選定療養化することで，早期退院が促されてきた[12]。療養の給付の内容への影響という点では，出来高払いを原則としてきたわが国の診療報酬体系の中で包括払いによる例が増えていることも無視できない[13]。

このように療養の給付の範囲に関する現行法令の構造は，療養の給付の提供者に向けられた規範により実質的に定める形になっている。これに関して，療養の給付の受給者である被保険者に対するこれらの規範の効力については，給付提供者に対する効力とは独立のものとして扱う可能性がある（診療報酬点数表に登載されていない医療行為でも，被保険者との関係で療養の給付の範囲に含まれる場合があり得る）旨を指摘する見解があり[14]，注目される。

(2) **混合診療**　保険診療と保険外診療とを併用することを混合診療という。現行制度では，療養の給付の範囲内の診療と範囲外の診療とを併用した場合には原則として保険診療に相当する部分を含めて全体が自由診療となるものとされている（混合診療保険給付外の原則）。保険診療との併用が例外的に許容されるのが前述の評価療養および選定療養であり，その場合には，当該療養全体のうち保険診療相当部分について保険外併用療養費が支給される（混合診療保険給付外の原則の部分的解禁）。

---

12) 印南一路『社会的入院の研究——高齢者医療最大の病理にいかに対処すべきか』（東洋経済新報社，2010年）264頁。
13) 診療報酬の包括化は，出来高払いが過剰診療の弊を指摘されるのに対して，過少診療のおそれが指摘される。倉田聡「医療保険法の現状と課題」日本社会保障法学会編『講座社会保障法第4巻　医療保障法・介護保障法』（法律文化社，2001年）58-59頁参照。
14) 笠木映里『公的医療保険の給付範囲』（有斐閣，2008年）18-19頁。

保険外併用療養費制度の前身である特定療養費制度は，入院料（室料）や歯科材料費に係る不当な差額徴収の頻発と医療技術の目覚ましい革新という事情を背景に，1984年改正で，国民の生活水準の向上や価値観の多様化に伴う医療に対する国民のニーズの多様化，医学医術の目覚ましい進歩に伴う医療サービスの高度化に対応して，必要な医療の確保を図るための保険給付と患者の選択によることが適当な医療サービスとの間の適切な調整を図る趣旨で創設されたもので，高度先進医療と選定療養という2類型について，実質的に療養の給付に相当する部分を特定療養費として支給するものであった。この基本的な構造は，2004年の厚生労働大臣と規制改革担当大臣との合意に基づき，従来の対象を，将来的な保険導入のための評価を行う療養（評価療養）と，将来的な保険導入を前提とせず，被保険者の選定に委ねられる療養（選定療養）とに再編した2006年改正後の保険外併用療養費制度でも維持されている。

　もっとも，混合診療保険給付外の原則については，これを明確に述べる法規定が存在せず，根拠とされた保険外併用療養費の規定の表現に曖昧さがあったため，その法的根拠の有無が裁判で争われた[16]。すなわち，法は，被保険者が自己の選定する保険医療機関等から評価療養または選定療養を受けたときは，「その療養に要した費用について，保険外併用療養費を支給する」（健保86条1項等）と規定し，保険外併用療養費の額は「当該療養」につき「診療報酬の算定方法」を「勘案して厚生労働大臣が定めるところにより」算定するものとしているところ，「その療養」「当該療養」とは，評価療養または選定療養を含む療養全体なのか，評価療養または選定療養の部分なのかが問題となった。1審の東京地判平19・11・7判時1996号3頁は法の文理を重視して原告の請求を認容したが，控訴審の東京高判平21・9・29判例タイムズ1310号66頁は立法の経

---

15)　『健康保険法の解釈と運用〔第11版〕』（法研，2003年）627頁。
16)　事案は，腎臓がんに罹患している健保の被保険者が，公法上の当事者訴訟として，①保険診療に当たるインターフェロン療法と②保険診療に当たらない活性化自己リンパ球移入療法（LAK療法）の併用を受けた場合にも①について療養の給付を受けることができる地位の確認を求めたものである。ただ，LAK療法は，以前は高度先進医療に係る療養の範囲に含まれていたが，後に有効性が明らかでないとしてその範囲から除外されており，また，原告が診療を受けていた病院は，特定承認保険医療機関の承認を受けていなかった。

緯や趣旨をも勘案して原告の請求を退けた。最判平23・10・25裁時1542号3頁は，健保「法86条1項の『その療養』の意義につき，評価療養又は選定療養に係る診療部分を指すと解する余地も規定の文理の解釈としてあり得るところではあるが」，「立法の趣旨及び目的並びにその経緯や健康保険法の法体系全体の整合性，療養全体中の診療部分の切り分けの困難性等の観点からすれば，その文理のみに依拠してこのような解釈を採ることについては消極に解さざるを得」ず，健保「法86条等の規定の解釈として，単独であれば療養の給付に当たる診療（保険診療）となる療法と先進医療であり療養の給付に当たらない診療（自由診療）である療法とを併用する混合診療において，その先進医療が評価療養の要件に該当しないためにその混合診療が保険外併用療養費の支給要件を満たさない場合には，後者の診療部分（自由診療部分）のみならず，前者の診療部分（保険診療相当部分）についても保険給付を行うことができないものと解するのが相当である」として，法解釈の争いに決着をつけた。ただ，法規定の文理が明解でないことについては複数の補足意見が苦言を呈しており，早急な法改正が望まれる。

現行法の解釈とは別に，立法政策論として，混合診療を全面解禁すべきか（全面解禁論），現行の保険外併用療養費制度による部分解禁のしくみを維持すべきか（現行制度活用論）は，なお問題となり得る。

全面解禁論の依って立つ論拠には複数の立場があり，必ずしもそれらの間に整合性があるわけではない。その点に留意した上で，全面解禁論と現行制度活

---

17) 混合診療の部分的解禁の趣旨・目的については，評価療養と選定療養を分けて考える必要がある。評価療養の場合には，安全性・有効性の確保や，医療の公平性（未普及で一部の患者のみが利用し得るにすぎないものを療養の給付として行うことは適切でない），医療保険の財源的制約が挙げられるのに対して，選定療養の場合には，医療の公平性（負担能力の有無により受けられる医療に差があるべきではない）や医療保険の財源的制約（患者ニーズのすべてを医療保険でカバーすることはできない）が前面に出る。
18) 例えば，田原裁判官の補足意見は，健保法の1984年改正および2006年改正の際に，法に明文の規定を設ける機会が存したにもかかわらず，その趣旨の規定を設けようとせず，国会審議の場でも同原則の適否が正面から議論されなかったことを指摘し，「混合診療保険給付外の原則は，法の直接の規制対象たる保険医，保険医療機関のみならず，保険給付を受ける患者にとっても大きな利害関係が存する制度だけに，それらの利害関係者が容易にその内容を理解できるような規定が整備されることが望まれる」と述べる。

用論の相違は，単に解禁範囲の広狭にとどまらず，①療養の給付を不可分一体のサービスとみるか否か，②公的医療保険の給付範囲についての考え方，③情報の非対称性への対応（安全性確保の方法）など，公的医療保険の根幹に及び得るものである[20]。戦後のわが国の医療保障制度が，国民皆保険を採用し，最適水準の医療を平等に保障するという理念の下に展開されてきたことを認識の出発点とし，実態を踏まえた上で，慎重に検討されるべきものといえよう。

(0) 療養の給付の範囲の決定方法　療養の給付が憲法25条による生存権保障の具体化の一内容をなすものであり，それゆえに公的医療保険によって最適水準の保障がなされるべきであるとするならば，医学の進歩や医療技術の発展に伴い，保険診療の範囲も適宜更新されていくべきことになる。

　療養の給付は「患者の療養上妥当適切なもの」（療養担当規則2条2項）でなければならないが，これは個別具体的状況において保険医療機関が被保険者等である患者に対してなすべき療法等を選択する際の基準であり，その前段階として，保険診療を行う際にどのような範囲から療法等を選択するかという範囲設定の問題が存在する。療法については，(a)療養の給付として認められる療法，(b)療養の給付とは認められないが，(a)と併用する場合には(a)が保険外併用療養費の対象となる療法，(c)療養の給付とは認められず，(a)と併用する場合には(a)も保険外とされる療法の3つに分かれる[21]。現行法制は，診療報酬点数表や先進医療告示等で(a)と(b)の範囲を定め，それらに含まれないものを(c)とするホ

---

19)　二木立『民主党政権の医療政策』（勁草書房，2011年）91-94頁によれば，全面解禁論の依って立つ論拠には，①医療分野への全面的市場原理導入論，②「公的保険制度の枠外の自由な市場」での「医療の産業化」論，③患者の選択権・自己決定権を絶対化する論，④保険診療の制約の排除論という複数の立場があり，相互に補強し合う一方で内部矛盾も孕んでいるという。

20)　島崎謙治『日本の医療——制度と政策』（東京大学出版会，2011年）244-248頁は，「混合診療解禁論」と「保険外併用療養費制度活用論」はいずれも「低所得者が医療へアクセスできなくなることを理由に相手方を批判している」として，これを「事実認識（正確にいえば生起しうる事態の予測）の相違の問題」であると分析した上で，全面解禁により，①医療の質（安全性を含む），②アクセス，③コスト（効率性）のいずれも，「現行制度に比べて改善されるわけではなく，むしろ弊害が大きくなると考えるべきである」とする。

21)　混合診療訴訟最高裁判決の寺田裁判官意見では，それぞれ，(a)推奨療法，(b)随意療法，(c)忌避療法と呼ばれている。

ワイトリスト方式を採用している[22]。

　保険適用((a))および保険併用((b))の可否を決定する際の基準と手続については，当該決定は被保険者の受給権の範囲を定めるものであるから，決定権者の恣意を排した明確な基準により，公正な手続で行われることが求められる。現行のしくみでは，最終的な決定権者は厚生労働大臣であるが，実質的な評価を行っているのは先進医療専門家会議であり，その開催要綱において，保険併用の基準として，有効性，安全性，効率性，社会的妥当性，先進性の5つ，保険適用の基準として，有効性，安全性，効率性，社会的妥当性，普及性，技術的成熟度の6つが示されている。

　保険外併用療養費制度の運用次第で混合診療の部分的解禁の範囲も変わる。評価療養の範囲を狭めれば全面禁止に近くなり，緩め過ぎれば全面解禁とさほど異ならなくなる[23]。混合診療訴訟での補足意見の多くが2006年改正以降の運用を是としつつ，今後のさらなる適正な運用を求めていたように，保険併用および保険適用を透明かつ公正な手続で行うことは，保険外併用療養費制度の正当性を確保する大前提であり[24]，(b)の決定方法にはなお改善の余地があろう。

　(4) **医師の裁量と給付範囲の事後統制**　実際に行われた診療の内容が療養の給付の範囲に含まれるものであるか否かは，保険医療機関からの診療報酬請求に対して審査支払機関が行う審査の中で，事後的に統制される。一般に，診療報酬請求権は委任事務報酬請求権たる性格を有し，保険医療機関が被保険者等に対し，療養担当規則等に従って療養の給付を行うつど，算定方法告示に従って算定された額の診療報酬請求権が発生するものと解されている。そのため，審査支払機関から減点査定を受けた保険医療機関は，不服のある場合には，（審査支払機関に対する再審査を経て）直接，審査支払機関を相手に減点分の診療報酬債権の履行を求める訴え（保険医療機関の指定により保険医療機関と保険者との間に公法上の準委任契約関係が成立するとの裁判例の理解を前提にすれば，そこから

---

22) これに対して，保険診療の範囲を予め設定せず，(c)を規定して保険診療の範囲から除外する方法（ブラックリスト方式）もある。
23) 島崎・前掲注20) 248頁。
24) 島崎・前掲注20) 248頁，笠木・前掲注14) 303頁。

生じる診療報酬債権をめぐる訴訟は，行政事件訴訟法4条後段の実質的当事者訴訟ということになる[25]）を提起して争うことになる。

　もっとも，前述の通り，療養担当規則等の定めは抽象的かつ概括的である。これは個別性という医療サービスの特性から医師の裁量に配慮したためである[26]が，医師の裁量を全面的に認めることは審査の放棄に等しい。従来の裁判例では「医療の一般的水準」「診療当時の医療水準[27]」という基準を用いたものもあるが，何をもって一般的基準と見るかは必ずしも明確ではない。そのため，診療に当たった個々の保険医等の専門的裁量に基づく判断を審査支払機関や裁判所が事後的に統制するに際して，医療行為の必要性等をより具体的かつ明確に判断できる審査基準が求められる。そのような裁量審査の基準として，近年の減点査定訴訟では，①厚生省保険局長通達「抗生物質の使用基準」に定める具体的な適応症，標準的使用法および用量[28]，②薬事法に基づく医薬品の添付文書に記載された用法・用量[29]が用いられた事例がある。これらの基準はいずれも保険医療機関に対して法定拘束力を有するものでなく，裁判例もそれらが常に厳格に適用されることまでは求めていない。すなわち，これらの基準に依ることを原則としつつ，一定の場合には基準から外れる余地を認めている。基準が常に妥当するとなれば，行政解釈により療養の給付の範囲を画すことになり，保険医療機関の専門的裁量を狭めるとともに，法治主義や医療保険制度の運営への被保険者の参加という観点からも疑義が生じるからである[30]。

---

25)　加藤智章ほか『社会保障法〔第4版〕』（有斐閣，2010年）165頁（倉田聡執筆）。
26)　新田秀樹『社会保障改革の視座』（信山社，2000年）79頁。
27)　最近の裁判例として，歯科診療に関する事案であるが，東京地判平20・4・10判例タイムズ1292号253頁参照。
28)　京都地判平12・1・20判例時報1730号68頁（使用基準では用法として注射のみが示されている抗生剤のセファメジンを皮膚の洗浄用に用いたことの適否が争われた事案）。
29)　横浜地判平15・2・26判例時報1828号81頁（人工透析を受けている慢性腎不全患者に対して行われたエリスロポエチンの投与の適切さが争われた事案）。
30)　中野妙子「厚生省保険局長の定める基準を逸脱する抗生物質利用に関する減点査定」西村健一郎・岩村正彦編『社会保障判例百選〔第4版〕』（有斐閣・2008年）61頁。

2 患者負担

(1) **一部負担金**[31]　療養の給付を受けた被保険者は，療養に要した費用の3割を一部負担金として保険医療機関に直接支払う義務を負う。事実上現物給付化されている保健医療サービスについても各種の患者負担がある。このような患者負担の制度趣旨は，一般に，受給者にコスト意識を持たせ，保健医療サービスの過剰消費を抑制し，制度利用の効率化を図る点に求められる[32]。

一部負担金の法的性質については，①被保険者と保険医療機関との間に成立する私法上の診療契約から生じる私法上の債務であるとする説と，②健保法等によって創設された公法上の徴収金とする説がある[33]。一部負担金の法的性質は，保険医療機関が独自の減免を認め得るかという論点に関わっても問題となり得る。医療サービスの一体性を前提として，傷病に罹患した被保険者に対し，保険者が直接または保険医療機関に委託して，必要かつ適切な保健医療サービスを現物給付として包括的に支給する，と考えるならば，被保険者の一部負担金支払義務は公法上特別に課された義務であるといえよう。

一部負担金の割合は2002年改正で各医療保険制度を通じて原則3割に統一されたが，以下の点に留意する必要がある。第1に，年齢と所得水準による区別が設けられており，70歳以上の高齢者（現役並み所得のある者を除く）と義務教育就学前の乳幼児については1割または2割に軽減されている。年齢による区別が合理的であるかについては再考の余地があろう[34]。また，高齢者についての所得水準による取り扱いの差は，給付の場面で所得再分配を行うものであり，所得保障的要素の混入がみられる。

---

31) 一部負担金について考察を加えるものとして，台豊「医療保険法における一部負担金等に関する考察」青山法学論集52巻1号（2010年）89頁以下参照。
32) 太田匡彦「リスク社会下の社会保障行政（上)」ジュリスト1356号（2008年）110頁は，「健康への自覚と適切な受診」とする。
33) 私法上の債務説に与するものとして，西村健一郎『社会保障法』（有斐閣，2003年）172頁，台・前掲注35）117-119頁，公法上の徴収金説に立つものとして，吾妻光俊『社会保障法』（有斐閣，1957年）112-113頁。医療扶助に関する事案であるが，岡山地判昭45・3・18判例時報613号42頁は前者に立つ。
34) 乳幼児については，地方公共団体の独自の事業として乳幼児医療費助成制度等が設けられているところが少なくなく，患者負担がさらに軽減されている。

第2に、保険者の判断で一部負担金の割合を引き下げる可能性が認められている。健保組合の場合には付加給付により、国保の場合には政令の定めるところにより条例または規約で、一部負担金の割合を減ずることができる。

第3に、一部負担金額が限度額を超えた場合に、超過分を償還払いする高額療養費の制度がある。この限度額も被保険者等の年齢や所得水準により異なり、さらに多数該当者や長期慢性疾病患者の特例も存在している。このため、公的医療保険の実効給付率の平均は8割を上回っているが、年齢や所得水準等に応じてある程度の格差が存在している。

第4に、保険者は、災害その他の厚生労働省令で定める特別の事情がある被保険者（健保）または特別の理由がある被保険者（国保）であって、保険医療機関等に一部負担金を支払うことが困難であると認められるものに対して、一部負担金の減額、支払免除、（保険者による直接徴収とした上での）徴収猶予の措置をとることができる。健保と異なり、国保の場合には一般的な生活困窮がこれらの措置の対象となり得るかが問題となる。裁判例には、国保法44条の適用は、減免等を認めてその分を保険給付として当該国保加入者全体の保険料・保険税等の収入から支出しても加入者相互扶助の精神に反しないと認められるだけの「特別の理由」がある場合に限られるとして、「生活保護基準を下回る収入であることのみを理由としては『特別の理由』があると解することはできな

---

35) 「特別の事情」とは、「被保険者が、震災、風水害、火災その他これらに類する災害により、住宅、家財又はその他の財産について著しい損害を受けたこと」とされている（健保則56条の2）。
36) 「一部負担金の徴収猶予及び減免並びに保険医療機関等の一部負担金の取扱について」昭34・3・30保発21号は、①災害等による被保険者の死亡・障害、資産の重大な損害、②農作物の不作、不漁等による収入の減少、③事業の休廃止、失業等による収入の著しい減少、④その他これらに類する事由の4つを掲げる。
37) 倉田・前掲注13) 61-62頁は、医療保険をサービス保障法に純化させるという観点から、恒常的に医療サービスを必要とする難病患者等の保険診療へのアクセス保障の問題は、所得保障ニーズとして把握されるべき問題であるとして、医療保険制度外での対応を求めている。
38) 一部負担金の減免による国民健康保険特別会計からの支出増分については、一般会計からの繰り入れを義務付ける定めはなく、国保の被保険者全体で分担することになる。これに対し、保険料（税）の減額賦課の場合には一般会計からの繰り入れが義務付けられている（国保72条の3第1項）。

い」としたものがある[39]。一方，厚生労働省は，2008年5月の「医療機関の未収金問題に関する検討会」の最終報告書を受け，「特別の理由」に関する新たな通知を発し[40]，収入の減少の認定に当たっては，①入院療養を受ける被保険者の属する世帯で，かつ，②世帯主および当該世帯に属する被保険者の収入が生活保護基準以下であり，かつ，預貯金が生活保護基準の3ヶ月以下である世帯を対象に含むものとする旨を示している。

(2) **新たな患者負担の方法**　高齢化や医療技術の進歩等に伴い公的医療保険の費用が増える中で，その増加を抑えるための，あるいは公的医療保険の効率化を意図した，新たな患者負担として，一部負担金の割合の引上げ，受診時定額負担，保険免責制，一部負担金の割合の段階化などが提案されている。

一部負担金の割合は，2002年健保法改正法の附則2条で「将来にわたり100分の70を維持するものとする」と明示されている[41]。高額療養費制度があるとはいえ，一部負担金の存在は一般に医療アクセスを抑制する要因となり得るものである点に留意すべきであろう[42]。

受診時定額負担は，被保険者等が保険医療機関等から保険診療を受けるつど，一部負担金とは別に一定額を自己負担するものであり，2011年の社会保障・税一体改革成案で，高額療養費の見直しによる負担軽減と併せて，その導入の検討方針が示された。社会保険の本来の考え方からすれば，自己負担限度額の引き下げに伴う高額療養費の増加は，保険料の引き上げにより健康な者を含む被保険者全体で広くカバーすべきものである。個々の受診ごとに一定額を負担する受診時定額負担は，傷病になり医療機関を受診した者，すなわち高額療養費を受ける可能性のある者の間で負担を分かち合うものといえよう。

---

39) 仙台高秋田支判平23・1・19賃金と社会保障1545号40頁。同判決の評釈として，国京則幸「低所得者への国保の適用について――国保44条に基づく一部負担金減免制度の意義」賃金と社会保障1545号（2011年）33頁。
40) 「一部負担金の徴収猶予及び減免並びに療養取扱機関の一部負担金の取扱いについての一部改正について」平22・9・13保発0913第2号。
41) 平成14年8月2日法律102号。
42) 台・前掲注31) 124頁は，「一部負担金等の水準は，基本的に政策選択（立法裁量）の問題である」が，「憲法25条（とりわけ2項）の趣旨から，著しく高い水準は望ましくないということはいえるであろう」とする。

保険免責制は，医療費の一定額までを保険給付外とする制度であり，しばしば公的医療保険の給付対象の重点化とセットで，とくに軽症な疾病について，その導入が主張されてきた。[43]

保健医療サービスの種類に応じて一部負担金の割合を変える例は，諸外国にも見られる。現在は療養の給付についてはサービスの種類にかかわらず一律の負担割合であるが，煩雑になり過ぎない限りで，疾患別，療法別，薬剤の効能別など，その他の観点から一部負担割合を段階化する方法もあり得よう。[44]

3　治療以外の保健医療サービス

医療保障の概念が提唱される理由の1つに，治療に限らず，予防やリハビリテーションを含む総合的な保健医療サービスの保障がある。[45] 公的医療保険は治療以外の保健医療サービスのニーズにどのように対応しているだろうか。

(1)　リハビリテーション[46]　　医療保険各法は療養の給付にリハビリテーションが含まれる旨を明示していないが，[47]診療報酬点数表に規定が置かれており，その範囲でリハビリテーションも療養の給付として行われている。[48]

公的医療保険によるリハビリテーション給付は，2006年の診療報酬改定で，

---

43) 保険免責制は，1961年に厚生省内に設置された医療保障総合審議室ですでに議論されていたという（印南一路・堀真奈美・古城隆雄『生命と自由を守る医療政策』（東洋経済新報社，2011年）60頁）。近年では，2006年改正の際に経済財政諮問会議や財務省等が強く主張したほか，経済産業省の産業構造審議会基本政策部会が2011年6月に公表した中間とりまとめ「少子高齢化時代における活力ある経済社会に向けて――経済成長と持続可能な社会保障の好循環の実現」でも，「公的保険はビッグリスクに重点化する一方，軽微な療養などスモールリスクについては保険免責制の導入を検討すべき」とされている。
44) 高額療養費については，人工透析患者等について自己負担限度額を別に設定するなど，疾患別の考慮が部分的に取り入れられている。
45) 井上英夫「医療保障法・介護保障法の形成と展開」日本社会保障法学会編・前掲注13) 12-13頁。
46) リハビリテーション医学は，包括的なリハビリテーションの理念の下に，医学的リハビリテーション，職業的リハビリテーションなどの技術的意味でのリハビリテーションを位置づけてきた。公的医療保険はこれらのうち主に医学的リハビリテーションに対応する。
47) 労働者災害補償保険法では，社会復帰促進等事業の中にリハビリテーション施設の設置運営が含まれている（29条1項1号）。
48) リハビリテーション給付の歴史的展開については，稲森公嘉「医療保障法と自立――リハビリテーションの給付を中心に」社会保障法22号（2007年）57頁以下参照。

従来の療法別の項目区分(理学療法・作業療法・言語聴覚療法,個別療法・集団療法)から疾患別の体系(心大血管疾患,脳血管疾患等,運動器,呼吸器)に再編され,リハビリテーション算定日数に上限が導入されるなど,近年,その効率化を目指す動きが顕著である。2008年改定では,回復期リハビリテーション病棟入院料の算定に際して一定の成果主義が導入されている[49]。

このような診療報酬政策の展開は,介護保険制度の創設に伴い,医療保険は急性期と亜急性期(回復期)を,介護保険は慢性期(維持期)を担当するという基本的整理の下で,医療保険では,発症早期からの,または回復期リハビリテーション病棟での,または退院直後の,集中的なリハビリテーションの実施を評価しようという意図に基づくものである。ただ,介護保険制度との連携等に関して問題も少なくなく,とくに日数制限は医療提供者と患者の双方からの強い反発を招いた。急性期から回復期,維持期という段階に応じたリハビリテーションの提供を円滑に繋げていくことにより,利用者の身体的・精神的自立の確保を図ることが重要である。

(2) 予　　防　　疾病予防については,1次予防(疾患の発生防止),2次予防(早期発見と早期治療による疾患の進行プロセスの遮断),3次予防(疾患プロセスの進行防止)が区別されるが,後2者が療養の給付に含まれ得るのに対し,1次予防は保険給付としては行われておらず[50],市町村が保健所を中心に実施する地域保健または医療保険者の行う保健事業によって担われている[51]。

医療保障概念がその対象に予防を含めるのは,心身の健康が個人の生の基盤であるからだが,医療保険者が保健事業を行うのは,疾病の発生防止が当該保

---

[49] 回復期リハビリテーション病棟入院料(I)が新設され,その算定要件として,新規入院患者の15％以上が重症患者であり,退院患者のうち他の保険医療機関に転院した者を除く者の割合が60％以上であること等が定められた。また,重症患者30％以上が生活機能改善した際に重症患者回復加算がなされる。アウトカム評価の基準に日常生活機能評価を用いたことの妥当性や転院症例の選別が行われるリスク等について批判されたが,2010年改定では,重症患者要件は20％以上に引き上げられ,重症患者回復加算も継続された。

[50] 石田道彦「社会保険法における保険事故概念の変容と課題」社会保障法21号(2006年)130頁。

[51] 大阪地判平16・12・21判例タイムズ1181号193頁も,療養の給付の対象は被保険者の疾病または負傷の「治療上必要な範囲内のものに限られ,単に疾病又は負傷の予防や美容を目的とするにすぎない診療等」は排除されるとする。

険集団にとって保険給付費を抑えることにつながるからである。それゆえ、保健事業の実施は任意であったが、1994年改正で健康診査等の被保険者等の健康の保持増進のために必要な事業の実施が努力義務化され、2006年改正で、保険者は特定健康診査および特定保健指導（以下、「特定健診等」とする）を行うものとされた。特定健診等は、その診断基準自体の問題に加え、個人の生活に対する国家の介入という点からも議論を生じた。それが単なる実施の義務付けにとどまらず、数値目標を設定し、目標達成の成否に応じて各医療保険者の負担する後期高齢者支援金を±10%の範囲で加減算することになったからである[53]。義務付けの対象は被保険者ではなく保険者であるとはいえ、事実上被保険者にも特定健診等を受けることが強制される可能性がある[54]。

　公的医療保険で予防給付が行われていないのは、予防の必要な状態が明確性・定型性を欠いているからである。社会保険は一定の明確性・定型性を持った状態を保険事故と捉えてきたので[55]、この点を明確にできる限り、予防給付を保険給付として位置づけることはできよう。ただ、予防に関しては、生活習慣病予防のように専ら個人の健康の維持・増進に関わるものと、予防接種のような公衆衛生的な側面を有するものとを区別する必要があろう[56]。社会保険の給付は被保険者に帰属し、それを受けるか否かは強制されず、被保険者自身の選択による。予防接種のように社会防衛的な観点も有するものは社会保険にはなじまず、公費による保健制度で行われるべきであろう。

　(3)　妊娠・出産　　出産は医療保険の保険事故とされているが、正常分娩は疾病ではないとして療養の給付の対象とされていない。妊娠中および産後の母

---

52)　『長寿医療制度の解説（平成20年7月特別対策対応版）』（社会保険研究所、2008年）138頁以下参照。なお、特定健診等の費用は統計上、社会保障給付費に含められている。
53)　加減算の実施は2013年度からとされている。
54)　個人生活への過度の介入の懸念を示すものに、菊池馨実『社会保障法制の将来構想』（有斐閣、2011年）138頁、堤修三「高齢者医療制度と憲法（下）」週刊社会保障2478号（2008年）46頁。同「税による保健事業と保険料による保健サービス――意味の違いとあるべき制度」保健師ジャーナル66巻2号（2010年）1032頁は、今後の方向性として、生活習慣病対策は公的医療保険の任意の予防給付と市町村の保健事業を組み合わせる形で体系化すべきとする。
55)　石田・前掲注50) 131頁。
56)　労災保険では2次健康診断等給付、介護保険では介護予防給付がある。

子の健康維持は母子保健の枠組で行われており，妊婦健診は公費助成の対象とすることで実質的な無料化が図られている[57]。

出産については，(家族)出産育児一時金という定額の金銭給付の支給が行われる。給付額は全国一律で，産科医療補償制度に加入する産科医療機関で出産する場合には42万円[58]，その他の場合には39万円である。支給方法として，2006年に受取代理，2009年に直接支払の制度が導入され，産科医療機関と被保険者等の選択に基づき，保険者から産科医療機関に直接支払われる。

出産育児一時金の額は国立病院での平均的な分娩費の額が算定根拠とされているが，実際の出産費用は地域間および施設間の格差が大きく，出産費用を出産育児一時金で賄えない場合も少なくない。妊娠・出産に伴う保健医療サービス受給への経済的障害をなくし，将来の社会保障制度を担う次世代の確保とその健康を図るため，安全で効率的な分娩体制の確保に必要な額を明確にして，公的医療保険の枠内で出産を現物給付化または選定療養化するか，あるいは出産を母子保健制度のサービスとすることも考えられよう。

Ⅳ 所得保障給付

一般に労働契約関係においては労務の提供がなければ賃金の支払いもないので，被用者保険は，被保険者の休業時の生活保障を図るべく，賃金の喪失または減少を部分的に補う所得保障給付を行っている。すなわち，業務外の傷病による休業時に支給される傷病手当金と，産前産後の休業時に支給される出産手当金である。これらはいずれも標準報酬日額を基礎として額が計算されるが，2006年の健保法改正で，その割合は6割から3分の2に引き上げられた[59]。

---

57) 都道府県に妊婦健康診査支援基金を造成し，国庫補助（1/2）と地方財政措置（1/2）により支援を行う。14回分実施するかは市町村の任意だが，実際にはすべての市町村が14回以上実施している。
58) 同制度に加入する産科医療機関が支払う掛金（3万円）相当分が含まれている。掛金の分娩費用への転嫁を前提とするものであるが，原田啓一郎「医療安全対策の展開と課題——医療サービスの質と安全性の向上に向けて」社会保障法26号（2011年）171-172頁は，民間損害保険会社に委ねられた分娩事故被害救済制度の原資を実質的に被保険者全体で負担するしくみには再考の余地があるとする。

国保では傷病手当金等は任意給付とされているが，実際に給付を行っている保険者は一部の国保組合を除いて存在しない。しかし，今日では，自営業者等も必ずしも資産を十分に有しているとは限らず，所得捕捉の問題があるとはいえ，傷病時などの所得保障の必要性があることも否定できない。そこで，国保でも傷病手当金を法定給付とする方法や，医療保険制度を統一し，自営業者にも傷病手当金を給付する方法が考えられるが[60]，課題も少なくない。

V　民間医療保険との関係

　公的医療保険の給付のあり方は，公費負担医療等の他の公的医療保障制度や民間医療保険のような私的な医療保障手段も視野に入れて議論される必要がある。公的医療保険の給付費の抑制が課題となる中，公的医療保険と民間医療保険との役割分担にも関心が向けられている。民間医療保険の位置づけは国によって異なるが，わが国では，国民皆保険体制により公的医療保険の給付が国民の医療ニーズを広くカバーしてきたため，民間医療保険に期待される役割は公的医療保険の給付が及ばない部分の補完にとどまってきた。具体的には，①一部負担金，②選定療養に係る自己負担，③休業中の所得保障などであり，入院日数等に応じた定額給付を行うものが多い。

　民間医療保険が対象とする分野は第3分野保険と呼ばれ，生命保険と損害保険の中間に位置し，当初は専ら外資系保険会社が取り扱っていたが，1996年の新保険業法施行により，生命保険業と損害保険業の相互参入が可能となったのを受け，2001年以降，日本国内の大手生保・損保の参入が進んだ。2010年の保険法では，傷害疾病保険契約に関する規定が新たに設けられ，傷害疾病損害保険契約[61]と傷害疾病定額保険契約[62]という契約類型が定められている。

---

59)　その理由について，栄畑潤『医療保険の構造改革――平成18年改革の軌跡とポイント』（法研，2007年）106頁参照。
60)　中野妙子『疾病時所得保障制度の理念と構造』（有斐閣，2004年）337頁。
61)　損害保険契約のうち，保険者が人の傷害疾病によって生ずることのある損害（当該傷害疾病が生じた者が受けるものに限る）をてん補することを約するものをいう（保険2条7号）。

保険法による規制は，保険契約と同等の内容を有する共済契約にも及ぶ。共済には，制度共済と呼ばれるもの（JA共済，生協，中小企業等協同組合など）と根拠法のない互助会組織的なものがあったが，後者は2006年4月施行の保険業法改正により，適用除外団体となるものを除き，2年の移行期間のうちに，登録制の少額短期保険業者か免許制の保険会社に移行した[63]。

このように第3分野保険の市場についても法規制が整備され，今後のさらなる発展が期待されているが，公的医療保険が担っている国民への保健医療サービスの保障という役割を民間医療保険に全面的に委ねることは事実上不可能であり，それゆえ，民間医療保険の果たす役割は，公的医療保険の補完にとどまる。ただ，民間医療保険のカバーする範囲は公的医療保険の給付の範囲との関係で伸縮し得るので，補完の余地の広狭に応じて，民間医療保険の位置づけも変化する可能性はある。もっとも，公的医療保険の給付範囲の縮小を含意した民間医療保険活用論の狙いが公的医療保険給付費の抑制にあるとしても，民間医療保険中心のアメリカの例が示すように国民医療費全体は変わらないか増大する可能性があり，この点については慎重な検討が必要であろう。

VI おわりに

時代が変われば制度も変わる。公的医療保険の給付のあり方についても，医療を取りまく環境の変化を踏まえ，時々の対応の積み重ねに終始するのではなく，理念的な再検討を経た上で「公的に保障されるべき医療とは何か」について新たな国民的合意を図ることが求められている状況にあるといえよう。

---

62) 保険契約のうち，保険者が人の傷害疾病に基づき一定の保険給付を行うことを約するものをいう（保険2条9号）。
63) 保険業法上の保険業のうち，少額かつ短期の保険のみの引受けを行う事業をいう（保険業2条17項）。医療保険については，保険期間1年以内，かつ，保険金額1000万円以下とされる。

第6章
公的医療保険と診療報酬政策

加藤　智章

I　はじめに——問題の現状と問題関心

　公的医療保険の特徴は，保険給付を提供するために医療機関の存在が不可欠であるということである。基本的に保険者と被保険者という2当事者関係において，負担と給付の関係が完結する年金保険に対して，公的医療保険は保険者と被保険者のほかに，医療機関が介在する3当事者から構成される構造となっている。したがって，公的医療保険制度を創設する場合，2つの問題を解決しなければならない。1つは，保険集団をどのように組織化するかという問題である。この組織化の問題は，いいかえれば，どのように保険料を徴収するかというファイナンスの問題であるが，この問題を解決しても，医療保険制度は機能しない。保険給付を提供する医療機関が必要となるからである。したがって，いま1つは，デリバリーともいうべき医療サービス体制を充実・整備しなければならないという問題である。
　このように，ファイナンスとデリバリーをどのように制度化するか，その内容が各国の医療保障のあり方を特徴づける。そして，これら2つの領域を結びつける血液あるいは潤滑油として機能するのが診療報酬である。なぜなら，診療報酬の支払われる範囲が公的医療保険における保険給付の広がりを画定し，診療報酬額の大きさが保険給付の内容や質を規定するからである。このように診療報酬は，医療サービスに関する需要（ファイナンス）と供給（デリバリー）

とを結びつけるものであり，その意味では，公的医療保険制度の成否を決定する重要な要素である。

わが国の医療保障は，ファイナンスの側面では国民皆保険体制を実現する一方，デリバリーの側面では自由開業医制という言葉に代表されるように民間主導で医療機関を設置する体制のもと，医療機関へのフリーアクセスを確保してきた。こうして，いわゆる国民皆保険制度を採用するわが国においては，健康保険，国民健康保険等を利用せずに医療機関等で受診する者はほとんどなく，保険医療機関の指定を受けずに診療行為を行う病院もほとんど存在しないといわれる。他方，国民医療費の推移に目を転じると，2009（平成21）年度の国民医療費は総額36兆67億円，人口1人当たりの国民医療費は，28万2400円となり，国民医療費の国民所得（NI）に対する比率ははじめて10％の大台に乗り，10.61％であった。[1]

他の先進諸国同様，国民医療費の増加傾向を経済成長によって維持する基盤はすでに失われている。事実，1990年代以降，国民医療費の対前年度伸び率は国民所得の対前年度伸び率を上回り続けている。このため，国民医療費を抑制する蓋然性は高まっている。しかし一方で，一部負担金の負担割合や保険料率を引き上げることは困難な状況にある。このため，どのような医療保障システムを構築するのかと密接に関連して，診療報酬のあり方を再検討する必要がある。そこで本章では，2000年代の診療報酬をめぐる動きを前提に，その重要性故に，根本的な見直しがなされていない診療報酬政策のありようを検討し，検討課題を抽出し，今後の展望も含めて考察してゆきたい。[2]

---

1) http://www.mhlw.go.jp/toukei/list/37-21.html, last visited 2 May. 2012.
2) 本章の執筆に関する基本的な参考文献は，以下の通りである。倉田聡「医療保険法の現状と課題」日本社会保障法学会編『講座社会保障法第4巻　医療保障法・介護保障法』（法律文化社，2001年），笠木映里『公的医療保険の給付範囲』（有斐閣，2008年），吉原健二・和田勝『日本医療保険制度史〔増補改訂版〕』（東洋経済新報社，2009年），池上直己『ベーシック医療問題〔第4版〕』（日経文庫，2010年），島崎謙治『日本の医療――制度と政策』（東京大学出版会，2011年）。

II 診療報酬とは何か

まず診療報酬を定義し，診療報酬の決定過程と法的枠組を検討する。

1 診療報酬の定義

診療報酬とは，字義通りにいえば，医師の提供する診療に対して支払われる報酬をいう。この定義は，健康保険法など医療保険に基づく診療（以下，「保険診療」とする）であるか，美容整形などの健康保険法等の適用を受けない自由診療であるかを問わない。しかし，具体的な診療報酬の決定方法や手続については，保険診療と自由診療では大きく異なる。自由診療では，医師と患者との合意すなわち契約によって報酬額が決定される。当事者の合意に基づくため，同じ内容の診療であっても，報酬額が異なる場合もある。

これに対して，保険診療の場合には，いわば公定料金が定められており，その決定手続や具体化する方法はやや複雑である。事実，社会保険診療報酬支払基金法第1条は，保険者が診療担当者に支払うべき療養の給付およびこれに相当する給付の費用を診療報酬とする。ここにいう「療養の給付」とは，①診察，②薬剤又は治療材料の支給，③処置，手術その他の治療，④居宅における療養上の管理及びその療養に伴う世話その他の看護，⑤病院又は診療所への入院及びその療養に伴う世話その他の看護をいう（健保63条，国保45条）。

このような療養の給付に対する診療報酬については，明文の定義規定は存在しないものの，広狭，両様の定義を設定することができる。健康保険法76条によれば，保険者は保険医療機関等に対して，「療養の給付に要する費用」から「一部負担金」に相当する額を控除した額を支払わなければならない。ここで，「療養の給付に要する費用」から「一部負担金」に相当する額を控除した額は，「療養の給付に関する費用」という。したがって，保険医療機関等が提供したサービスに対する報酬全体という意味でいえば，一部負担金相当額も含めて，「療養の給付に要する費用」が広義の診療報酬ということになる。これに対して，「療養の給付に関する費用」は狭義の診療報酬ということになり，

社会保険診療報酬支払基金法における定義と同義ということになる。

　本章では，一部負担金もまた診療報酬の一部と把握するため，広義の診療報酬を前提に検討を進める。また，診療報酬は，後に詳しく検討する療養担当規則や請求省令などとも密接に関連し，これらが一体となって医療保険政策や医療政策に大きな影響を及ぼしている。これら診療報酬をめぐる法令を総体的に診療報酬システムという。そして，このシステムを用いた政治的意図を診療報酬政策という。

2　社会保険医療協議会

　診療報酬システムにおいて重要な役割を果たしてきたのが社会保険医療協議会である。同協議会は1950年に設けられて以来，現在も診療報酬システムの中核的な組織であるが，2004年に発覚した歯科診療報酬をめぐる贈収賄事件を契機に，2006年に，委員構成や所掌事務の見直しなどの改革が行われた[3]。

　(1)　**所掌事務・委員構成**　　社会保険協議会法に基づき，厚生労働省に中央社会保険協議会が，都道府県単位で設けられる各地方厚生局に地方社会保険医療協議会が置かれる（以下，それぞれ「中医協，地医協」とする）。

　2006年改正前の同法14条1項1号は，「健康保険及び船員保険における適正な診療報酬額に関する事項」を中医協の重要な所掌事務の1つとしていた。このように中医協は，支払側，診療側の代表者による診療報酬額に関する交渉の場として機能してきた。

　中医協は，厚生労働大臣の任命する20人の委員から構成される。委員は，①健康保険，船員保険および国民健康保険の保険者ならびに被保険者，事業主および船舶所有者を代表する委員（いわゆる支払側），②医師，歯科医師および薬剤師を代表する委員，③公益を代表する委員の三者構成とされ，その内訳は2007年2月までは支払側，診療側各8名，公益委員4名であったが，同年3月以降，それぞれ7名，7名，6名となった。このうち，①②の委員の任命は各

---

3)　新井裕充『行列のできる審議会　中医協の真実』（ロハス・メディカル，2010年）参照。また，http://www.mhlw.go.jp/stf/shingi/2r98520000008ffd.html, last visited 2 May. 2012.

関係団体の推薦による。診療側委員については，2007年から，医師5名，歯科医師1名および薬剤師1名という構成になった。この時点では，医師5名のうち日本医師会推薦が3名，病院団体推薦2名で，開業医優先の態勢に変化はなかったが，従来から病院の利害が反映されないとの批判があり，2009年の委員交代時に，日本医師会の推薦枠はゼロとされ，医師会関係者2名，病院関係者3名という構成となった。なお，公益代表委員の任命は国会同意案件である。

厚生労働大臣は，中医協または地医協において，専門の事項を審議するために必要であると認めるときは，10人以内の専門委員を置くことができる。委員は非常勤であり，その任期は2年とされ，1年ごとにその半数が任命される。専門委員もまた非常勤であり，専門の事項に関する審議が終了したときに解任される。現在，中医協には，総会，全員懇談会のほか，薬価専門部会，医療材料専門部会に加えて，診療報酬改定結果検証部会と慢性期入院評価分科会やDPC評価分科会など5つの専門組織が設けられている。

(2) **改定手続** 実務上，診療報酬の改定は2年ごとに行われている。2012年の場合は，3年ごとに改定される介護報酬と診療報酬とが一体となって改定される年に該当する。

従来，診療報酬の改定率については中医協で議論されることが慣例とされ，改定の基本方針も中医協でとりまとめていた。しかし，改定率に関する権限が中医協にはなかったうえ，基本方針を定める一方で具体的な診療報酬の点数を設定することは医療政策を誘導しているとの批判もみられた。このため，中医協の位置づけが見直され，診療報酬の改定は2つの段階を経て行われる。

第1段階は，改定率の決定である。これは医療費にかかる予算編成の際の算定根拠となることから，その決定は内閣の権限とされている。これに関連して，それまで中医協が定めていた診療報酬改定に関する基本方針については，2006年の診療報酬改定以降，社会保障審議会の医療保険部会と医療部会が連名で，診療報酬の改定に係る基本的な医療政策を審議することとされた。

第2段階は，第1段階で明らかにされた改定率と基本方針を踏まえて，具体的な診療報酬点数を設定する。具体的には，内閣と社会保障制度審議会の定めた改定率と基本方針に基づき，厚生労働大臣から中医協に対して，診療報酬点

数の改定案に関する調査及び諮問が求められ，中医協はこれに対して慎重かつ速やかに改定案を答申することとなる。

　2012年改定では，第1段階として，①病院勤務医等，負担の大きな医療従事者の負担軽減と②医療と介護の役割の明確化と地域における連携体制の強化の推進及び地域生活を支える在宅医療等の充実という2点を診療報酬改定の重点課題とし，財務大臣と厚生労働大臣による大臣折衝の結果，診療報酬改定の改定率をプラス1.379%，薬価改定等の改定率をマイナス1.375%とし，全体の改定率をプラス0.004%とする合意に達した。これに基づき，第2段階として，中医協での改定案が作成されているところである[4]。

3　診療報酬に関する法的枠組

　わが国では，指定された医療機関における登録を受けた医師でなければ，保険診療を提供できない。すなわち，医療機関の開設者および医師等による申請を通じて，厚生労働大臣から，保険医療機関としての指定，保険医としての登録を受けなければならない（健保65条，71条）。

　これら保険医療機関および保険医は，保険給付としての療養の給付を提供するにあたり，「保険医療機関及び保険医療養担当規則」に従わなければならない。そして，保険者は，療養の給付を提供した保険医療機関に対して，算定方法告示およびその別表である診療報酬点数表に基づき算定された診療報酬を支払わなければならない。さらに，診療報酬の請求については請求省令が定められている。このようにわが国の医療保険制度における診療報酬は，療養担当規則，算定方法告示および請求省令に基づいて運用されている。

(1) **療養担当規則**　厚生労働大臣の定める命令に従って，保険医療機関は療養の給付を担当しなければならず（健保70条1号，国保40条），保険医は健康保険の診療に当たらなければならない（健保72条，国保40条）。ここにいう命令

---

[4]　本章における記述は，基本的に2010年の診療報酬改定に基づいているが，周知のように，2012年2月10日，中医協が2012年改定案を厚生労働大臣に答申した。なお，診療報酬改定については，http://www.mhlw.go.jp/seisakunitsuite/bunya/kenkou_iryou/iryouhoken/shinryou_housyu.html, last visited 2 May, 2012.

が，「保険医療機関及び保険医療養担当規則（昭和32年厚生省令15号；以下，「療担規則」とする）」である[5]。

この療担規則は，「社会保険制度上の制約の内容を具体的に明らかにし，よるべき基準として設定したもの[6]」であり，保険医療機関のする療養の給付の担当範囲，担当方針のほか，保険医の診療の具体的方針についてその細目を規定している。したがって，「診療報酬の支払いも，国民から徴収された保険料，掛金ならびに国庫，地方公共団体および職員団体の一定の負担金等の限られた財源により充てられるものであることから，療養担当規則に定める療養の必要ないし使用基準等についての厳格な制約が予定されている[7]」。

保険医療機関は，懇切丁寧に療養の給付を担当しなければならないし，患者から療養の給付を受けることを求められた場合には被保険者証により，その資格を確認したうえ，法74条の規定による一部負担金の支払いを受け，その支払いを受けるときは，個別の費用ごとに区分して記載した領収書と費用の計算基礎となった明細書を交付しなければならない。また，保険医は，診療の必要があると認められる疾病又は負傷に対して，適確な診断をもととし，患者の健康の保持増進上，妥当適切に行われなければならず，診療にあたっては，懇切丁寧を旨とし，療養上必要な事項は理解し易いように指導しなければならない。さらに，特殊な療法又は新しい療法等については，厚生労働大臣の定めるもの以外，行ってはならないし，厚生労働大臣の定める医薬品以外の薬物を患者に施用し，又は処方してはならない。

(2) **算定方法告示**　保険者は療養の給付に関する費用を保険医療機関等に支払わなければならない。この費用は厚生労働大臣の定める「診療報酬の算定方法」（平成20年厚労省告示59号：以下，「算定方法告示」とする）より算定される（健保76条2号，国保45条2号）。

この算定方法告示には，別表として医科点数表，歯科点数表および調剤点数

---

5) 療担規則のほかに，保険薬局および保険薬剤師に適用される療養担当規則（昭和32年厚生省令16号）があり，こちらは薬担規則と略される場合がある。
6) 東京地判昭58・12・16判例時報1126号56頁。
7) 東京地判平元・3・24判例時報1301号32頁。

表があり，これらの点数表に基づき，療養の給付に要する費用が算定される。この点数表は診療行為等により細かく定められており，提供された診療行為等をひとつひとつ積み上げて，1点単価10円として算定される。これら点数表に加えて，療担規則19条に基づき，保険医又は保険薬剤師の使用することのできる医薬品は薬価基準に収載されている医薬品に限定され，その費用の額は薬価基準で定められる。

さらに，包括払い方式である診断群分類包括評価の適用を受ける医療機関については，「厚生労働大臣が指定する病院の病棟における療養に要する費用の額の算定方法」（平成20年厚生労働省告示93号）が別途定められている。

(3) **請求省令**　療担規則が保険給付の内容や範囲を定め，算定方法告示が診療報酬の算定方法を規定している。これに対して，保険医療機関等は保険者に診療報酬の請求を求める方法について定めるのが，「療養の給付及び公費負担医療に関する費用の請求に関する省令」（昭和51年厚生省令36号：以下，「請求省令」とする）である。DPCに関する費用の請求については，別途，請求に係る様式が定められている（平成20年厚生労働省告示126号）。

この請求省令によれば，いわゆる電子レセプトによる請求（電子情報処理組織の使用による請求または光ディスク等を用いた請求）を原則（請求省令1条）とし，各月分の翌月10日までに行う（同2条）ことなどが規定されている。

請求方法に関連して，保険者は，保険医療機関から療養の給付に関する費用の請求があったときは，療担規則，算定方法告示に照らしてこれを審査したうえ支払うものとされる（健保76条4号，国保45条4号）。これに関連して，保険者は，審査支払に関する事務を社会保険診療報酬支払基金または国民健康保険連合会に委託することができる（健保76条5号，国保45条5号）。

III　診療報酬の機能と特徴・限界

診療報酬の機能を考察した後，その特徴と限界について検討する。[8]

---

[8]　石田道彦「診療報酬制度の機能と課題」社会保障法17号（2002年）104頁以下，岩村正彦

1　診療報酬の機能

　診療報酬とは，具体的には算定方法告示等に基づいて定められる診療報酬点数表や薬価基準によって算定される。そして，療担規則に定める療養の必要ないし使用基準等についての厳格な制約のもとで，診療報酬が支払われることになる。こうして，診療報酬点数表等は，診療報酬システムを通じて，保険診療における個々の診療行為の公定価格を定める価格表としての性格と保険診療における診療行為の範囲を定める品目表としての性格とを併せ持つ。ここに，診療報酬はファイナンスとデリバリーを結びつける血液あるいは潤滑油として，以下のような4つの機能を果たすこととなる。

　(1)　**価格設定機能**　　価格表としての機能である。診療報酬は公的医療保険が提供する療養の給付など，保険診療に関わる診療行為および薬剤等の価格を設定する。この価格設定に基づき，医療機関等に対する診療報酬を画定すると同時に，被保険者側の負担する一部負担金が決定される。こうして，診療報酬は，保険医療機関等のサービス提供者ばかりでなく被保険者等をも拘束する。

　診療報酬は，健康保険や国民健康保険をはじめとする公的医療保険にとどまらず，労災保険の療養補償給付等の労災診療費や交通事故など自由診療の治療費についても，その算定の基礎となっている。[9]

　(2)　**給付内容・給付水準設定機能**　　品目表としての機能である。診療報酬点数表や調剤報酬点数表には，公的医療保険で提供する療養の給付等の具体的内容とその水準を一覧表の形式で設定するという機能がある。点数表に掲げられていない診療行為や医薬品は保険給付としては提供できないし，療担規則や点数表に関する解釈準則等に適合しない診療行為等については，診療報酬が支払

　「社会保障法入門」自治実務セミナー，とくに42巻2号～6号（2003年）参照。
9)　国民健康保険法45条2項は，療養の給付に要する費用について，健康保険法76条2項の規定による厚生労働大臣の定めの例によると規定している。また，生活保護法52条は，医療扶助につき，国民健康保険の診療方針及び診療報酬の例によることと定めている。労災保険の場合には，労災診療費算定基準が通達（昭51・1・13基発72号）により定められているが，これは算定方法告示の別表に労災診療単価（1点12円）を乗じて算定されている。また，交通事故の診療において保険診療を適用しない場合であっても，診療報酬点数表の1点単価10円を基準に医療費を請求する最近の事案として，横浜地判平14・10・28交通事故民事裁判例集35巻6号1814頁がある。

われない。これらのことから,点数表は,公的医療保険の提供するサービスのメニューであり,保険給付の内容と水準を画定する機能を有する。

そして,診療報酬の改定は各種点数表の見直しをも意味する。このことは医学の進歩や医療技術の進展に伴い,医学的に有効と認められた診療行為などを保険給付として提供するとともに,逆に有効性がないと判断された治療法や医薬品等を保険給付の対象から排除する機能を持つこととなる。

(3) **資源配分機能**　診療報酬は,医療機関等に対する診療報酬を画定し,被保険者等の一部負担金等を決定するという意味で,総体として公的医療保険の大きさを規定する。具体的には,算定方法告示の別表は医科,歯科および調剤に分かれている。これらに加えて,薬価基準や特定保険医療材料およびその材料価格についても決定される。こうして,診療報酬は医科,歯科および調剤の費用配分のほか,医療従事者や医薬品製造業など医療関連業界に一定の資源を配分する機能を果たす。より細かくいえば,病院と診療所との間,あるいは各診療科の間の費用の配分を決定する機能をも果たす。

さらに繰り返しになるが,診療報酬は,個々の診療行為・医薬品毎に点数を付与して,それぞれの価格を決定するから,診療報酬の改定は,これら診療行為や医薬品等に関する資源配分の再評価という側面を有し,そのことを通じて,医師の専門分野に関する選考や医療機関の組織のあり方をも規定する機能を持つことになる。

(4) **政策誘導機能**　以上のような価格設定機能,給付内容・給付水準設定機能,資源配分機能がそれぞれ相互に関連することを通じて,診療報酬の改定(点数表の見直し)は,医療機関や医療関連業界に対して,あるいは被保険者など患者側に対しても,一定の行動を選択するよう誘導する機能を持つ。

看護師の適正かつ重点的な配置を実現するという政策目標を達成するために導入された患者と看護師の比率7対1基準による診療報酬の差別化や,産科・小児科の重点評価から行われたハイリスク分娩管理加算や小児入院医療管理料区分の新設などが,政策誘導機能に着目して行われた事例である。このような政策遂行手段の機能は,1990年代以降顕著となっているといわれる。

2 診療報酬の特徴と限界

　以上の4つの機能を有する診療報酬は，サービスに対する対価として検討した場合，以下に示す3つの特徴，3つの限界を指摘できる。

　(1) 特　　徴　　第1の特徴は，診療報酬は原価に基づいて設定されていないということである。古くは昭和33年に甲表，乙表および歯科という新点数表が制定された当時，診療報酬を技術料，人件費および所要経費に区分し，実態調査に基づき原価を計算したうえで診療報酬を作成すべきであるという考え方が存在した。しかし，医師の賃金をどのように設定するかにつき合意が得られなかったため，その後の改定作業では，従前の点数に基づく診療報酬の改定が繰り返された。このため，現在の診療報酬は原価計算に基づく価格決定というメカニズムは採用されていない。

　このような第1の特徴と密接に関連して，第2，第3の特徴を導き出すことができる。第2の特徴は，医業費用全体が診療報酬で賄われていることである。ここで医業費用とは，人件費や物件費からなる変動費と，医療機器や土地建物の固定費から構成されるが，わが国では相対的に民間医療機関が多いため，変動費と固定費とを分けることなく，またドクターフィを別立てにすることなく，診療報酬によって賄われている。第3の特徴は，事務職員の人件費や施設の維持管理費用は診療報酬に直接は含まれていないことである。例えば，精神科作業療法における作業療法士のように，取り扱うべき1日当たりの標準患者数が定められている例もあるが，これらは稀な例であり，職員の人件費等は診療報酬の中に広く薄く組み込まれているといえる。

　(2) 限　　界　　このような特徴の裏返しとして，診療報酬の限界を3点指摘することができる。

　第1は，給付内容・給付水準設定機能とも関連する患者の一部負担金への影響である。診療報酬が必ずしも原価計算に基づかない一方，政策誘導機能を持たせるために，診療報酬の加算の費目の中には，臨床研修病院入院診療加算や後発医薬品使用体制加算など，保険給付として受けるサービスとは関係性の薄い費目が存在する。

　第2は，診療報酬の改定が医療機関の経営に大きな影響を与えるという意味

での限界であり，これは資源配分機能に関連する。平成18年改定における医療区分１の包括払い点数に関する点数設定が採算割れを引き起こすものであったことや，入院基本料等加算の廃止などがその例としてあげられている。

　第３の限界は，政策誘導機能が，医療機関に政策意図に反する行動を誘発してしまうことである。これも2006年改定で実施されたいわゆる７対１入院基本料の導入は，看護師の都市部大病院への移動を促した結果，過疎地域の医療機関における看護師不足などの混乱が生じた。また，第２の限界であげた医療区分１での点数設定のもとでも採算を維持するために，医療療養病床と介護療養病床との間での患者の「移し換え」という事態を招いた。

Ⅳ　診療報酬政策の変容

　ここでは，診療報酬政策の変容という観点から，まず，近年急速に拡大している包括払い方式を取り上げる。診療報酬システムのあり方に根本から変更を迫る可能性があるからである。次に，電子レセプト・オンライン請求を取り上げる。これは診療報酬を運用する側面での技術革新であるが，その及ぼす影響は大きく，包括払い方式の評価とも密接に関連すると考えるからである。

１　DPCの導入とその概要

　わが国において，いくつかの診療行為を１つにまとめて包括的に診療報酬を支払う包括払い方式については，老人保健法における老人医療管理料や末期癌患者の緩和ケア病棟入院料がリーディングケースである。その後，「急性期入院医療については，平成15年度より特定機能病院について包括評価を実施する。また，その影響を検証しつつ，出来高払いとの適切な組合せの下に，疾病の特性及び重症度を反映した包括評価の実施に向けて検討する」という閣議決定（2003（平成15）年３月28日）によって，包括払い方式が本格的に導入されるようになった。こうして，患者の病態が不安定な状態から，治療によりある程度安定した状態に至るまでの急性期入院医療の支払い方式として診断群分類包括評価（DPC：Diagnosis Procedure Combination）が導入された。[10] このような包括

払い方式の導入は，入院期間の短縮による医療費の効率化ばかりでなく，病院ごとのデータの比較等によって，医療情報の透明化や医療の標準化等が進展するものと期待された。

アメリカで導入されたDRG/PPSが1件当たりの包括払いであるのに対して，DPCは傷病名と手術などの処置を組み合わせた診断群分類を設定して，その分類に対応して1日当たりの包括払い額を定める。そのうえ，入院期間に応じて3段階で逓減するシステムを採用し，医療機関別係数が設定される。すなわち，DPCは，診断群分類ごとの1日当たり点数×入院日数×医療機関別係数という計算式で算定される。

ここで医療機関別係数とは機能評価別係数と調整係数とからなる。機能評価別係数とは，その病院の持っている機能を評価するもので，従来から存在する施設基準や急性期入院加算などの各種加算を係数化したものである。調整係数はDPC制度を円滑に導入する観点から，経過措置として設定されたもので，出来高払い方式の下での収入を確保できるように設定された係数である。なおDPC対象病院とされても，すべての診療報酬を包括払い方式で算定するものではないことに留意すべきである。DPC病院におけるDPC対象患者の診療報酬は，ホスピタルフィ的要素としての包括評価部分とドクターフィ的要素としての出来高評価部分とから構成される。後者の出来高評価部分は，手術や麻酔管理あるいは放射線治療などが該当し，これらは出来高方式として算定される。しかし，同じく処置に該当する行為であっても点数により包括で評価される場合と出来高で算定される場合に分かれるなど合理的に説明できない部分も残されている。

調整係数は，先に述べたように，DPC制度の円滑導入という観点から設定されたため，2003年以降5年間は維持することとされた。そして，2010年改定時に医療機関の機能を評価する係数として組み替える等の措置を講じて廃止するものとされていた。これを受けて，2010年改定において調整係数が廃止され，それに代わり新たな機能評価指数が導入された。この結果，既存の評価指

---

10) 松田晋哉『基礎から読み解くDPC〔第3版〕』（医学書院，2011年）参照。

数が機能評価指数Ⅰとされ，新たな評価指数である機能評価指数Ⅱには，各病院に共通のデータ提出指数のほか，各病院ごとに適用される効率性指数，複雑性指数，カバー率指数，地域医療指数および救急医療係数が設定された[11]。なお，機能評価指数Ⅱは，従来の調整係数の25％に相当する部分を置き換えるもので，これらの係数は暫定的な指標であり，さらなる検討を加えて精緻化することが予定されている。

2 DPC対象病院の拡大

　DPCの適用を受ける病院は，2003年には，大学病院，国立がんセンターおよび国立循環器病センターなど82の特定機能病院に限定されていた。その後，データによる検証というDPC導入の目的に関連して，十分な診療データの提供が可能であるか否かという観点から，一定の要件を満たしている医療機関をDPC対象病院としてきた。平成22年度には，DPC対象病院への参加基準として，DPCに参加の意思があり，以下の4つの基準を満たしていることが求められた[12]。①7対1入院基本料または10対1入院基本料の届出を行っていること，②診療録管理体制加算を算定しているか，同等の診療録管理体制を有すること，③標準レセプト電算処理マスターに対応したデータの提出を含め「退院患者に係る調査」に適切に参加できること，④上記③の調査において，適切なデータを提出し，かつ2年間（10ヶ月）の調査期間の（データ／病床）比が8.75以上であること，である。また，2008年以降に入院基本料の基準を満たせなくなった病院について，3ヶ月間の猶予期間を設け，3ヶ月を超えてもこれらの要件を満たせない場合は，DPC対象病院から除外するとしている。

　このように，DPC対象病院となるのはDPCに参加する意思を表明すること

---

11) データ提出指数は診療データの作成・提出体制を通じて医療全体の標準化や透明化等への貢献，効率性指数はDPC患者の在院日数，複雑性指数はDPC診療報酬の高い診療の割合，カバー率指数は診断群分類の広がりをそれぞれ評価する。地域医療指数はいわゆる4疾病5事業（脳卒中，癌，急性心筋梗塞，糖尿病，小児救急を含む小児医療，救急医療，災害医療，僻地医療，周産期医療）に対する貢献，救急医療係数は救急医療を評価する係数である。
12) 2009（平成21）年4月27日開催中医協診療報酬調査専門組織（DPC評価分科会）提出資料「DPC対象病院への参加及び退出のルールの検討」による。

が前提となっているが，対象病院は急速に増加している。2011年度のDPC対象病院は1449病院，DPC算定病床数は46万9329床であり，病院数で約2割，病床数で約5割を占めている（なお，DPC対象病院となる前段階に相当するDPC参加準備病院は201でその病床数は2万7751床である）[13]。また，DPCの対象となる患者は，一般病棟に入院し，DPCの対象となる「診断群分類」に該当した者である。しかし，入院後24時間以内に死亡した患者，臓器移植患者の一部，先進医療の対象患者は，対象患者から除外される。さらに，療養病棟や精神病棟の入院患者は対象外である。対象患者数に関する統計はないものの，社会保険診療報酬支払基金における平成22年9月分のDPCレセプトの審査状況につき，受付件数36万8633件受付点数190億2498万点とするデータがある[14]。

3　診療情報のIT化・透明化

2005年12月に示された医療制度大綱を受け，翌06年4月に厚生労働省令111号によりレセプトオンライン請求の完全実施に向けたスケジュールが定められた。しかし，完全義務化に対する反対論や情報セキュリティの問題から，2009年11月の省令改正により，オンライン請求の義務化が電子媒体での請求も可能とされたほか，手書きでの請求を猶予したり免除する例外措置が認められた。こうした経緯のなか，電子レセプト・オンライン請求の普及については，保険医療機関・保険薬局からの請求と保険者による電子レセプトの受領と2つの側面に分けることができる。

まず，保険医療機関・保険薬局は，請求省令によって，2008年5月診療分から段階的にオンライン請求することとされ，2015年4月診療分からは，一部の例外（手書き又は常勤の医師・薬剤師全員65歳以上の高齢者である保険医療機関・保険薬局）を除いて，電子レセプトによる診療報酬の請求が義務付けられることになった。保険者についても，2011年4月から，診療（調剤）報酬明細書情報を

---

13)　2011（平成23）年4月14日開催中医協診療報酬調査専門組織（ＤＰＣ評価分科会）提出資料「DPC対象病院・準備病院の現況について」による。平成21年医療施設調査によれば，一般病院総数7655で病床総数90万6401床であった。

14)　http://www.ssk.or.jp/pressrelease/pdf/pressrelease_126_60.pdf, last visited 2 May. 2012.

オンラインシステムを使用して行うこととなっている[15]。

普及の状況については，2011年6月現在，社会保険診療報酬支払基金関係では，医療機関数・調剤薬局ベースで，医科81.3%，歯科31.8%および調剤薬局で93.4%，請求件数ベースで，医科93.1%，歯科38.5%および調剤薬局99.9%となっている。導入の遅れた歯科部門でやや浸透していないものの，調剤薬局では請求件数ベースではほぼ100%に達している[16]。

V 診療報酬政策の今後の課題

わが国の診療報酬システムは，国際的にみた場合，相対的に低い医療費水準のもとで，医療へのフリーアクセスを実現してきた。しかし，低位安定的な経済成長のもとでは，少子高齢化の進行や医療技術の進展に伴う医療費の上昇を吸収することが困難になりつつある。このような状況の中，2000年代に入って，薬価・材料部門の削減により診療報酬の改定財源を捻出する傾向が顕著となり，診療報酬を圧縮する動きもみられるようになっている。事実，2002年には史上初めて診療報酬本体のマイナス改定が行われ，2006年には医科，歯科ともにマイナス1.5%，全体でマイナス3.16%という改定となった。このような状況において，診療報酬政策の今後の課題として，情報の透明化という観点から，Ⅲに引き続き，DPCと電子レセプト・オンライン請求の問題を検討する。

1 DPC導入の意義と課題

DPCはその導入以降，ほぼ10年を経過しようとしている。まず，どのように評価され，いかなる課題が示されているかを検討する。

DPCを導入したメリットとして，以下の2点が指摘されている。第1は，診断群分類が定義されたことにより，DPC対象病院における各分類に応じた治療成績の比較検討が可能となり，ひいては病院経営全般に関するデータも分

---

[15] 保険医療機関，保険者ともに，厚生労働省保険局総務課長通知（平22・7・30保総発0730第2号）によって，取扱要領が規定されている。

[16] 月刊基金（社会保険診療報酬支払基金）2011年8月号20頁以下。

析可能となった。これと併せて、DPCでは主病名を決定したうえ、併存症や合併症に基づく副病名を決定しなければならないことから、患者の病態が簡明に理解することができるようになったといわれる。第2に、医療の質の向上あるいは医療の標準化・効率化という観点では、クリティカルパス（診療計画）を作成する過程で、人的資源の活性化や消費資源の適正化に向けた意識改革が確実に喚起されているといわれる。[17]

他方、DPC導入による最大の課題は、保険診療としての適切妥当性の確保である。審査のあり方とも密接に関連する。

過剰診療の傾向にある出来高払い方式では、審査段階で過剰請求部分を査定することによって適切妥当性を確保することができた。これに対して、過少診療に陥りやすい包括払い方式では、いくつかの診療行為をまとめて報酬を設定しているため、レセプトからは実際に提供された診療内容を明らかにすることはできない。現在の審査機関におけるレセプト審査では、せいぜい、より報酬の高い傷病名を恣意的に選択するアップコーディングのチェックまでであり、過少診療の疑いが濃厚な場合には、該当医療機関に対する監査を行う以外に方法がないといわれる。

これまでの審査体制は、不必要な診療をカットするというピアレビュー（peer review）によるレセプトチェックであった。しかし今後は、そもそも医療の質とは何か、という問題についての合意を形成するとともに、従来の審査体制のもとで、その医療の質を担保することが可能かが問われることになる。

2　電子レセプト・オンライン請求をめぐる問題

平成22年の診療報酬改定によって、療担規則において電子請求が義務化されている医療機関は、領収証発行の都度、点数算定項目がわかる明細書を無償で発行することが義務づけられた。[18] そして、診療所の場合には、一定の要件のも

---

17)　藤村裕子「虚血性心疾患における、DPC算定および出来高算定の比較によるDPCの制度評価」日本医療経済学会会報75号（2010年）29頁以下、特集「変わりゆく医療事務、その近未来形」月刊保険診療2007年9月号38頁以下参照。
18)　診療報酬明細書に関する公開請求が争われた事案として、最判平13・12・18民集55巻7号1603頁がある。

とで明細書発行体制等加算1点を算定できることとなった。[19]

この明細書の発行は、患者にとって、一部負担金を含めて、自分の受けた診療行為の算定根拠を確認できるという意味で、高く評価すべきである。しかし、医療現場では、「明細書の発行を希望する患者は少ない」あるいは「明細書を発行したため、その内容についての説明を求められた」など、医療機関の経費と事務負担が増すばかりであるといわれている。

発行を希望する患者が少ない、という事実はやや意外であるが、素人には理解できない専門用語が多用されているため、明細書の記述内容を理解できないことが、発行希望者の少ない理由といえる。明細書をもとに、自分の受けた診療行為について、一部負担金の払い過ぎや過少診療の事実を検証することができることになれば、明細書発行の意義はより浸透するものと考えられる。

医療費を抑制するか、財源を確保して必要なだけ医療を提供するか、いずれの方向に政策を誘導するにせよ、情報の非対称性のもとで、保険給付として十分な診療が提供されたか、その適切妥当性の検証は問われ続ける。そして、この適切妥当性の判断基準として客観的かつ明確な指標が診療報酬であり、そこでは、DPCの比重が相対的に増加することに歩調を合わせて、出来高払い方式における量的妥当性の評価・判断から包括払い方式における質的妥当性の評価・判断に審査体制のパラダイム転換が迫られている。一般国民にも理解可能な診療報酬を設定することこそが最終目標であることに異論はないが、短期間にこのことを実現することは困難であり、少しでも合理的な説明ができるように、不断の努力によって、長い階段を踏破しなければならない。

3　説明責任と保険者の役割

このようなパラダイム転換が求められている状況において、医療保険制度の制度設計については、現在、被用者、自営業者の別なく、居住する都道府県単

---

[19] この加算は、電子化加算の廃止に代わるもので、初診時は明細書を発行しても加算はつかない。明細書の無償発行を行い、発行する旨の院内掲示をしていることなどの要件を満たし都道府県厚生局に届出なければならない。窓口徴収がない患者や不要の申し出があり明細書を交付しない場合であっても、再診料を算定する場合に加算することができる。

位で一元化することが志向されている。筆者は，そもそも所得のあり方が異なる被用者と自営業者とを1つの医療保険制度に組織化することは困難であると考えるが，その成否・賛否はともあれ，保険者がそのもてる手段を活用して，被保険者のためにどのように事業運営を行うかが大きな課題となる。

説明責任とも関連して，対被保険者のレベルと対医療者とのレベルで，保険者の行うべき事業運営を考えたい。

まず，被保険者に対する説明責任である。先に，保険者が明細書を交付すべきであるとの主張を傾聴に値すると述べた。それはサービスを実際に提供する保険医療機関だけでなく，保険料を徴収し保険給付を支給する主体としての保険者もまた，診療報酬の帰趨についての説明責任を負うとの主張が説得力を持つからである。

自分の受けた保険診療の内容について，被保険者はこれまで，一部負担金の金額を通じて，その大きさを知ることができるに過ぎなかった。この意味で，明細書の発行は，療養の給付に要する費目の構成と一部負担金の算定根拠を明らかにするものとして，専門用語が多く十分に理解し得ないとしても，また再診時以降に限定されるとはいえ，高く評価できるものである。しかし，明細書の役割は，診療報酬の費目構成と一部負担金の算定根拠の明示にとどまる。保険診療としての適切妥当性に関する評価ではないからである。

保険診療に対する評価としては，先にも触れたが診療報酬の請求・支払の過程で，社会保険診療報酬支払基金や国民健康保険連合会におけるピアレビューとしての審査がある。けれども，その審査結果は，診療報酬を請求する保険医療機関と診療報酬を支払う保険者に通知されるだけである。保険料と一部負担金を負担し，保険診療を受けた被保険者には知らされない。ここではむしろ，診療の内容や一部負担金の額などにつき，被保険者から確認することのできる保険者としての立場を活かして，被保険者に対しても，保険者の当該診療に関する判断・評価を提示すべきではないだろうか。

次に，対医療者に対する説明責任である。DPCの普及や電子レセプト・オンライン請求システムの定着は，保険集団や地域の枠を超えた全国的なレベルにおけるデータ分析を可能とするとともに，医療側と支払側に共通のデータと

分析ツールを提供することを意味する。

　DPCは，期待された割には医療費抑制効果がみられなかったとも指摘されている。しかし，これは出来高払い方式からの移行を円滑にするため，調整係数を設けたことにも起因する。医療費の抑制効果をもたらすためにも，客観的なデータ分析を行い，より合理的かつ精緻な報酬設定に関する協議の場，あるいは診療報酬システムに関する利害調整の場として，支払側，医療側および公益代表という三者構成からなる中医協の存在は大きな意義を有する。かくして，保険集団を統率する保険者の役割は，今まで以上に重要となる。単なる報酬支弁者から，情報分析に基づく合理的な資源配分を要求する，診療報酬システムにおける一方当事者としての役割が期待されるからである。

VI　むすびにかえて

　本章冒頭でも述べたように，診療報酬はファイナンスとしての医療保険とデリバリーとしての医療体制を結びつける血液あるいは潤滑油として機能する。しかし，医療保険と医療体制の結びつきは，単なる2元方程式ではなく複雑な多元方程式の集合体ともいえる。限られた財源をいかに有効に用いるか。本稿では，従来から有している情報蓄積機能を一層発揮することによって，合理的に説明可能な診療報酬を設定するために，保険者の果たすべき役割を強調した。

　出来高払い方式から包括払い方式へ，というのが診療報酬に関する世界的な潮流としても，そこには，医療の質とは何か，という根源的な問題があり，包括払い方式では政策誘導機能が縮減する可能性も示唆されている。また，薬価基準の問題も診療報酬政策の大きな課題であるが，紙幅の関係で取り上げることができなかった。

　〔付記〕本章は平成19年度科研費補助金課題番号21653004に基づく研究成果の一部である。

第7章
高齢者医療制度

西田 和弘

I はじめに

　「高齢者」という対象に着目した医療制度は，1973年の老人福祉法改正による老人医療費無料化に始まる。この年は，福祉元年と呼ばれ，年金も物価スライド制導入や5万円年金が実現されたが，高齢者は経済的弱者と位置づけられており，有病率が高いが所得は少ない高齢者が安心して医療を受けられるようにとの趣旨で，患者一部自己負担分が無料化されることとなった。

　今現在，医療制度において，「高齢者」は前期高齢者と後期高齢者に区分され，後者については独立の医療保険制度として，個人単位の保険料拠出と患者一部自己負担が求められている。2000年施行の介護保険法でも保険料拠出と自己負担の支払いという負担の仕組みが設けられたが，これは，高齢者はもはや経済的弱者ではなく，一定の負担能力を有する者であるとの高齢者像の変化を表している。高齢者医療制度については，2013年度に大きな変革がもたらされる予定であるが，本章は，これまでの高齢者医療制度の歩みを歴史的に概観し，現行法制度の抱える課題を抽出し，2010年12月に公表された高齢者医療制度改革会議の最終取りまとめを踏まえつつ，今後の高齢者医療制度の方向性を探ることを目的とする。

第Ⅱ部 医　療

Ⅱ　高齢者医療制度への過程

1　老人保健制度（老健制度）の問題点

　先述の老人医療費無料化は，70歳以上の高齢者はそれぞれの医療保険に加入したまま一部負担金を公費で負担することにより，実質的に医療費負担を無料にする方法であった。これによる高齢者の受診率のアップは老人医療費の大幅な増加をもたらし，とくに高齢者加入割合の大きい市町村国保の財政に大きな打撃を与えた。そこで，老人医療費の公平な負担や生活習慣病による長期療養や医療と介護ニーズの混在という高齢者特有の疾病状況への対応の観点から，1982年に老人保健法が制定された。老健制度により，公費負担と保険者の老人保健拠出金（老健拠出金），患者の自己負担（制度発足当初は定額，その後1割（現役並所得者は2割（2006年10月1日以降は3割））を財源に，70歳以上（2002年改正により段階的に75歳以上に引き上げ）の高齢者であって，医療保険の被保険者または被扶養者である者を対象とする医療等を行い，同時に，疾病予防の観点から生活習慣病に罹りやすい40歳以上の者の保険事業を行うこととなった。老健制度では，①高齢者と現役世代の負担割合が不明確であること，②保険料徴収主体（各保険者）と給付実施主体（市町村）が異なり，財政運営責任が不明確であること，③多くは市町村国保としても，高齢者はそれぞれの状況によって加入する制度が異なるため，加入する制度によって同じ所得でも保険料額に差異がある，などの問題が指摘されてきた。また，④増大する老人医療費に歯止めはかからず，それに伴う老健拠出金の増加はとくに被用者保険の保険者の不満を募らせることとなった。

2　医療制度改革における議論

　老健制度の見直しは，1996年からの社会保障構造改革においても最重要課題とされ，2000年の健保法等改正に際して，「高齢者のみを被保険者とする『独立保険方式』」「国民健康保険（以下，「国保」とする）と被用者保険の高齢者を分離した『突き抜け方式』」「保険者間の年齢構成の差による財政力の格差を調

整する『年齢リスク構造調整方式』「各医療保険制度を一本化する『一本化方式』」の4つの選択肢（以下，「4方式」とする）に基づく議論が行われた。2002年の健康保険法等一部改正法（平成14年法律102号）の附則2条は，同年度中に「保険者の統合及び再編を含む医療保険制度の体系の在り方」「新しい高齢者医療制度の創設」「診療報酬の見直し」に関する基本指針と，それに基づく所要の措置を講ずることを定めた。「健康保険法等の一部を改正する法律附則第2条第2項の規定に基づく基本方針について」（平成15年3月28日閣議決定）において，高齢者医療制度の具体的な方向として，(ｱ)75歳以上の後期高齢者について，保険料，国保及び被用者保険からの支援並びに公費により賄う新たな制度の創設と退職者医療制度の廃止，(ｲ)65歳以上75歳未満の前期高齢者の国保または被用者保険への加入，(ｳ)現役世代との均衡を考慮した高齢者の保険料負担，(ｴ)後期高齢者への公費重点化，(ｵ)医療給付と介護給付の効率的提供を図り，自己負担軽減策を実施，(ｶ)保健・医療・介護等の連携による各サービスの効率化による医療費の適正化が打ち出された。

この方針に沿って，2006年に「高齢者の医療の確保に関する法律」が成立し，2008年に施行された。[1]老健制度の前記問題点につき，後期高齢者の医療制度を独立の保険制度とし，①後期高齢者の医療給付費について，公費：現役世代：高齢者の負担を5：4：1と明確化する，②都道府県単位の広域連合を運営主体し，財政運営責任を明確化する，③原則として同じ都道府県で同じ所得であれば同じ保険料とする，④①のような負担の明確化により，後期高齢者の増加により支援金全体の割合は減少する仕組みとする等の対応を行った。

3　現行高齢者医療制度（以下，「現行制度」とする）の仕組み

(1)　**前期高齢者・後期高齢者**　現行制度は，高齢者を65歳以上75歳未満の前期高齢者と75歳以上の後期高齢者に区分し，後期高齢者は独立医療保険である

---

[1]　現行高齢者医療制度に至るより詳細な議論状況については，西田和弘「高齢者医療制度の改革——法学の見地から」ジュリスト1282号（2005年）98頁以下，岩村正彦「特集医療・介護・障害者福祉改革『総論——改革の概観』」ジュリスト1327号（2007年）18頁以下などを参照。

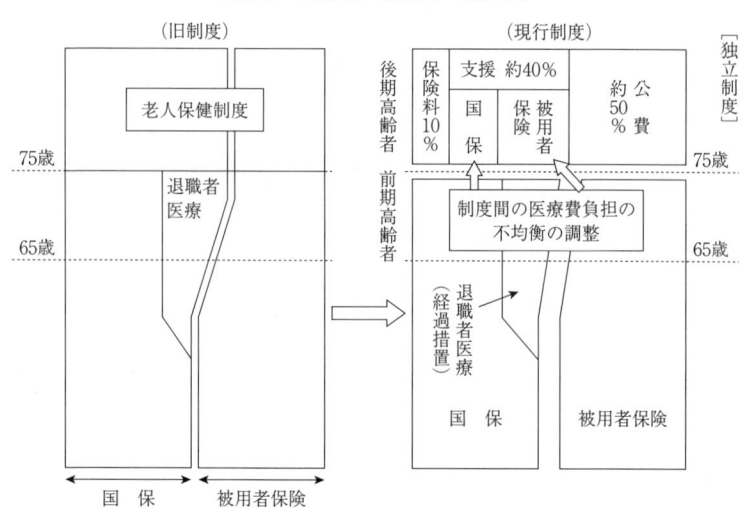

図表1　高齢者医療制度（模式図）

出典：島崎謙治『日本の医療』（東京大学出版会，2011年）287頁。

後期高齢者医療制度（長寿医療制度）に加入とする。前期高齢者については，65歳未満の医療保険加入者と同様に，各医療保険制度に加入し，それによって生ずる制度間の医療費負担の不均衡を調整するため保険者間での財政調整が行われる。いわば，前期高齢者については「年齢リスク構造調整方式」を，後期高齢者については「独立保険方式」を採用した形である。ただし，「独立」といっても，財源のほとんどを公費と各保険者からの支援金に依存している（図表1）。退職者医療制度は廃止されたが（2014年度まで経過措置で存続），「突き抜け方式」を一部なりとも選択しなかったといえよう。

(2) **前期高齢者の財政調整**　前期高齢者は，雇用関係にある者は被用者保険に加入するが，退職年齢との関係でその多くは市町村国保に加入することになる。そのため，被用者保険と市町村国保との間で前期高齢者の加入率に大きな格差が生じ，このままでは国保財政が悪化することになる。そこで，各保険制度において，前期高齢者の加入率が全国平均を下回る場合には前期高齢者納付金を拠出し，上回る場合には加入率に応じて前期高齢者交付金の交付を受けることで保険者間での財政調整を行い，負担の平準化を図っている。財政調整事

務は，診療報酬の審査支払機関でもある社会保険診療報酬支払基金が行う。

(3) **後期高齢者医療制度の基本構造**　(a)被保険者・保険者　後期高齢者医療制度の被保険者は，75歳以上の高齢者と寝たきりなど一定の障害状態にある前期高齢者で，その加入者は2010年時点で約1,350万人である。ただし，生活保護の被保護者は適用除外とされている（高齢医療51条）。高齢者自身の保険料負担は約1割に過ぎず，財政の大半は公費と後期高齢者支援金により支えられているが，都道府県の全市町村が参加する特別地方公共団体たる広域連合が保険者として保険料の賦課決定や給付費の支払いなどの運営責任を負う社会保険制度であると理解されている。

(b)保険料　保険料率は，保険者たる広域連合の条例により定められ，2年ごとに見直される。また，各人の保険料額は所得割額（応能割）と被保険者均等割（応益割）により決定される。2010年度の保険料額は全国平均で年約6万3300円，基礎年金のみの場合は年約4200円であった。年間18万円以上の年金がある場合は特別徴収の対象となり（高齢医療施行令22条），約8割の被保険者が年金からの天引きで保険料を徴収されている。それ以外の者は普通徴収として市町村が直接徴収する。所得が低い場合には所得割，均等割の軽減，被用者保険の被扶養者であった人は均等割の軽減などの負担軽減策がとられている。

(c)財政・自己負担　2010年度予算ベースでの後期高齢者医療制度に要する財源は12.8兆円である（給付費11.7兆円，患者負担1.1兆円）。先述のように，後期高齢者の医療給付費は，患者自己負担分を除く費用について，被保険者からの保険料1（軽減措置により実質は0.7）に対し，75歳未満の医療保険加入者の負担する後期高齢者支援金4，公費5の割合によって負担し，公費は国，都道府県，市町村で4：1：1の割合で負担する。ただし，保険料と支援金の負担割合は，後期高齢者と現役世代の人口構成により変化する制度設計である[2]。著しく高額な医療給付については，指定法人たる国保連を通して交付金が交付されることになっており，その費用は別途算定，徴収される（高齢医療117条：特別

---

2) http://www.mhlw.go.jp/bunya/iryouhoken/iryouhoken01/01.html, last visited 2 Feb. 2012の図がわかりやすい。

高額医療費共同事業）。後期高齢者支援金は，各医療保険制度の被保険者が負担する特定保険料を財源として，特殊な算定方式により（同120条，121条），社会保険診療報酬支払基金が徴収し，各広域連合に交付する（同139条）。特定保険料は，各医療保険制度の被保険者の給付に何ら影響を及ぼさないため，その妥当性が論点となった（後述）。

後期高齢者受診時には，医療費の1割が自己負担となるが（本則は2割だが，引き上げ凍結中。また，現役並みの所得者は3割負担），自己負担金については限度額が設定されており，限度額を超えた場合は，高額療養費が支給される（同84条）。介護保険の自己負担分との合算で，一定額を超過すると高額介護合算療養費が支給される（同85条）。

Ⅲ 現行制度の問題点

現行制度は創設当時より，広報の不十分さや名称などはともかくとして，根本的な問題としては次の3点が指摘されてきた。それは，①75歳以上の高齢者だけの独立医療保険制度という制度設計自体の問題，②保険料，後期高齢者支援金等の財源調達の問題，③都道府県単位の広域連合の性格，機能である。各論的には，被用者であっても75歳以上であれば後期高齢者医療制度の対象となることや，特定健康診査・特定保健指導の受診状況を後期高齢者支援金の加算減算の対象とすること，などの問題が指摘されてきた。これらは①を根本原因としつつも相互に関連している。

まず，①について具体的には，(ア)75歳という年齢で区切ることの合理性およびハイリスクグループのみを母集団とする保険制度への疑問，(イ)年齢到達によ

---

3) 前期高齢者納付金，後期高齢者支援金，退職者給付拠出金及び病床転換支援金等に充てるための保険料を指す。基本保険料は各医療保険制度の加入者の医療給付，保健事業等に充てられる。

4) 筆者は高齢者医療制度黎明期に年齢区分による独立医療保険制度を批判的に検証したことがある。ただし，「年齢差別」にあたるとは考えていない。社会保障制度において年齢区分が許されないのであれば，社会保障立法の多くは差別立法の評価を受けることになる。区分に必要性があり，区分基準が合理的であれば，それに対応する適切な制度を構築して

りそれまで加入していた医療保険制度から分離・区分され，保険料も世帯単位から個人単位で賦課されるなど，個人単位化によって，医療保険の被扶養者として保険料負担がなかった者も徴収の対象となり，患者負担の上限も同じ世帯であっても加入する制度ごとに適用されることとなるなど権利義務関係や負担が大きく変更されることに伴う混乱，(ウ)75歳以上被用者が後期高齢者医療制度の対象となることについて，被用者でありながら，被用者保険法上の権利（例・保険料の事業主負担や傷病手当金の支給）が保障されないことの不合理が指摘されている。

この点につき，菊池は「後期高齢者医療制度には，被用者保険の被扶養者であった後期高齢者を拠出と給付の主体として位置づけ，世帯単位から個人単位化を図る」点は評価するが，支援金の正当性に疑問をもち，「世代分断的な仕組みを設けることにより，社会保障の法的基盤を安定的かつ持続可能なものにしていくための社会的・市民的基盤をいっそう掘り崩すことになりかねないことから望ましくない。」と評する。これに対し島崎は，保険料の賦課や窓口一部負担の単位について，個人単位を基盤としつつ世帯単位の考え方を一部取り入れる方法に疑問を呈し，「医療費のような出費は家計単位で行われるのが通常であり，保険料は世帯単位で賦課する方が適当」だとする。

②については，支援金の性格及び算定方法を中心に，公費投入のあり方，保険料の賦課方法および賦課額など，多くの問題が指摘されてきた。老健拠出金は，保険者の共同事業である老人保健医療にかかる分担金であるが，老人保健医療の実施によって各保険者が高齢者に対して療養の給付の実施義務を免れたことの対価という側面をもつため，社会保険料に近い性質をもつ。

これに対し，支援金は，医療保険とは独立の保険事業である後期高齢者医療

いくことに問題はない。西田・前掲注1) 97-104頁。堀勝洋『社会保障・社会福祉の原理・法・政策』（ミネルヴァ書房，2009年）178-179頁のエイジズム批判も参照。
5) 島崎謙治『日本の医療——制度と政策』（東京大学出版会，2011年）291-292頁。
6) 菊池馨実『社会保障法制の将来構想』（有斐閣，2010年）149頁。
7) 倉田聡『社会保険の構造分析』（北海道大学出版会，2009年）295頁は，「支援金には，その納付者である医療保険加入者についてまったく対価が生じないという点で，これを社会保険料とすることには無理がある。」ので，「一方的な金銭納付の意味合いが強い「支援金」という名称にされたものと考えられる。」とする。

制度に一方的に贈与されるものであり，対価性はない[8]。

現役世代と切り離して別建ての制度とし，一方的な財政支援の仕組みを設けるのは，従来の老健拠出金以上に拠出の正当化が困難な負担を被用者保険や国保，ひいては現役世代に負わせることになる[9]。

というように，支援金の理由付けが難しいことが指摘されてきた[10]。

③について，都道府県単位で市町村が広域連合を組織し，保険者機能を発揮することが期待されていたが，(ア)都道府県は広域連合に加入しておらず関与が弱いこと，(イ)保険料は直接賦課方式であり各市町村が保険料の収納率を向上するインセンティブが働かないこと，(ウ)広域連合の職員は市町村のほか都道府県や国保連合会の職員の「寄り合い所帯」であること，(エ)広域連合の議員は被保険者による公選制でない上に多くは「宛て職」であり，運営協議会さえも設けられていないこと等の問題が指摘されている[11]。

Ⅳ 新たな高齢者医療制度の方向性

前記のような批判や問題を解消するべく，2009年11月に高齢者医療制度改革会議（以下，「改革会議」とする）が設置され，厚生労働大臣より示された6原則（①後期高齢者医療制度は廃止する。②マニフェストで掲げている「地域保険としての一元的運用」の第一段階として，高齢者のための新たな制度を構築する。③後期高齢者医療制度の年齢で区分するという問題を解消する制度とする。④市町村国保などの負担増に十分配慮する。⑤高齢者の保険料が急に増加したり，不公平なものにならないようにする。⑥市町村国保の広域化につながる見直しを行う）を踏まえて審議が行われた。

2010年12月20日には改革会議が「高齢者のための新たな医療制度等について（最終とりまとめ）」（以下，「最終とりまとめ」とする）を公表し[12]，2013年度以降の

---

8) 倉田・前掲注7) 293頁。
9) 菊池・前掲注6) 149頁。
10) 老健拠出金，支援金の拠出根拠の考察については，西田・前掲注1) を参照。
11) 島崎・前掲注5) 281頁。
12) http://www.mhlw.go.jp/stf/houdou/2r9852000000z9lf-img/2r9852000000z9p3.pdf, last visited 22 Feb. 2012.

第 7 章　高齢者医療制度

図表 2　費用負担（第一段階）

○ 独立型制度を廃止し，75歳以上の方も国保・被用者保険に加入することとなるが，75歳以上の医療給付費については，公費，75歳以上の高齢者の保険料，75歳未満の加入者数・総報酬に応じて負担する支援金で支える。
○ このような費用負担とすることにより，75歳以上の方の偏在により生じる保険者間の負担の不均衡は調整されることとなるが，加えて，65歳から74歳までの方についても，国保に偏在する構造にあり，この点についても費用負担の調整が必要であることから，引き続き，現行の前期財政調整と同様の仕組みを設ける。

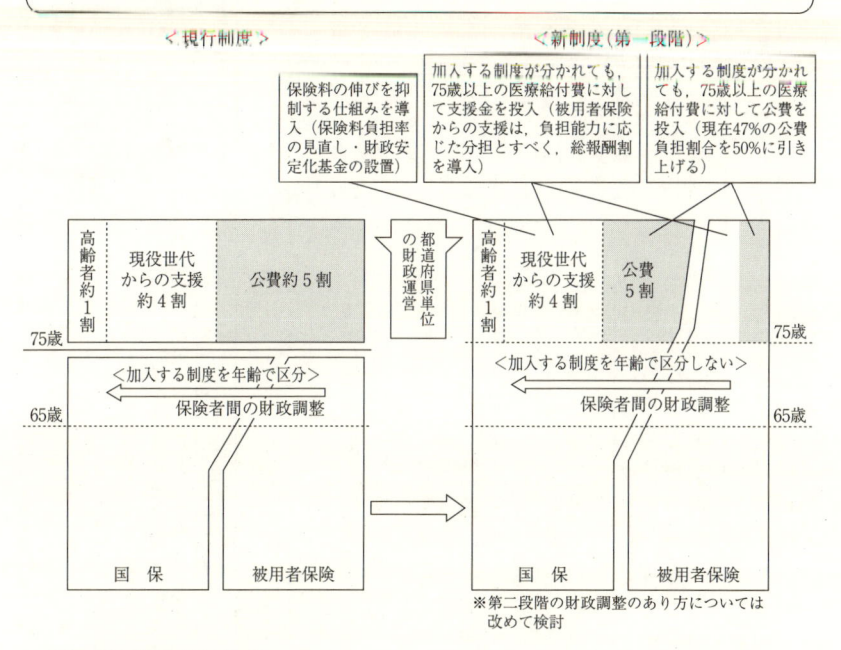

＜現行制度＞　　　　　　　　　　　　　＜新制度（第一段階）＞

現行制度	新制度
保険料の伸びを抑制する仕組みを導入（保険料負担率の見直し・財政安定化基金の設置）	加入する制度が分かれても，75歳以上の医療給付費に対して支援金を投入（被用者保険からの支援は，負担能力に応じた分担とすべく，総報酬割を導入）
	加入する制度が分かれても，75歳以上の医療給付費に対して公費を投入（現在47％の公費負担割合を50％に引き上げる）

75歳　高齢者約1割｜現役世代からの支援約4割｜公費約5割　←都道府県単位の財政運営→　75歳　高齢者約1割｜現役世代からの支援約4割｜公費5割

＜加入する制度を年齢で区分＞　　　　　＜加入する制度を年齢で区分しない＞
　　　　保険者間の財政調整　　　　　　　　　　保険者間の財政調整
65歳　　　　　　　　　　　　　　　　　　　　　　　　　　　　　　　　　　　　65歳

　　国　保　　　　被用者保険　　　　　　　国　保　　　　被用者保険

※第二段階の財政調整のあり方については改めて検討

出典：厚生労働省保険局資料
http://www.mhlw.go.jp/bunya/shakaihosho/iryouseido01/dl/info02d_1.pdf, last visited 22 Feb. 2012.

新たな高齢者医療の方向性が示された。最終とりまとめでは，前記 6 原則に基づき，①現行制度は廃止し，地域保険は国保に一元化し，国保は都道府県単位化する。②年齢区分は廃止し，現役世代と同じく各保険制度へ加入する。③なお，市町村国保のままだと，財政悪化が容易に予想されるので，①の一元化は 2 段階で行うこととし，第 1 段階として後期高齢者について都道府県単位の財政運営，第 2 段階（2018年を目途）で保険財政共同安定化事業の拡大などの環境整備を進め，全国一律に全年齢での都道府県単位化する。④市町村が保険料

図表 3　改革の基本的な方向

○ 後期高齢者医療制度の問題点を改めるとともに、現行制度の利点はできる限り維持し、更に後期高齢者医療制度の廃止を契機として国保の広域化を実現する。

後期高齢者医療制度の問題点

I 年齢による区分（保険証）
75歳到達で、これまでの保険制度から分離・区分。保険証も別。

II 被用者本人と保険料
被用者以上の被用者の方は傷病手当金等を受けられず、保険料も全額本人負担。

III 被扶養者の保険料の増加
個人単位で保険料を徴収するため、扶養されている高齢者も保険料負担。

IV 高齢者の保険料の増加
高齢者の保険料の伸びが現役世代の保険料の伸びを基本的に上回る構造。

V 患者負担
患者負担の上限は、同じ世帯でも、加入する制度ごとに適用される。

VI 健康診査
広域連合の努力義務となったなかで、受信率が低下。

後期高齢者医療制度の問題点
老人保健制度は老人保健を改善するための制度であったが、独立型の制度としたことによる問題が生じている

↓ 改善

新制度

I 年齢で区分しない。保険証も現役世代と同じ。

II 被用者保険に加入することにより、傷病手当金等を受けることができるようになり、保険料も原則折半で負担。

III 国保は世帯主がまとめて保険料負担。被用者保険に移る被扶養者については被保険者全体で保険料負担

IV 高齢者の保険料の伸びが現役世代の保険料の伸びを上回らないよう抑制する仕組みを導入。

V 現役世代と同じ世帯にいることで、世帯当たりの負担は軽減。

VI 国保・保険組合等に健康診査の実施義務

高齢者も現役世代と同じ制度（国保又は被用者保険）に加入することで改善が図られる

旧老人保健制度の問題点

①負担割合
高齢者と現役世代の負担割合が不明確。

②高齢者の保険料負担
それぞれが市町村国保・被用者保険に加入していると、同じ都道府県で同じ所得であっても、保険料負担が異なる。

↓ 改善

①高齢者の医療給付費について、公費・現役世代・高齢者の負担割合を明確化。

②国保に加入する高齢者は、原則として、同じ都道府県で同じ所得であれば、同じ保険料。

国保の高齢者医療を都道府県単位化すること等で維持→次の段階で現役世代も都道府県単位化

出典：厚生労働省保険局資料 http://www.mhlw.go.jp/bunya/shakaihosho/iryouseido01/dl/info02d_1.pdf, last visited 22 Feb. 2012.

の徴収および窓口業務，それ以外の財政運営，保険料の決定・賦課，保険給付などを医療広域連合が行う仕組みを改め，第1段階では，財政運営，標準保険料率の決定は都道府県，世帯単位での保険料徴収に配慮して，標準保険料率に基づく保険料率の決定，賦課・徴収，保険証の発行等の資格管理，給付事務，保健事業等は市町村とする，などの方向性が示された（以下，「新制度構想」とする）。

現行制度批判の出発点である年齢区分の独立医療保険制度を廃し，被用者保険・国保という2本立ての医療保険体系を維持しつつ，国保を都道府県単位に広域化し，そのうえで保険者間の財政調整を行うもので，現行の後期高齢者広域連合の枠組みを生かしたものとなっている。

しかし，第2段階に至るまでに，①高齢者と現役世代保険料の設定をどうするか，②費用負担，とくに，被用者保険と国保の財政調整をどうするか，③事務体制（県と市の役割分担）の見直しは必要か等の課題があり，また，新制度でも残ることになる支援金・納付金や，保険料賦課基準，自己負担など慎重な検討を要する課題が残っている。

V 高齢者医療の将来像

今後も医療費，とくに高齢者医療費の増加が見込まれており，2025年には医療給付費の約半分を75歳以上高齢者の医療給付費が占めることになるとの見通しが示されている。

第2段階以後の制度をいかに設計していくかが課題となる。ただ，制度設計のあり方は，高齢者という特定対象者の問題にとどまらず，わが国の医療保障とりわけ医療保険のあり方に関わる大きな課題であり，本章のテーマである高齢者医療という範疇では語りえない。制度設計にかかる保険者の将来像は第4章で，保険財政のあり方は第8章で論じられるが，本章においても制度のあり方について言及しておきたい。

第Ⅱ部　医　療

1　現行制度廃止後の医療保険制度のあり方

　現行制度廃止後の制度のあり方のキーワードは，高齢世代と現役世代の負担の公平であり，どのような方式を用いて，現役世代による支援・公費・高齢者の保険料を考えるかが重要な検討対象となる。

　純然たる突き抜け方式でない限り，被用者保険・国保の2本立てという従来の体系を前提とすると，保険者間の財政調整による現役世代による支援の方式が真っ先に問題となる。また，保険者のあり方は，被用者保険内・国保内での再編・統合と，2本立てではなく地域保険への一元化という2つのモデルがあるが，後者のモデルを採れば複数保険者間の財政調整は不要となり，財源調達方式を問題にする必要はなくなる。そこで，新たな高齢者医療制度でも前提となっている2本立て・国保再編に基づく財政調整のあり方，保険者の統合による保険制度の一元化，および公費負担についての議論を整理する。

　(1)　**財源調達**　　新制度構想においても，第1段階は75歳以上高齢者の財政運営を都道府県単位化するにとどまるため，前期高齢者への納付金および現役世代の保険料による支援金の仕組みは残る（よって，支援金の性格についての問題も残る）。ただし，支援金の算定方式は，前倒しで各保険者の総報酬に応じた負担となる予定である。現在の後期高齢者支援金は総報酬割3分の1，加入者割3分の2の割合で，2013年度推計で総額約4兆1000億円である。これを全面総報酬割とした場合，協会けんぽの負担は2100億円減少する一方，健保組合は1300億円，共済は800億円それぞれ増加する。支援金自体は75歳以上の医療給付費に左右される構造で，新制度でも変更はない。当該医療給付費は年々増加していく見込みであるので，被用者保険サイドから「上限を設け，不足分は公費投入によるべき」との意見が出るのも当然であろう。第2段階において全年齢での都道府県単位化が予定されるので，被用者保険と国保の間の財政調整方式の決定は急務である。

　この点につき，島崎は，4方式の長所短所を分析し，一元化に反対する立場を示した上で，現行制度からの移行のしやすさも考えれば，65歳以上の者に関する保険者間での財政調整を行う年齢リスク構造調整方式がベターであると判断する。堀も，従来の4方式のうちの年齢リスク構造調整方式（堀は財政調整

方式と呼ぶ）による高齢者医療保険制度（ママ）の立場をとり，財政調整方式はすべての年齢層にも用いうるのであるから，最終的には高齢者のすべてを前期高齢者医療制度のようにするべきと提案する。[14]他方，堤は被用者年金とリンクさせた形での突き抜け方式を提案する。[15]

　また，①リスク調整方法の精緻化により保険者間の公平性をより確保し，②リスク調整を事前予算制度に変更し，保険者が財政責任を負う体制とすること（支援金は廃止し，リスクに見合った標準医療費を各保険者に事前予算として交付。赤字の場合は追加的保険料の徴収と偶発的リスクに対する公費投入），③①②を前提とする突き抜け型へ変更し，④民間保険会社の利用や参入も積極的に検討する，という「リスク構造調整付きの突き抜け方式」の主張もある。[16]この主張は，リスク要因をより精緻にすべきという点と支援金を廃止した上での事前予算制度を提案する点に特徴がある。ただし，年齢以外のどのリスクをどの程度調整の対象とするかついては，慎重な検討を要する。[17]対象を前年齢に広げて所得等も調整対象とする完全リスク構造調整方式に近いものになれば，一元化と変わらないとの批判を受けうるからである。[18]また，追加的保険料の徴収はそう容易ではないと思われるため，予算制度はイギリスNHSにおいて生じた弊害（予算不足による手術中止・延期など）をもたらすことはないのか，などいくつかの検証作業が必要である。

　新制度構想は，4方式の中でいえば年齢リスク構造調整方式を選択し，国保の都道府県単位化による財政基盤の安定と公費負担割合の若干の増加，被用者

---

13)　島崎・前掲注5）296-299頁。ただし，公費の投入方法と保険料収入に占める財政調整の納付金の上限をどのように画するかが最低限の検討課題とも指摘する。
14)　堀・前掲注4）183-184頁。
15)　堤修三「混迷する高齢者医療制度──今　その歴史から学ぶとき」社会保険旬報2354号（2008年）。堀の提案に対する批判的検討は，堀・前掲注4）187-204頁参照。
16)　田近栄治・河口洋行・菊池潤「高齢者医療制度の再構築（上）」社会保険旬報2459号（2011年）16-17頁。ただし，「リスク構造調整付きの突き抜け方式」が，「年齢」のみではない調整であるにしても，従来の年齢リスク構造調整方式と制度設計概念としてどのように異なるのかは筆者の理解が及ばなかった。
17)　田近栄治・河口洋行・菊池潤「高齢者医療制度の再構築（中）」社会保険旬報2460号（2011年）16-23頁の検討が参考になる。
18)　島崎・前掲注5）298頁を参照。

保険からの支援金の算定方式の変更（総報酬割），段階的な本人負担の増加という方向を示したが，第2段階に至るまでに制度設計についての十分な議論が必要となる。

(2) **保険者**　中長期的視点では，制度の一元化すなわち地域保険化して保険者の統合を行うべきとの意見もある。最終とりまとめも，将来的な医療保険制度の姿については，地域保険と被用者保険の共存論と被用者保険の地域保険への統合論の両論を併記している。公的医療保険の保険者のあり方については第4章ですでに述べられるので，概観にとどめるが，協会けんぽの財政運営の都道府県化，健保組合の都道府県単位での再編・統合を図るための地域型健保組合の仕組みの導入など，保険者が都道府県レベルで構成される傾向が強まっている。新たな高齢者医療制度も段階的に国保を都道府県単位化することになり，地理的には都道府県レベルに向かっている。ただ，現行制度における広域連合は，地方公共団体たる都道府県と機能強化が主張される保険者とがいかなる関係に立つかは必ずしも明らかでないことが指摘されている[19]。これについて菊池は，廃止後は都道府県行政と医療保険者の運営を明確に分離するために，都道府県から独立した公法人とすべきとし[20]，島崎も保険者候補として，現行から移行容易なのは広域連合方式，国保の財政運営や医療供給体制との調整を最も確実に行えるのは都道府県方式，社会保険の理念に最も忠実なのは公法人方式であるとする[21]。

最終的には，被用者保険を含めて，すべての保険者を都道府県単位に漸進的に統合一本化すべきとする意見も強い[22]。加藤は，やや長期的な見通しに立った場合，「都道府県単位化の延長線上には，（是非や成否は留保が必要だが）被用者も自営業者もともに，都道府県単位でひとつの保険集団を組織することが視野に入る」[23]とする。菊池は，都道府県を基本的単位とする地域保険への統合・一本化を図るのが正当な筋道であり，理論的には現行法上の被用者保険と国保と

---

19) 笠木映里「医療・介護・障害者福祉と地方公共団体」ジュリスト1327号（2007年）26頁。
20) 菊池・前掲注6) 150頁。
21) 島崎・前掲注5) 281-282頁。
22) 池上直己「高齢者医療制度の改革私案」社会保険旬報2420号（2010年）16-21頁。
23) 加藤智章「医療をめぐる諸問題」ジュリスト1414号（2011年）196-197頁。

いう枠組みを将来にわたって堅持していくことにはもはや十分な合理性はないとの立場を明瞭にしている[24]。

　一元化（一本化）すれば，保険者間の財政調整で頭を痛めることはなくなり，高齢者医療に関する負担の公平もわかりやすい形となる。しかし，所得捕捉が困難な自営業者等と，そうではない被用者を同じ制度に加入させることは，とくに被用者側の合意を得ることが困難であるという問題がある[25]。社会保障・税共通番号の導入により公平な負担のための所得把握がどれだけ徹底できるかが今後の鍵となる[26]。

　なお，保険者の都道府県単位化およびその後の保険者の形がいかなる保険集団になろうとも，当該保険集団の自律・自治，運営に対する被保険者の参加手段は確保されねばならないが[27]，根強い公費投入拡大論は自律・自治にとってはかえって弊害となるおそれもある。

　(3) 公　　費　　新制度構想では，実質47％となっている公費負担割合を50％に引き上げることとなる。高齢化の進展や低所得者の増加により，医療制度にとどまらず，より多くの公費投入を求める声は強い。しかしながら，公費はすなわち税であり，国民に形を変えて負担を求めることにかわりはなく，財政収支均衡の要請が働くため，必ずしも安定的な財源とはいえない。また，保険制度における公費割合の増加については，「税財源を管理する政府という別の法主体が社会保険のガバナンスにおいて決定的な影響力をもつという結果を生み，長期的にみて保険者の利益を損なう[28]。」と，保険者の自律・自治の阻害要因となることが指摘されている[29]。なお，社会保険方式を取りつつ，公費の割

---

24) 菊池・前掲注6) 146-150頁。
25) 堀・前掲注4) 181頁。
26) 江口隆裕「社会保障・税番号制度の再考を」週刊社会保障2638号（2011年）36-37頁など参照。
27) 加藤・前掲注22) 196頁。
28) 倉田・前掲注7) 296頁。
29) 菊池・前掲注6) 149頁も「保険の民主的参加機能ないし保険者自治を重視する規範的立場からは，財源の負担割合も重要な意味をもつと考えられ，被保険者の保険料負担が1割程度では民主的参加機能の十全たる発揮のために十分とはいえない（つまり税などの論理を無視できない）といわざるを得ない。」とする。

(4) **保険料・自己負担**　この論点については，私見を述べるにとどめる。新制度構想では，第１段階において，国保に加入する高齢者は，原則として同一都道府県同一所得であれば同じ保険料となる。第２段階で，高齢者と現役世代の保険料の基準は別々とするのか，一本化するのかが懸案事項とされるが，これは一本化すべきであろう。世代間の公平な負担の見地からは，高齢者・現役という視点ではなく，あくまで負担能力に応じての減免の視点の方が理解が得られやすい。同様の視点から自己負担についても，原則は現役世代と同様３割とし，低所得者に配慮する方法でよいと考えるが，まずは速やかに本則の２割とすべきであろう。[30]

2　医療と介護

高齢者が安心して地域で暮らせる社会という視点から見れば，高齢者医療のあり方を議論する過程で，介護との関係を無視できない。現在，医療・介護連携の強化が重視されるに至っているが，これをもう一歩進めて，高齢者につき，医療・介護制度を統合することの可能性について考察する必要がある。[31]

この論点については，①高齢者の医療・福祉・年金を税を財源とする仕組みに再編成・統合すべきであるとの主張，[32]②高齢者に対する介護保険と医療保険を統合すべきとする主張[33]がなされてきた。これに対し，堀は，介護と医療が一体的に提供されることは望ましいとしながらも，一体的な提供には制度統合が不可避であるとは言えないとの見解を示す。その理由として，①財源確保の仕

---

30)　今回見送られた受診時定額負担が高額療養費改善の財源としての提案であったことはそもそも問題であるが，2002年以降，薬剤の長期処方も認められており，この負担を求めることが直ちに本人の健康を悪化させるわけではない。必要性の乏しい頻回受診の抑制は被保険者間の公平からも必要ではないか。
31)　1990年代から介護保険前後の状況のもとでの高齢者をめぐっての「保健・医療」と「福祉」の統合という方向性に言及するものとして，上村政彦「医療保障法の展望」日本社会保障法学会編『講座社会保障法第４巻　医療保障法・介護保障法』（法律文化社，2001年）262-263頁。
32)　広井良典『医療保険改革の構想』（日本経済新聞社，1997年）222頁。
33)　橘木俊詔『家計からみる日本経済』（岩波新書，2004年）180頁。

組みを統合しても，サービス提供が一体的に行われる保証はないこと，②介護サービスと療養上の世話には共通部分があるとしても，医療の基幹部分である治療と介護サービスには専門性に大きな違いがあり，それを同一制度で給付することが妥当かには疑問であること，③介護保険創設のねらいの一つは社会的入院の防止等医療と介護の役割分担にあったし，現在の動向は，統合に反する動きが行われていること，④両制度は保険料負担等の費用負担の面で相当異なること，⑤ニーズ判定システムとその後のサービス提供に違いがあること，⑥高齢者の医療と介護の制度を統合したとしても，報酬上の評価の違いは残ること（むしろ，例えば介護報酬と医療報酬を同一の制度にした場合は，政治力の強い医療サイドに資金が優先的に配分されるおそれがあるとも指摘する）を挙げる。[34]

　以上の先行研究を踏まえて，高齢者への社会保障給付という視点で将来像を描くとすれば，高齢者の年金を含めた社会保障給付が総合化されることは，国民にとっては分かりやすく，望ましいかもしれないが，制度統合はかえって不都合で，サービス給付の側面から見れば，地域包括ケアシステムなど医療介護連携の確保，[35]負担の側面から見れば，共通番号制による適切な負担（と給付）の確保によって，高齢者の生活を支える仕組みを構築することが必要ということになろう。ただし，デイケアとデイサービス，医療訪問看護と介護訪問看護のように，表向きの対象と実質的な利用者が必ずしも一致していないサービス種類については，あらためて整理が必要であろう。

3　高齢者に対する医療給付の内容・水準

　サービス内容・水準においては，高齢者の特性（むしろ高齢者固有のニーズと理解すべきで，それ以外は本来的には疾病の特性であろうが）を踏まえた給付以外は，若年層と同様の内容・水準が保障されなければならない。老健制度における特性に基づく医療に対しては，介護資源が少ないにもかかわらず，入院料の長期減算（2002年改定により廃止）などにより，十分な治療を受けることができ

---

34)　堀・前掲注4) 154-157頁。
35)　本章執筆時にはまだ具体的な姿が見えていないが，2012年度診療報酬・介護報酬の同時改定は，「医療と介護の連携」が重要論点といわれている。

ない高齢者という当時の実態を踏まえ，老人医療担当基準と療養担当規則の文言の差異および老人特掲診療報酬の設定によって水準の不平等が生まれているとの指摘をするものがあった。ただし，老人医療担当基準に「みだりに」入院，検査，投薬等を行わないこととあるのが，直ちに抑制的医療の意図を指すとは考えにくい。不必要な医療は行わないことは当然のことであるし，また，老健制度の対象者は，それぞれの医療保険に加入した状態であるので，高齢者といえども診療報酬は一般の診療報酬によることが原則で，それによりがたい場合に老人診療報酬が適用されることになっているという理解からすれば，老人特掲診療報酬は個別的には抑制的に働いたケースがあるとしても，総体としては抑制よりも特性に着目していたと評価すべきであろう。

後期高齢者医療制度では，高齢者のかかりつけ医推進のための，定額の後期高齢者診療料や，終末期の医療内容の決定を支援する後期高齢者終末期相談支援料など75歳以上という年齢に着目した診療報酬17項目が設定された。2010年度診療報酬改定により廃止されたが，その理由がもし，改革会議中間とりまとめにいう「年齢による差別的な取り扱いを解消すること」に起因するとすれば，年齢差別に対する過剰反応である。「高齢者の疾病構造の特殊性ないし心身の特性などに鑑みれば，基本的にはそうした独自の診療報酬の設計をむしろ積極的に推進すべき」であり，心身の特性に応じた給付であるならば，現役世代と異なる給付だからといって，直ちに不平等や差別の問題を生じさせるものではない。ただ，一部諸外国にみられるような，一定年齢上の者に対する「保険給付としての」内容・水準の制約については，慎重な検討が必要であることはいうまでもない。

---

36) 山本忠「医療保障と平等——高齢者医療を中心に」日本社会保障法学会編・前掲注31) 109-113頁および脇田滋「老人保健法の法的問題」井上英夫・上村政彦・脇田滋編『高齢者医療保障——日本と先進諸国』(労働旬報社，2005年) 54頁以下。
37) 堤修三「高齢者独立医療保険の諸問題」社会保険旬報2194号 (2004年) 14頁。
38) 菊池・前掲注6) 151頁。
39) 西田・前掲注1) 104頁。
40) 菊池馨実『社会保障の法理念』(有斐閣，2000年) 241頁は，ドゥオーキンの配分的正義論を高齢者医療に敷衍すれば，結果として高齢者が受けられる医療水準が若年・中年層に比べ全体的に低下することが予想されると指摘する。そして，これを肯定するならば，批

よって，当面は，高齢者特性に応じた医療給付を精査・設定し，適切な給付と医療費の適正化を図っていくことが必要となろう（DPC（診断群別包括制度）による包括払い対象の見直し，拡大など。なお，包括払いは高齢者の一部自己負担を軽減する効果もある）。

また，現行制度では，健康診査が広域連合の努力義務とされたため，受診率の低下が問題となったが，新制度構想では各保険者に実施義務が課される予定である。疾病予防と早期発見は高齢者に限ったことではないが，介護予防の重視と同様，疾病予防でも検診項目や保健指導プログラムなど高齢者の特性に応じたメニューが必要である。

4　生活保護の被保護者の取り扱い

現行制度は，被保護者を適用除外としている（高齢医療51条）。新制度構想でも，国保の適用除外であるため，被用者保険の適用を受けない限り（パート労働者への厚生年金と被用者健保の適用拡大が実現すれば，この数は増加することになる），医療保険制度からは排除されることになる。他方，介護保険の第１号被保険者相当年齢の被保護者については，介護保険料を生活扶助費に加算され，普通徴収により保険料を拠出することで被保険者となる。厚生労働省の2010年医療扶助実態調査によれば，医療扶助費のうち約３割が75歳以上高齢者に支給されており，65歳以上でみると５割強である。高齢者医療という視点からは，高齢被保護者の取り扱いは現在のままでよいかということも論点となる。国保においても同様の方式をとるべきであり[41]，そうすれば介護保険第２号被保険者相当の被保護者についても介護保険の被保険者となる道が開ける。これに対しては，給付の適正化や国保財政への影響等の問題があるため慎重に検討すべき

　　判されてきた診療報酬定額制などの「差別的医療」の一般化や後期高齢者における一定の高度先進医療の適用除外など，疾病の特殊性にとどまらないものについて，高齢者医療に対し，異なる保障範囲が設定されるべきことへの規範的正当化がなされうるのではないかとする。医療あるいは生命に対する価値観にも及ぶ大きな問題であるが，医療保険給付の範囲・内容・水準を論じるうえで，避けて通れない論点となろう。

41)　石田道彦「医療・介護と最低生活保障」日本社会保障法学会編『講座社会保障法第５巻住居保障法・公的扶助法』（法律文化社，2001年）242頁，菊池・前掲注6) 145頁など。

という意見や、貧困者に対する「適切な」医療（費）保障が医療保険制度とは別に講じられている場合は、貧困者も含めた皆保険とする必要はないとする意見もある。理論的にはともかく、国民にとっての分かりやすさと社会保険制度内の整合性という視点では、密接に関連し連動する医療保険と介護保険での取り扱いは、同様であることが望ましい。

VI　むすび

最後に、詳細な検討を要することを前提に、高齢者医療の今後について私見を大まかにまとめるならば、①中長期的には医療保険制度の統合を視野に入れつつも、事業主拠出や傷病手当金など慎重な議論が必要なので、当面は既存の2本立て制度体系を維持し、②高齢者だけでなく全世代を対象として年齢以外の要素も考慮したリスクで調整し、各保険者の理解の得られやすい算定基準を作る。③保険者の地域単位は都道府県レベルで再編し、④保険者の自治・自律を発揮しうる仕組みの法定を前提に、⑤公費の適切な投入を行う。⑥高齢者の負担面については、高齢者固有の保険料負担・一部自己負担とはせず、「所得の多寡」による減額または減率措置とし、自己負担上限も「高齢者の」高額療養費ではなく、現役世代と同じ基準で、多段階化で対応する。⑦給付面では、高齢者の特性に応じた給付の設定と予防の充実を図り、⑧介護サービスとの連携強化を行うこと、となろう。高齢者という対象に着目するのは高齢者特性に応じた給付内容面のみとし、保険料や自己負担については、「高齢者」を基準とせず、「負担能力」を基準とし、若年者も含めた一般的な枠組みで考えるべきである。結果として、高齢者の比較的多くが減額・減率となることは問題ない（例えば2割負担）。医療を含めた高齢者の生活保障システムは社会保障・税一体改革の進展状況に左右されることになる。継続して注目していくとともに、今後上記①～⑧についての詳細な検討を行っていきたい。

---

42) 島崎・前掲注5) 401頁。
43) 新田秀樹『国民健康保険の保険者——制度創設から市町村公営までの制度論的考察』（信山社、2009年）222頁。

第8章
公的医療保険の財政

柴田洋二郎

I はじめに

1 公的医療保険制度の構造と財政上の問題点

　公的医療保険（以下，「医療保険」とする）制度の財政は制度の構造と密接に関連しており，財源論だけでなく制度論をも視野に入れておく必要がある。

　わが国における医療保障の中心である医療保険制度の構造を，社会保険方式を採用する諸外国と比較した場合の特徴は，地域保険制度と高齢者独自の医療制度という2つの制度の存在にある。そして，医療保険制度への加入は，①被用者保険（その中核は健康保険）を中心としつつ，それに属さない者はすべて地域保険（国民健康保険）がカバーし，②75歳以上の者は独立方式の医療制度（後期高齢者医療制度）に加入する形をとる。これにより，給付面では，最大の特徴である国民皆保険を早期に実現しただけでなく（①），高齢者の医療アクセスを保障する（②）というメリットをもたらした。半面，財政面では相互に関連する2つの問題を生じさせた。第1に，社会保険料（以下，「保険料」とする）の負担能力の低い者をどのように「保険」の仕組みで保障するのかである。とりわけ，低所得層の最終的な受け皿となる国民健康保険（被用者保険の被保険者とならない市町村の住民であれば被保険者となるため），一般に所得が低い高齢者を対象とする後期高齢者医療制度で問題となる。第2に，財政が構造的に不安定な制度が生じることである。国民健康保険は引退世代を被保険者に包含し，後

期高齢者医療制度は高齢者だけを切り離して保険集団を構成する。第1の問題をあわせ考えると，いずれの制度も保険料収入を見込めず疾病リスクが高い者を抱えるのである。

2 2000年以降の制度改正の概要

医療保険制度は，2000年以降かつ比較的規模の大きいものに限っても2000年，2002年，2006年と相次いで法改正により改革が行われている。ここでは，財政に関連する限りで，改革に共通する背景と理念および改革の内容の概略を示しておこう。

改革に共通する背景は，保険医療費（とりわけ老人医療費）の膨張とそれに伴う保険財政の悪化である。それらに対処するにあたり，いずれの改革も将来にわたり安定的で持続可能な制度を構築していくために総合的な改革の必要性を認めたうえで，「社会保険方式による国民皆保険を維持する」ことが共通の理念とされている。

実施された改革は大きく3つの類型に分けられる。第1に，受給者に求められる負担にかかる改革である。ここで重視されているのは「公平」の観点である。すなわち，「保険制度間の給付の公平」（2002年改革により，被用者保険と国民健康保険間の給付率が統一され（給付の一元化），保険制度間における受診時負担の格差は解消した），「被保険者間の負担の公平」（2003年4月より健康保険料につき総報酬制が導入されたことにより，収入が同一であっても賞与が年収に占める割合の違いにより，保険料負担に差異が生じていた状況が解消された），「世代間の負担の公平」（2000年，2002年，2006年の改革による，高齢者に対する定率の一部負担金の導入および現役世代並みの収入がある高齢者に対する負担率の引き上げ）である。第2に，国民健康保険を対象とする財政措置が講じられている（2002年，2006年の改革による，国民健康保険の財政基盤を強化する制度の創設・拡充）。そして，第3に，医療保険制度の運営に関わる改革が行われている（2006年の改革）。健康保険の保険者の変更や新たな高齢者医療制度の創設であるが，これらは単に看板を掛け替えるものではなく，各制度の財源・財政に影響を及ぼすものとなっている。

3　本章の構成

以下では，健康保険，国民健康保険，後期高齢者医療制度における各財源（保険料，公費（租税），一部負担金（患者負担），財政調整）の概要を説明し，2で述べた近年の改革の具体的内容に触れたうえで，1で述べた2つの問題点に留意しながら検討を行う。その際，医療保険財源で大きな役割を担っている保険料と公費（II），医療保険に特有の財源である一部負担金と財政調整（III）に分けて考察する。

II　医療保険の中心財源——医療保険料および公費負担

社会保険制度は，保険の仕組みを用いながら，強制加入や給付反対給付均等の原則の不採用により保険技術を修正し，所得の再分配機能をもたせている点に特徴がある（社会性）。そして，この社会性ゆえに加入者の保険料だけで保険給付費を賄う私的保険とは異なり，保険料を中心としつつ公費により財源を補完することになる。

1　医療保険料

(1) **医療保険料制度の概要**　健康保険の保険料は標準報酬月額と標準賞与額に一定率を掛けて算出される。保険料率は健康保険のなかでも統一されていない。全国健康保険協会管掌健康保険（協会けんぽ）では都道府県単位で，組合管掌健康保険（組合健保）では組合ごとに，それぞれ3.0％から12.0％の間で保険料率を設定する。また，事業主と被保険者が半額ずつ保険料を負担するのが原則となっている（後述(3)参照）[1]。

国民健康保険の保険料（税）は，各市町村において保険給付費に応じた保険料設定を行う仕組みとなっており，被保険者の負担能力によって決まる応能割

---

1) 組合健保のみ事業主の負担割合を大きくすることができるが，事業主が保険料のすべてを負担し，被保険者負担を零とすることは，相互扶助の考え方に立脚する健康保険制度の趣旨に反し許されない（横浜地判平10・9・16判例地方自治187号86頁。昭25・6・21保文発1418号も参照）。

（被保険者の所得に応じて決まる所得割と，被保険者の固定資産税に応じて決まる資産割がある）と被保険者の所得にかかわらず決まる応益割（被保険者1人につき定額で定まっている被保険者均等割と，1世帯当たり定額で定まっている世帯別平等割がある）を組み合わせて保険料（税）額を算出する。

後期高齢者医療制度の保険料は，都道府県の市町村により設立される広域連合の全区域に均一の保険料率を原則とし，被保険者個人を単位に，被保険者数で按分する応益割と所得に応じた応能割とで1対1とすることを標準に算定される。国民健康保険料と異なり，資産割と世帯別平等割がなく，完全な個人単位主義が採用されている。また，保険料の負担割合は後期高齢者の一部負担金を除いた給付費の1割にとどまる点が特徴である（残りは5割は公費で，4割は現役世代からの支援金で負担する）。ただし，保険料の負担割合は固定されているわけではなく，2010年度から75歳未満の人口の減少率の1/2の割合で引き上げられ，これに応じて支援金の割合は引き下げられる（高齢者の医療の確保に関する法律（以下，「高確法」とする）100条3項）。これは，高齢化の進むなかで，現役世代の保険料負担が重くなっていくのを抑止するための仕組みである。

保険料を応能負担と応益負担という観点から制度別に比較してみよう。賦課基礎をみてみると，健康保険料は報酬や賞与だけを基準にして計算されるため応能的要素が非常に強いのに対し，国民健康保険料および後期高齢者医療制度の保険料には応益的要素が含まれているという点に特徴がある。また，いずれについても保険料率は累進性にはなっておらず，さらに，健康保険料の賦課算定対象となる標準報酬には上限額（月額121万円）が設定されていること，国民健康保険料および後期高齢者医療制度の保険料には賦課限度額（2011年度で国民健康保険料は世帯当たり年額65万円，後期高齢者医療制度の保険料は個人当たり年額50万円）が設定されていることを考慮すると，応能的要素は緩和される。

(2) **保険料滞納に対する措置**　健康保険では被保険者負担分の保険料の徴収および納付は事業主に義務づけられているため，原則として被保険者レベルでの保険料の滞納は発生しない。

これに対し，国民健康保険料および後期高齢者医療制度の保険料は，保険者もしくは市町村が世帯主もしくは被保険者から徴収することとされている。そ

のため，被保険者レベルで保険料の滞納が発生しうる。問題となるのは保険料支払能力の乏しい低所得者である[2]。この点，まず，両制度とも低所得者には応益割について一定の軽減措置を講じている[3]（これに対し，健康保険では保険料の減免・徴収猶予に関する定めが置かれていない）。そして，いずれの制度においても，保険料納付は受給要件ではなく（市町村や後期高齢者医療広域連合の区域内に住所を有することで被保険者となる），保険料の滞納は保険給付の段階での問題となる。すなわち，法は保険者が保険給付を受けることができる世帯主または組合員が保険料を滞納している場合，保険給付の支払いを差し止めることができると定めている（国民健康保険法（以下，「国保法」とする）63条の2，高確92条）。また，市町村および後期高齢者医療広域連合は，保険料を滞納している世帯主について，制裁として被保険者証の返還を求めることができる。被保険者証を返還した世帯主には被保険者資格証明書が交付される（国保9条3項・6項，高確54条4項・7項）[4]。この場合，被保険者は診療を拒否されることはなく，引き続き保険診療を受けることは可能であるが，当該診療に要した費用の全額を保険医療機関等に支払い，その後保険者に一部負担金相当額を除く部分の償還を請求することになる（特別療養費）。保険料の滞納を抑止するための仕組みである。しかし，まず診療に要した費用の全額を負担しなければならないこと，保険者から償還される部分は滞納していた保険料と相殺できるため[5]，被保険者に支払われない場合が多いことから，低所得の資格証明書交付世帯は実質的に無

---

2) 市町村国保では，2009年度で，無所得世帯は2割を，保険料軽減世帯は4割を，そして保険料（税）滞納世帯は2割を超えている。また，保険料（税）収納率は年々減少傾向にあり，2008年度に初めて9割を割り込んだ（厚生労働省「国民健康保険実態調査」（各年度），厚生労働省「平成22年度国民健康保険（市町村）の財政状況等について」（2012年2月報道発表資料）参照）。

3) 保険税方式をとる場合でも，低所得者に対しては応益割を減額しなければならない（地税703条の5）。さらに，貧困を理由として，条例による保険税の徴収猶予または減免（同15条1項・717条）を行うことができる。

4) ただし，後期高齢者について，2009年10月，厚生労働省は高齢者の医療受診機会を損なうことのないよう，保険証回収と資格証明書交付を原則として行わない方針を決定した（平21・10・26保発1026第1号）。

5) この点，保険料は2年の消滅時効にかかるため，それ以前の時効完成分の保険料については相殺の対象とならないことがモラルハザードを招来するとの指摘がある（碓井光明『社会保障財政法精義』（信山社，2009年）264頁）。

保険状態となり，受診を断念する[6]。とりわけ，資格証明書交付世帯の児童が無保険となることが問題視された。そのため，2009年4月より世帯主が被保険者証を返還した場合でも，その世帯に属する中学生以下の被保険者については有効期間を6ヶ月とする被保険者証（短期被保険者証）を交付することができる法改正が行われた（平成20年法律97号）[7]。さらに，2010年7月からは高校生世代の子どもにも交付の対象が拡大された（平成22年法律35号）。

(3) **健康保険における事業主負担**　健康保険において，被保険者（被用者）と異なり直接の受益者ではない事業主が，なぜ保険料を労使折半で負担すべきなのかは必ずしも自明ではない[8]。この点，まず事業主が保険料を負担することについて，①事業主も一定の利益を享受すること（労働者の健康維持や傷病からの回復は生産性向上につながる），②業務外の傷病も労働条件や職場環境・設備の影響を受けることといった実質的理由のほか，健康保険発足前の共済組合の状況といった沿革的理由が挙げられる。次に，労使折半であることについて，健康保険法（以下，「健保法」とする）制定当時の諸外国の立法例にならった比較法制度的理由や，事故発生率を考慮した統計数理的理由が挙げられるが，立案者らが労使協調の重視，とりわけ健康保険組合の運営における労使対等原則との関係を重視していたとする指摘がある。この運営（ガバナンス）上の理由は，今日的にも十分な意義があると思われる。すなわち，まず，組合健保では，法により，事業主は保険者たる健康保険組合の執行機関である理事および最高決定機関である組合会の議員のそれぞれ半数を選定することを義務づけられ，残る半数は被保険者である組合員において互選する（健保18条，21条）。このよう

---

[6] 2009年度で，資格証明書の交付を受けた被保険者の受診率は，一般被保険者の受診率と比べて1/73であるとの調査結果もある（全国保険医団体連合会「国保資格証明書を交付された被保険者の受診率の調査結果（2008年度，2009年度）について」（2010年11月））。

[7] もっとも，資格証明書交付世帯における保険料（税）の納付状況をみると，中学生以下の子どものいる世帯での収納率の低下が大きく，中学生以下の子どもに短期被保険者証を交付する制度により納付意識にモラルハザードが生じたと回答した市区町村がおよそ1/4ある（厚生労働省「被保険者資格証明書交付世帯における保険料（税）の納付状況に関する調査について」（2010年12月））。

[8] 以下，本項目については，島崎謙治「健康保険の事業主負担の性格・規範性とそのあり方」国立社会保障・人口問題研究所編『社会保障財源の制度分析』（東京大学出版会，2009年）135頁以下を参照した。

に，事業主は保険者との関係で義務を課され，労使同数で運営に携わる。また，協会けんぽでは，理事長および監事が厚生労働大臣に，理事が理事長によって任命されるが，重要事項の議決機関である運営委員会は事業主，被保険者，有識者の各同数で構成される。さらに，都道府県の協会支部ごとに評議会が設けられ，その評議員は事業主，被保険者，有識者から支部長が委嘱する（健保7条の18，7条の21）。

　このように保険運営における労使参加のための仕組みが規定されているなかでは，事業主は財源においても自ら負担することが適切である（クチを出すなら，カネも出す）。事業主負担の問題は労使間における負担の配分の問題であるようにみえながら，健康保険運営の制度設計に関わっているのである。以上からすれば，健康保険制度における事業主の責任・関与を明確にすることが，事業主負担の存在意義であるといえる。[9]

2　公費負担

(1) 公費の投入状況　　健康保険について，協会けんぽの給付費の13％が国庫から補助される（同153条，健保附則5条。ただし，2010年度から2012年度までの3年間は，保険料の上昇を抑制するため，補助率が16.4％に引き上げられている）。

　国民健康保険については，国保組合に対して給付費の32％を国が補助することができ（さらに，財政力等を勘案して15％以内の増額が可能（国保73条）），市町村国保では給付費の32％を国庫負担するのに加えて，調整交付金として，国から給付費の9％，都道府県から給付費の9％に相当する額が交付される（国保70条・72条・72条の2）。[10] さらに，市町村国保では，以下の2つの政策のなかで公費が投入されている。1つは，一定の基準を満たす低所得被保険者に認められ

---

9) 事業主負担については，最終的には労働者側（賃金）に転嫁されるという指摘がある。もっとも，価格への転嫁，雇用量の調整，生産性向上等の他の方法（およびそれらの組み合わせ）の可能性を考慮すれば，現実の影響は複雑であり必ずしも十分に実証されているわけではないことを指摘するにとどめておく。
10) 国庫負担は，2004年度までは40％だったが，三位一体改革に伴い2005年度から34％とされ（このとき，新たに都道府県調整交付金が導入された），さらに2012年度から32％とされた（これに伴い，都道府県調整交付金が7％から9％に引き上げられた）。

る国民健康保険料（税）の減額賦課につき（国保81条, 地税703条の 5 ），その減額賦課分を公費で補填する（保険基盤安定制度）。保険料軽減分として，市町村は保険料軽減相当額を市町村の一般会計から国保特別会計に繰り入れ，国は繰入金の 1 / 4 を，都道府県は 3 / 4 を負担する（国保72条・72条の 3 ）。また，保険者支援分として，低所得者を多く抱える保険者を財政的に支援するため，保険料軽減世帯数に応じて一定割合を市町村の一般会計から国保特別会計に繰り入れる。負担割合は国 1 / 2 ，都道府県 1 / 4 ，市町村 1 / 4 である（同72条の 4 ）。 2 つめは，国保財政安定化支援事業である。国保財政の安定化，保険料（税）負担の平準化のため，市町村の一般会計から国保特別会計への繰入れを支援する地方財政措置が講じられている。

そして，後期高齢者医療制度では，被保険者の負担する一部負担金を除いた給付費のおよそ 5 割は公費で負担する。まず，国および都道府県の負担金，市町村の一般会計から，それぞれ給付費の 3 /12，1 /12，1 /12を負担する（高確93条・96条・98条）。加えて，国から調整交付金として，給付費の 1 /12に相当する額が交付される（同95条）。

わが国の医療保険制度では，このように保険給付部分についても公費を投入していることがわかる。もっとも，公費の投入状況は制度ごとに大きく異なっており，市町村国保や後期高齢者医療制度では，給付費の半分を公費で賄っているのに対し（市町村国保は，財政基盤強化策を加味すれば半分以上を公費で賄っていることになる），組合健保は，保険給付部分に関してはもっぱら保険料を収入財源としており，ほぼ純粋の社会保険方式となっている。

(2) **公費負担の意義**　医療保険制度の財源に公費が投入されている理由は，大きく以下の 3 点にある。 1 つは保険料の負担能力の低い者に対して，その減免を行う必要があるためである。国民健康保険制度における低所得被保険者に対する保険料（税）の軽減は，これにより不足する財源の確保が十分でなければ，保険料負担の適正化を図るために有効に活用することができない。そこで，軽減分の財源を公費で補填している（保険基盤安定制度）。

2 つめは，分立する医療保険制度間の差異を考慮して，特定の保険者やその加入者に過重な負担が生じないように是正・調整をするためである。まず，保

険者側の事由として，わが国の医療保険制度への加入の構造を考慮する必要がある。すなわち，国民皆保険制度をとるわが国では，低所得層もいずれかの医療保険制度に強制加入することになるが，国民健康保険が低所得層の最終的な受け皿となっており（前述Ⅰ1参照），健康保険制度では，協会けんぽが被用者保険の受け皿となっている（健康保険組合の組合員でない被保険者は協会けんぽに加入する仕組みがとられているため）。そのため，これらの制度は財政基盤の安定化・強化が求められる。したがって，国民健康保険に最も手厚く税財源が投入されており，健康保険制度では，協会けんぽに対する国庫補助に比べて，組合健保に対する補助は極めて限定的である[11]。また，加入者側の事由として，健康保険では，事業主が保険料の半額を負担するのが原則となっているのに対し，国民健康保険の被保険者は自営業者等であるため，保険料には事業主負担分がない。そのため，被保険者間の公平の観点から，健康保険等の被用者保険における事業主負担とのバランスをとるため，国民健康保険の財源に公費を投入することになる。

そして，3点目として，保険料の上昇を抑制するためである。協会けんぽの保険料率は，2003年度から2009年度までは8.2％のままだったが，2010年度の保険料率は9.9％と大幅に引き上げられる見込みだった（2008年10月以前は全国一律の保険料率。それ以降は保険料率が都道府県単位で設定されることになったため全国平均の保険料率）。しかし，国庫補助率の引き上げ等の特例措置によって，実際には9.34％にとどまった（もっとも，平均保険料率は2011年度に9.50％，2012年度に10.00％となっており，公費の投入にもかかわらず，保険料率を引き上げざるを得ない財政状況が続いている）。

3 保険料と租税の比較考察

(1) **保険料と租税の相違点** 医療保険の主たる財源となっている保険料と租税（公費）は，国の政策を実現するための財源調達手段であり，個別の義務者

---

11) 組合健保に対しては，事務の執行に要する費用の国庫負担と，特定健診等の実施に要する費用の一部を国庫補助するのみで，療養の給付等に要する額に対しては国庫補助はない。

の同意を要しない強制的負担である点で共通する。

しかし，租税は特別の給付に対する直接の反対給付の性質をもたないのに対し，保険料は拠出したことが保険給付の要件となる（対価性（最高裁によれば「けん連性」）の有無）[12]。加えて，租税は納付額と給付額が無関係であるのに対し，保険料は拠出した期間や額が保険給付に反映される（等価性の有無）[13]。こうして，拠出と給付が関連づけられているため，保険料の方が国民の費用意識や権利意識を醸成しやすい。他方で，社会保障からの排除を避けられる点に租税のメリットがある。つまり，対価性の帰結として，保険料を拠出できない（かつ保障の必要性が高いことが多い）低所得層に対する医療保障が問題となるが，保険料の減免を認め，減免分は税財源で補填することでこの問題を回避している（前述2(2)参照）。

また，徴収した金銭の使途の特定の有無も保険料と租税で異なる。保険料は，社会保険制度において保険給付の費用に充てるために徴収されており，社会保障の財源として使途が特定される。これに対し，租税の原則である普通税は，使途を特定せず一般経費に充てる目的で課されるため，医療保険制度への充当額は他政策との優先順位や税収の多寡の影響を受けうる。

(2) **保険料と租税法律主義**　租税について，日本国憲法84条は租税法律主義を定め，その主たる内容として，「課税要件法定主義」（課税要件のすべてと租税の賦課・徴収の手続は法律によって規定されなければならない）および「課税要件明確主義」（法律またはその委任により政令や省令において課税要件および租税の賦課・徴収の手続に関する定めをなす場合に，その定めはなるべく一義的で明確でなければならない）がある[14]。しかし，保険料にも租税法律主義が適用されるのか憲法は直接規定していない。この点，市町村国保の保険料について最高裁は概略以下の

---

12) 最大判平18・3・1民集60巻2号587頁。
13) ただし，社会保険制度では厳密な等価性ではなく，緩やかな等価性である（堀勝洋『社会保障・社会福祉の原理・法・政策』（ミネルヴァ書房，2009年）39頁）。
14) 租税法律主義の内容については，金子宏『租税法〔第17版〕』（弘文堂，2012年）73頁以下参照。
15) 前掲注12)・最大判平18・3・1。本判決については，倉田聡「判批」判例時報1944号（2006年）180頁以下，碓井光明「財政法学の視点よりみた国民健康保険料──旭川市国民健康保険料事件判決を素材として」法学教室309号（2006年）19頁以下等を参照。

第 8 章　公的医療保険の財政

ように判示する。①市町村国保の保険料は租税とは異なり，被保険者が保険給付を受け得ることに対する反対給付として徴収される（保険料と保険給付を受け得る地位とのけん連性）。したがって，憲法84条が直接に適用されることはない。しかし，②租税以外の公課であっても，賦課徴収の強制の度合い等の点で租税に類似する性質を有するものについては，憲法84条の趣旨が及ぶ。そして，③租税以外の公課の規律の在り方については，当該公課の性質，賦課徴収の目的，その強制の度合い等を総合考慮して判断すべきである。以上からすれば，租税以外の公課については個別に考察すべきであることになる。

　こうして，税率は年度当初にあらかじめ法律で明記しなければならない。年度途中に税率を引き上げる納税義務者に不利益な遡及立法は租税法律主義の狙いである予測可能性や法的安定性を害することになるため，原則として許されない。これに対して，保険料率（額）の遡及的引き上げの可否については，社会保険のように年度内で収支の均衡が図られなければならない制度については，保険料率（額）の改定等を行い年度内の遡及適用を行うことが柔軟でなければならないとするのが学説・裁判例の立場である。

　(3)　公費の拡大の是非　　医療保険財政の再建・基盤強化の財源を保険料とするか租税とするかは，どちらでもよいという問題ではない。公費負担の拡大が不可欠もしくは不可避であるとする向きもあるが，以下の点を考慮すると公費

---

16)　なお，国民健康保険税については，同最高裁判決は，形式が税である以上は憲法84条の規定が適用されることになるとする。
17)　金子・前掲注14）108頁。なお，国民健康保険税は，その特殊性を踏まえて，年度途中の条例改正による遡及的増額も適法とされている（名古屋地判平 9・12・25判例地方自治175号37頁）。
18)　学説として，倉田聡「社会保険財政の法理論――医療保険法を素材にした一考察」北海学園大学法学研究35巻 1 号（1999年）29頁以下，堀勝洋『社会保障法総論〔第 2 版〕』（東京大学出版会，2004年）184頁以下参照。裁判例として，東京高判昭49・4・30行集25巻 4 号330頁。
19)　国民医療費の財源別構成割合の年次推移をみると，一貫して保険料の占める割合が最も高い。しかし，昭和30年代から50％を超えてきた保険料の割合が，平成 5（1993）年より減少傾向にあり，平成16（2004）年以降50％を割りこんで，代わって公費の割合が増加している。平成21（2009）年度では，保険料48.6％（前年度比－0.2ポイント。カッコ内について，以下同じ），公費37.5％（＋0.4ポイント），患者負担13.9％（－0.2ポイント）となっている（厚生労働省「国民医療費の概況」（各年度）参照）。

163

まず，ここまでの比較考察を踏まえると以下の2点を指摘できる。第1に，保険料は保険給付との対価性（けん連性）を有するため，徴収や引き上げに対する負担者の合意が得られやすい。これに対し，公費では費用意識に乏しくなり，給付の増加だけに目が向きやすく，逆に税負担増に対しては負担者たる国民の合意が得られにくい（嫌税感が強い）。第2に，租税法律主義の適用により，税率をあらかじめ法定しなければならず，また，税に関わる決定や運営には国家（財政当局）の介入が生じるため，公費では医療費の増大に柔軟かつ機動的に対応することが難しいことになる。

　さらに，より根源的な問題が2つある。第1に，具体的な税財源の確保である。基礎年金では，国庫負担割合の1/2への引き上げに伴い，安定した税財源の確保について現在議論されているのと異なり，医療保険財源については十分に議論されているとはいえない。税の選択と税収の規模という点で論じるべき点が残されている[20]。第2に，「保険」における公費投入の割合が大きくなることをどのように考えるかである。わが国の医療は社会保険方式をとりながら，医療費に占める公費の割合は既に非常に高い。一方で，公費投入は医療保険給付費の半分を限度にするという考え方は節度として重要とする指摘[21]がみられるが，他方で，保険料による財源が給付額の1割未満でも，保険料拠出が保険給付の条件となっている限りは，社会保険方式であるとする指摘[22]もみられる。どこまで公費を拡大するのかについては，保険料を負担していることが保険運営における労使の参加—自治や自立—に関わっていることを踏まえたうえで（前述1(3)参照），社会保険における「社会」性と「保険」原理とのバランスのとり方が問われることになる。

---

20) 消費税率の引き上げを行うべきとしつつ，その際の問題点を指摘・分析している文献として，島崎謙治『日本の医療——制度と政策』（東京大学出版会，2011年）235頁以下。
21) 島崎・前掲注20) 233頁。ただし，公費が給付費の半分を少しでも超えたら社会保険方式とはいえないという主張ではない（同書277頁）。
22) 土田武史「岐路に立つ社会保険方式」週刊社会保障2592号（2010年）137頁。

第8章 公的医療保険の財政

Ⅲ 医療保険の特徴的財源——一部負担金および財政調整

医療保険制度では、医療給付の受益者がその程度に応じて負担する一部負担金により財源を補完し、会計上分離・独立して併存する主体間で収入の移転を行う財政調整により、主体間の財政力の不均衡を是正している。

1 一部負担金

(1) 一部負担金の概要と意義　医療保険制度を採用する国では、ほぼ一致して一部負担金の制度を設けており、わが国も例外ではない。これは、療養の給付を受けた被保険者等（患者）に、その対価の一部を負担させる制度であり、保険料と並んで医療保険の受給者に求められる金銭負担である。一部負担金の負担率は、2003年度から医療保険制度全体を通じて3割に統一された。ただし、幼児や高齢者に一定の配慮がされており、義務教育就学前の児童につき2割負担、70歳以上の高齢者は1割負担[23]（一定以上の所得がある者は3割負担）となっている。

一部負担金制度の意義は大きく3点ある。1つは、患者にコスト意識をもたせ、濫受診を防止することである（モラルハザードの抑制）。2つめは、医療給付費の財源となるため、保険財政に対する負担を軽減することである。3点目は、療養の給付を受ける者と健康な者との間の負担の公平を図ることである。

他方で、一部負担金の存在は、療養を必要とする低所得者の受診の抑制を招くという批判もある。この点、健康保険、国民健康保険、後期高齢者医療制度のいずれも特別の理由（事情）がある者に対し、一部負担金等の徴収猶予および減免を行うことができる旨を定めている（健保75条の2・110条の2、国保44条、高確69条）。しかし、ここにいう「特別の理由（事情）」は、災害の発生や世帯主の身体上（死亡等）もしくは労働上（休廃業、失業等）の理由等の突発的・

---

23) 70歳から74歳までの高齢者は、2008年度より2割負担に見直されることとされていたが、1割負担に据え置かれる凍結措置が現在まで継続されている。

一時的な事象の発生により，被保険者（もしくはその世帯）の財産が著しい損害を受けた場合とされている。つまり，恒常的に生活が困窮している状態にある者は，そのことのみで「特別の理由（事情）」があるとはいえない[24]。したがって，一部負担金の存在を理由とする低所得者の受診抑制の問題は，最終的には一部負担金の水準設定という政策判断の問題に帰着する。

(2) **一部負担金と高額療養費制度**　高額療養費制度は，1ヶ月間（暦月）の一部負担金名目の患者負担が一定額を超える場合に，それを医療保険制度で償還する仕組みである（健保115条，国保57条の2，高確84条）。かかった医療費に比例して一部負担金が高額化することを考慮し，一部負担金の負担限度額の機能を果たす制度であり，（低所得者に限らず）被保険者等の負担軽減を図ることを目的とする。

高額療養費制度は，元々医療保険制度にはなかったが，1973年に健康保険の被扶養者および国民健康保険の被保険者について導入された。その後，一部負担金の改正と結びついて給付の人的対象が拡大され，現在では年齢や資格（被保険者か被扶養者か）を問わず対象となる。

高額療養費制度は，2002年改正以降所得を基準に，2006年改正以降年齢（70歳未満者か満70歳以上者か）を基準に，異なる支給基準額が設定されることとなった。現在では，70歳未満者については，①低所得者（住民税非課税者），②上位所得者，③一般に，満70歳以上者については，①低所得者，②現役並み所得者（一部負担金が3割の者），③一般に区分され，それぞれ異なる負担上限額が適用される。このように，高額療養費制度は低所得者のみを対象としているわけではないが，負担限度額が所得区分により設定されることで，保険料拠出時だけでなく，保険給付時においても所得別に階層化が図られている（一部負担金にかかる応能負担の実現）。もっとも，医療保険では，保険料拠出は賃金額や所得額に比例して決定されるが，保険給付は賃金額や所得額とは無関係に行われる。そのため，高額療養費制度のように，給付の面で被保険者の所得に着目して差をつける（所得再分配機能をもたせる）のは，社会保険たる医療保険制度

24）　裁判例として，仙台高秋田支判平23・1・19賃金と社会保障1545号40頁。

ではやや特異であり，こうした制度を医療保険制度内に置くべきか否かは検討に値する論点であるとする指摘もみられている。

2 財政調整

わが国では，公費を投入するだけでなく，財政調整によっても保険者間の財政格差を調整している。これには，国民健康保険制度内の財政調整（(1)）と，高齢者医療に関わる医療保険制度全体を通じた制度間財政調整がある（(2)）。

(1) **国民健康保険における財政調整**　2002年，2006年の改革で制度化・創設された，①高額医療費共同事業，②保険財政共同安定化事業は，国民健康保険の財政安定化（とりわけ，小規模町村等の安定的な保険運営）のための交付金事業であり，そのなかで財政調整の仕組みが用いられている（国保81条の2）。高額な医療費の発生による国保財政の急激な影響の緩和を図るため，一定金額を超える医療費（①につき1件80万円超，②につき1件30万円超80万円未満）に係る給付費すべてについて，都道府県単位で市町村国保からの拠出金を財源として，実際に要した市町村国保に交付金を交付する（国民健康保険の枠内における市町村間の水平的調整）。これらは暫定措置として創設・継続されてきたが，2015年度以降恒久化されるとともに，財政運営の都道府県単位化（広域化）を推進するため，②の事業対象がすべての医療費に拡大される（平成24年法律28号）。

(2) **高齢者医療制度における財政調整**　(a)制度間財政調整の経緯と概要　高齢者医療制度の契機となったのは，1973年に70歳以上の高齢者の一部負担金を全額公費負担する制度（老人医療費支給制度。いわゆる「老人医療費の無料化」）が導入されたことである。この制度により高齢者の受診率が上昇したことは社会保障の充実として評価されたが，他方で，高齢者による医療の過剰消費，それに伴う医療費の急増をもたらした。

そこで，高齢者の医療費支出を適正化するため，1982年に老人保健法が制定され，70歳以上の高齢者（および65歳以上の障害者）に受診時の定額一部負担が

---

25) 岩村正彦「社会保障法入門　第67講」自治実務セミナー44巻5号（2005年）12頁。
26) 碓井・前掲注5）74-75頁参照。

導入されるとともに，医療保険の各保険者が老人医療費拠出金という形で高齢者の医療費を共同で負担する財政調整も導入された（老人保健医療）。また，1984年には退職者医療制度が新設された。国民健康保険制度のなかに退職被保険者という新しいカテゴリーを設け，その者（およびその被扶養者）の医療給付費は，各被用者保険の保険者がそれぞれの保険者ごとの標準報酬総額により按分した額を拠出する形（報酬総額按分）で共同で負担する（療養給付費拠出金）。このような財政調整により国民健康保険の負担軽減を図ったのである。

　これらの制度は患者一部負担の引き上げ，対象年齢の引き上げ，拠出金の負担部分の引き下げ（老人保健医療について）等を行いながら維持されてきた。しかし，とりわけ老人保健医療については，①高齢者と現役世代との費用負担関係が不明確であること，②制度の実施主体である市町村は医療費を支払うだけで保険料の徴収を行っておらず，財政運営責任が不明確であること，③高齢者の加入する医療保険制度の違い（国民健康保険の場合には市町村の違い）により保険料格差が存在することが問題視され，医療保険の制度設計の問題として解決を図るべく議論が行われた。そして，2006年に成立した高確法に基づく前期高齢者医療制度と後期高齢者医療制度とが現行の高齢者医療制度である。

　前期高齢者医療制度は，被保険者資格を変えることなく保険者間で財政調整する仕組みであり，退職者に限らず65歳以上75歳未満のすべての前期高齢者の医療給付費が対象となる。前期高齢者の医療費の全額（前期高齢者給付費だけでなく前期高齢者に係る後期高齢者支援金も含まれる）を75歳未満の者が加入する各保険者が，その加入者数に応じて負担する（加入者数按分）。具体的には，前期高齢者加入率が全国平均より少ない保険者は前期高齢者納付金を社会保険診療報酬支払基金（以下，「支払基金」とする）に納付し，平均より多い保険者は支払基金から前期高齢者交付金を交付される。

　後期高齢者医療制度は，75歳以上の者を１つの保険集団として括る独立型の医療保険制度である（75歳になると被保険者資格が変わる）。この医療保険を，75歳未満の者が加入する各保険者および公費により支援する。このうち，各保険者が支援する部分は，支払基金が，各医療保険の保険者から「後期高齢者支援金及び後期高齢者関係事務費拠出金」（以下，「支援金等」とする）を徴収し，後

期高齢者医療広域連合に後期高齢者交付金を支給する。支援金等の額は，交付金総額を75歳未満のすべての医療保険加入者（被保険者および被扶養者）の頭数で割り，各保険者の加入者数（前期高齢者を含む）で按分したものである。

　(b)制度間財政調整の根拠　　高齢者医療制度の財政は，拠出金（納付金や支援金等名称はさまざまであるが）と交付金という仕組みを採用している点に，最大の特徴がある。そして，各保険者が負担する拠出金は保険料を財源とする。健康保険についてこれをみると，健康保険に要する費用には，前期高齢者納付金や後期高齢者支援金等のように，療養の給付等以外の多様な費用に充てる資金が含まれている。2008年4月より，負担の明確化という観点から保険料の内訳を示すため，前期高齢者納付金および後期高齢者支援金に充てるための保険料—つまり，高齢者のための保険料—は，「特定保険料」と呼ばれている（健保160条14項。これに対し，保険加入者に対する医療給付，保健事業等に充てるための保険料は「基本保険料」と呼ばれる）。協会けんぽでは，2012年3月分からの保険料率は全国平均で10.00％となっているが，このうち特定保険料率が4.01％となっており，全体の4割を占めている。また，組合健保では，2012年3月1日時点の平均保険料率8.310％のうち，特定保険料率が3.912％となっており，全体の45％以上を占めている。このように，高齢者医療制度のための拠出金が保険料に占める割合は大きくなっており，財政運営において重い負担となっている。

　それにもかかわらず，拠出金は，それを負担する各医療保険の被保険者に対する保険給付にではなく，高齢者医療制度の支出に充てられる。そのため，制度間財政調整の根拠（なぜ他の保険者のために拠出するのか）について検討する必要がある。

　前期高齢者医療制度は，被保険者資格はそのままで，各保険者が前期高齢者の医療費の全額を負担する。つまり，前期高齢者医療制度の財政調整の仕組み

---

27)　協会けんぽについて，全国健康保険協会HP内「協会けんぽの特定保険料率及び基本保険料率（保険料率の内訳表示）について」(http://www.kyoukaikenpo.or.jp/8,295,25.html, last visited 4 May. 2012)，組合健保について，健康保険組合連合会「平成24年度健保組合予算早期集計結果の概要」(2012年4月) 3頁。

は，共同事業である老人保健医療の財政の仕組みに類似しており，共同事業を実施するための各保険者の負担金が前期高齢者納付金である[28]。

他方で，後期高齢者支援金は，後期高齢者医療制度以前の老人保健拠出金の根拠である「肩代わりによる受益者負担」[29]説が妥当するとする者もいる。それによれば，「国民皆保険を維持するため，後期高齢者医療制度は，(仮にこれが創設されなかったとすれば) 他の保険者が担うべき医療費部分を『肩代わり』していることになる。したがって，各保険者は，その『受益』に対する見返りとして相応の責任は果たさなければならない」とする[30]。

上記はいずれも保険者のレベルでの責任や受益を根拠としているが，被保険者にとっての対価性はない。拠出金と交付金という仕組みに基づく制度間財政調整は，保険料と保険給付との一定の対価性を前提とする社会保険制度とは必ずしもそぐわず，被保険者個人にとっての負担の根拠は明確とはいえない[31]。

Ⅳ　おわりに

わが国の医療保険制度の構造上の特徴である国民健康保険と後期高齢者医療制度の存在が，各制度への加入の仕組みと関連して財政面で生じさせた問題点 (前述Ⅰ1参照) に対し，以下のような対応がなされてきた。

第1に，低所得被保険者の保障について，個人レベルで保険料を減額し (Ⅱ

---

28) 江口隆裕『変貌する世界と日本の年金――年金の基本原理から考える』(法律文化社, 2008年) 201頁。
29) 老人保健医療の立案者によれば，「拠出金の負担根拠は，各保険者が従前の制度において70歳以上の加入者等に対して行っていた医療の給付が本法により事実上市町村長によって肩代わりされることになることから各保険者に受益が生じる点にあり，このような意味で拠出金は広義の受益者負担に該当する。」(吉原健二『老人保健法の解説』(中央法規出版, 1983年) 518頁)。
30) 島崎謙治「高齢者医療制度の『過去・現在・未来』」週刊社会保障2500号 (2008年) 56頁。
31) 後期高齢者医療制度では，75歳以上の者はこれまで加入していた医療保険制度を脱退し，新たに75歳以上の者だけを被保険者とする医療制度に加入する。そのため，「肩代わりによる受益者負担」説では，個人としての医療保険の加入者が，なぜ直接の対価性のない後期高齢者支援金を負担しなければならないのかを説明できないとの指摘もある (江口・前掲注28) 201頁)。

1(2)),高額療養費制度により所得に応じた一部負担金の負担上限額を定めている(Ⅲ1(2))。これらにより,保険料拠出と保険給付の局面で負担の軽減を図っている。また,保険料の滞納に対して制裁措置を設けながら,児童に対する短期被保険者証の交付や高齢者に対しては制裁措置の原則不実施という配慮をすることで(Ⅱ1(2)),経済的な事情により医療へのアクセスが阻害されないようにするための措置を講じている。

第2に,構造的に財政が不安定となる制度に対して,制度レベルで大きく2つの対応をしている。1つは,公費を投入することである。低所得者に対する保険料軽減分を公費で補填し,被保険者の特徴上財政が不安定化する制度に大きく税財源を投入しているのである(Ⅱ2)。もう1つは,財政調整である。国民健康保険制度については,市町村国保の枠内で都道府県単位の共同事業により財政基盤を強化している(Ⅲ2(1))。また,後期高齢者医療制度については,医療保険制度全体を通じた制度間財政調整を行い,財政力の不均衡を補っている(Ⅲ2(2))。

しかし,これらの対策は,社会保険方式をとるにもかかわらず公費の割合が大きくなることにより,社会保険の意義を再検討させることになり(Ⅱ3(3)),高齢者の医療費を現役世代からの拠出金で負担することにより,世代間の負担の公平(バランス)の検討を不可欠にさせる(Ⅲ2(2))というより根源的な問題を突きつける。公費にせよ財政調整にせよ,元々の担い手は国民であり,結局は誰かが負担しなければならない。医療保険における財政と運営(ファイナンスとガバナンス)の関連(Ⅱ1(3))をも視野に入れ,それぞれの負担する費用の論拠を明らかにするよう努めながら検討を進める必要がある。

第9章
医療提供体制

石田　道彦

I　はじめに

　医療サービスの提供には医療従事者や医療提供施設の存在が不可欠である。わが国の医療法制では，医師など医療従事者の資格を定めるとともに，病院や診療所などの医療提供施設に関する人員配置基準や施設基準を定めることにより一定水準の医療の確保が図られてきた。さらに医療保障の観点からは，医療へのアクセスや医療機関の適正配置，良質な医療の確保などが要請されることになるが，これらは医療機関や医療従事者に対する規制のみでは実現が困難である。このため，都道府県が策定する医療計画や診療報酬による医療機関の誘導，補助金の交付などの手段を用いて医療提供体制の整備が行われてきた。
　高齢化の進展や疾病構造の変化，医療の高度化などに対応するため，2006年に行われた医療法等の改正により，医療提供体制では，情報提供体制の推進や医療計画の見直し，医療安全対策などの新たな施策が展開されることとなった。医療・介護の連携の推進など医療提供体制の整備にはなお多くの課題が残されており，さらなる改革に向けた検討が現在も続けられている。本章では，2000年以降の制度改革を中心に医療提供体制の展開と今後の課題を検討する。[1]

---

[1] 医師法改正による臨床研修の必修化，行政処分を受けた医師の再教育など医療従事者の資格を定めた法制度の変化も医療提供体制のあり方に大きな影響を与えているが，本章では医療提供施設に関わる法制度を中心に検討する。

II　医療提供体制の特質と課題

1　わが国の医療提供体制の特質

(1) **自由開業制**　わが国の医療提供体制の特徴の1つは、医療サービスの供給が民間医療機関を中心に行われてきたことである。2010年の時点では、全病院（8670）の82％が民間医療機関であり、一般診療所の場合には全診療所（9万9824）の95.7％を民間診療所が占める。[2]

このような特徴は、わが国の医療制度が自由開業制を基本に形成されたという経緯に基づいている。医療法は、病院などの医療提供施設が所定の要件、手続を満たした場合には開設を許可すべきと定めており（医療7条4項）、病院や診療所の診療科名の標榜についてもほとんど制限を設けてこなかった（同6条の6）。これらの法的基盤に基づく自由開業制は、民間医療機関によるサービス供給の拡大を促し、国民の受療機会を向上させることに結びついた。さらに、わが国では受診時に保険者による事前審査などの制約が設けられることがなく、患者が自らの判断で医療機関を選択する「フリーアクセス」の提供体制が形成されてきた。このような条件下で行われる医療機関の自由競争は医療の質を確保する上で一定の役割を果たしたと考えられる。[3]

他方で、自由開業制の下では医療機関の地域的偏在が生じるため、その是正が当初より課題とされ、[4] 1985年には医療計画制度が導入されることとなった。また、病院と診療所が外来診療を競合して提供する事態が生じ、医療機関の機能分化や連携体制の進展が妨げられることとなった。

(2) **皆保険体制**　公的医療保険による皆保険体制もまた医療提供体制のあり方を規定する要因となっている。医療保険制度は、保険医の登録、保険医療機関の指定を通じて（健保64条・65条）、給付を担当する医療従事者や医療提供施設を社会保険医療に組み入れてきた。皆保険体制の下では、保険医療機関の

---

2)　厚生労働省「平成22年度医療施設（動態）調査」(2011年)。
3)　東京高判平13・2・16判例時報1740号13頁参照。
4)　無医地区の解消などを目的として1956年からへき地保健医療対策が実施されてきた。

指定は医療機関の経営にとって重大な意味をもつことになる。もっとも，医療保険制度は，一定の消極要件に該当する場合を除いて（健保65条3項），ほとんどの医療機関を指定の対象としてきた。このため，医療計画に基づく病床規制が導入されるまで，指定制度が医療機関の開設・運営に大きな影響を与えることはなかった。

これに対し，皆保険体制の下で医療機関の運営に実質的な影響を及ぼしてきたのは医療保険の診療報酬である[5]。医療機関の大半が保険医療機関となったことにより，診療報酬は医療機関の人件費や施設整備費をまかなう主要な収入源となった。このような事実に着目し，医療行政では医療提供体制の整備に向けて，診療報酬の算定要件や施設基準を設定し，医療機関を誘導するという手法が多く用いられることとなった[6]。

2 医療提供体制が直面する課題

わが国の医療制度は，国際的にみて比較的低い費用負担で良好な成果を生み出していると評価されてきた。しかし，近年，医療提供体制には次のような課題が生じている。

第1は，疾病構造の変化や医療の高度化に対応した医療提供体制の整備である。第1次医療法改正（1985年）以降，良質な医療を効率的に提供するために医療機関の機能分化と連携体制の構築が医療提供体制の課題となっており，一般病床と療養病床の区分の導入などが行われてきた（2000年の第4次医療法改正）。しかし，医療機関の機能分化は依然として不十分な状態にとどまっている。他方で，急性期医療を中心に診療報酬の包括化が進められたことにより，平均在院日数の短縮化が進行しており，急性期以降を担当する医療体制の整備が急務の課題となっている。

第2に，高齢者の増加に対応した医療体制の整備である。高齢期において

---

[5] 島崎謙治『日本の医療——制度と政策』（東京大学出版会，2011年）362頁以下，池上直己『医療問題〔第4版〕』（日本経済新聞出版社，2010年）91頁以下参照。
[6] 2007年の診療報酬改定以降，社会保障審議会の医療保険部会と医療部会は共同で「診療報酬改定の基本方針」を定め，望ましい医療提供体制のあり方について言及してきた。

は，複数の疾病や介護ニーズをかかえて生活することが少なくない。また，終末期医療を含めた医療の提供においては，本人の選択や価値観を踏まえた決定が生活の質を左右することになる。このような高齢者の医療ニーズに対応するため，在宅医療の整備や介護サービスとの連携体制の確立が新たな課題として浮上することになった。

第3に，医師不足や診療科の偏在など近年，顕在化した医療システムの機能不全への対応である。新臨床研修制度の導入に伴う大学医局の医師派遣機能の低下などにより，地方の病院を中心に小児救急医療や産科医療を担当する勤務医が不足し，診療科が閉鎖されるなどの事態が生じることになった[7]。地域単位での医療従事者の確保という，従来制度化されてこなかった調整システムをいかなる手段で具体化させるかについて検討が求められている。

III 医療提供体制の展開

医療制度改革の一環として2006年に行われた医療法等の改正[8]（以下，「第5次改正」とする）では，医療提供体制全般に関わる改革が行われた。この法改正により，医療法の目的は「医療を受ける者の利益の保護及び良質かつ適切な医療を効率的に提供する体制の確保」であることが明記されるとともに（医療1条），医療法全体の構造について見直しがなされ，医療計画の見直し，情報提供体制の整備，医療法人制度改革などの新たな施策が展開されることになった。以下では，この第5次改正を中心に2000年以降の医療提供体制に関わる施策の展開を検討する。

1 医療計画の展開

(1) **医療計画に基づく病床規制** 自由開業制の下では医療機関の適正な配置は困難であり，地域的な偏在が生じることになる。このため，1985年の医療法

---

7) 伊関友伸『地域医療——再生への処方箋』（ぎょうせい，2009年）参照。
8) 「良質な医療を提供する体制の確立を図るための医療法等の一部を改正する法律」（平成18年法律84号）。

改正により医療計画制度が創設され，体系的な医療体制の整備が図られることになった。医療計画においてとくに重視されたのは，2次医療圏単位での病床規制である。すなわち，既存の病床数が基準病床数（第4次改正までは必要病床数）を上回る2次医療圏において病院の新規開設や増床が予定される場合，都道府県知事は医療機関に新規開設の中止などを求めて勧告を行う（医療30条の11）。病床規制は，人口当たりの病床数が増加すると1人当たりの入院費も増大するという相関関係の存在を前提に病床数の増加を制御し，医療資源の地域的偏在の是正を図るという目的を有していた。医療機関が上記の勧告に従わない場合には，医療保険制度において当該病床を除いて保険医療機関の指定を行うという対応がとられ（健保65条4項），医療法上の勧告に事実上の強制力が付与されることになった。

　病床規制の実施により，病床数が過剰と判断された地域では医療機関の新規開設が困難となるため，これを希望する医療機関によって，勧告の適法性や指定拒否処分の違法性が争われることとなった。最高裁は都道府県知事による勧告の行政処分性を認める判断を示したため[9]，いくつかの裁判ではその適法性が判断されることとなった[10]。また，勧告不服従を理由とした保険医療機関の指定拒否に関して，最高裁は，過剰な病床を有する病院を保険医療機関に指定すると不必要又は過剰な医療費が発生し，医療保険の運営の効率化を阻害する事態が生じるおそれがあるとして，指定拒否処分は健康保険法に違反するものではないとした。さらに，保険医療機関の指定拒否は公共の福祉に適合する目的のために行われる必要かつ合理的な措置であるとして，職業の自由（憲法22条1項）に対する不当な制約であるとはいえないとした[11]。

　病床規制は，医療機関の病床数の増加のみを制御の対象としており，過剰となった病床を削減する効果を持つものではなかった。このため，医療機関の偏在を是正し，地域の医療需要に対応した医療を確保する手段としては限界があった。また，病床が過剰とされた地域では医療機関の新規開設が困難となる

---

9) 最判平17・7・15民集59巻6号1661頁，最判平17・10・25判例時報1920号32頁。
10) 名古屋高金沢支判平20・7・23判例地方自治309号14頁など。
11) 最判平17・9・8判例時報1920号29頁。

ため，良質な医療機関の参入を妨げるなどの問題が指摘された。他方で，病床規制に期待された医療費の抑制効果については，診療報酬の支払方式の変化など医療制度の状況が病床規制の導入当時とは変化しており，今日ではその有効性が低下したとの指摘がみられるようになっている[12]。病床規制を存続させる必要性について検証が求められる時期にきたといえる[13]。

(2) **第5次改正による医療計画の変容**　当初の医療計画では，2次医療圏，3次医療圏といった階層構造からなる医療提供体制が予定されていた。これは，入院医療を中心とした医療提供を2次医療圏で整備するとともに，専門性の高い3次救急や特殊な診療の提供については3次医療圏（北海道を除き都府県単位）で整備するという構想に基づくものであった。このため，2次医療圏単位で包括的な医療供給の整備が図られ，1997年に創設された地域医療支援病院（医療4条）や地域がん診療連携拠点病院についても2次医療圏ごとの配置が図られることとなった。しかしながら，2次医療圏は，地理的条件や日常生活需要の充足状況，交通事情などの要素を考慮して設定されたため，人口や面積に大きな格差がみられ，医療体制を整備する基盤として適切に機能したとは言い難い状況にあった。

第5次改正では，都道府県が策定する医療計画のあり方について大幅な見直しがなされ，次のような仕組みが導入された。第1に，医療計画では，主要な疾病や事業ごとに医療機関の連携体制が定められることとなり，がん，脳卒中，急性心筋梗塞，糖尿病など4疾病の治療又は予防に係る事業および救急医療，災害医療，へき地医療，周産期医療，小児医療など5事業に関わる事項が必要的記載事項とされた（同30条の4）。そして，これらの疾病や事業ごとに，急性期から回復期，療養までのプロセスにおいて患者がどのように地域の医療機関を利用する体制が整備されているかが医療計画において示されることと

---

12) 島崎・前掲注5) 374頁参照。
13) 「医療計画の見直し等に関する検討会ワーキンググループ報告書」（2003年）は，病床規制を廃止するために最低限必要な条件として，①入院治療の必要性を検証できる仕組み，②入院治療が必要なくなった時点で退院を促す仕組み，③医療機関の診療内容等の情報が公開され，患者による選択が促進される仕組み，④救急医療やへき地医療等を保障するための補助金や診療報酬上の対応をあげている。

なった。住民にわかりやすく医療機能を明示するとの基本方針（同30条の3）に基づき，医療計画には連携体制において各医療機能を担う医療機関の名称を記載することが求められている[14]。

第2に，上記の4疾病5事業について数値目標を定め，医療提供体制の整備を図る仕組みが導入された（同30条の4第2項第1号）。都道府県は，厚生労働大臣が定める基本方針に即して，地域の実情に応じた数値目標を定めることとなっており，5年ごとにこれらの数値目標や計画事項について分析を行い，その評価に基づいて医療計画の見直しを行う（同30条の6）。

医療計画は従来，医療機関の病床数に着目した規制計画としての側面が強かったが，上記の見直しにより医療の質の観点から提供体制の整備を図る指針としての機能が強化されることになった。また，数値目標の達成状況に基づいて地域に提供される医療サービスの状況を住民が評価する機会が提供されることとなった。

(3) **医療提供体制に関わる行政計画の拡大**　医療計画以外にも，がん対策推進計画，周産期医療体制整備計画，肝炎対策計画など医療関連の行政計画を都道府県が策定し，提供体制の整備を図る傾向が2000年代に入って顕著となっている。これらの計画では，特定の疾病や医療問題に焦点を当てて診療水準の向上や医療へのアクセスを確保するために計画的な手法が採用されたといえる。がん対策推進計画の場合，都道府県は，国が定める基本計画を基に，がんの予防やがん医療の均てん化の促進（放射線療法の普及など）に関わる事項，がん診療連携拠点病院の配置や連携体制に関わる事項などを定めることになっている（がん対策基本11条）。

2　情報提供体制の進展

(1) **広告規制**　患者が医療機関を選択する際の判断材料として長らく中心的な役割を果たしてきたのは，医療機関の広告による情報である。医療法は，不当な内容の広告により患者に被害が及ぶことを防止するため，医療機関が広

[14) 「医療提供体制の確保に関する基本方針」（平19・3・30厚生労働省告示70号）。

告可能な事項を客観性，正確性が確保できるものに限定してきた。[15]このため，医療機関の広告によって提供される情報は，標榜診療科や所在地など一定の内容に限られていた。

しかし，患者が自ら希望する医療を受けるためには，上記の内容にとどまらない情報が求められることになる。このため，第4次改正以降，告示などの改定を通じて広告可能な事項は次第に拡大され，医療情報に対するニーズの高まりに対応が図られてきた。第5次改正では，広告規制は「医療に関する選択の支援等」と題する新たな章の下に位置づけられ，一定の性質を持った項目群がまとめて広告可能な事項として規定されることになった（包括規定方式）（医療6条の5）。[16]医療機関の広告をポジティブリストによって規制する方式は維持されたが，客観性，正確性を確保しうる事項については，患者に分かりやすい表現を用いることが可能となり，従来と比べて広い範囲の情報を提供することが可能となった。

(2) **医療機能情報提供制度** 第5次改正により創設された医療機能情報提供制度は，医療機関の医療機能に関する一定の情報を都道府県が住民に提供することで医療機関の適切な選択を支援する仕組みである。病院，診療所などの管理者に対しては，自院の医療機能について都道府県知事への報告が義務づけられており（同6条の3第1項），収集された情報はおもに都道府県のホームページを通じて提供される。病院について提供される情報は，管理・運営及びサービス等に関する事項（病院の名称，開設者，所在地など），提供サービスや医療連携体制に関する事項（専門医の種類・人数，専門外来の有無，他の医療機関との連携の状況など），医療の実績・結果等に関する事項（治療結果に関する分析の有無，患者数，平均在院日数，患者満足度調査の実施の有無など）など56項目の事項である（医療法施行規則別表第一）。

---

15) 最判平18・12・7判例集未登載では，広告可能な診療科名を限定した医療法上の広告規制（第5次改正前の規定）は，憲法21条等に違反しないとされた。稲森公嘉「本件判批」『社会保障判例百選〔第4版〕』(2008年，有斐閣) 22頁は，ポジティブリストによる広告規制の合憲性には疑問が残ると述べる。
16) 広告事項の見直しとあわせて，患者の適切な選択を支援する見地から診療科名の見直しがなされた（医療法施行令3条の2）。

従来，医療法は，医療機関が提供する情報を規制することで，医療サービスにおける情報の非対称性がもたらす弊害に対処してきた。これに対し，医療機能情報提供制度では，行政が医療機関に関する情報を提供し，適切な選択を促進することで，患者の利益保護を図るという新たな試みがなされている。

3　医療法人制度改革

医療法は，営利を目的とした医療機関の開設を認めておらず（医療7条5項），医療法人に対して剰余金の配当を禁止している（同54条）。営利を目的としたサービス提供主体を排除することで，医療サービスにおいて一定の質が確保されるとの想定に基づいて医療提供体制は展開されてきたと考えられる。しかしながら，医療法人の多数を占める社団医療法人では，社員の脱退時に出資額に応じた出資持分の払戻しが認められており[17]，非営利性の確保において不十分な点が残されていた。出資持分の払戻しや解散時における残余財産の分配を通じて実質的には剰余金の配当が行われているとの指摘がなされ，これは医療事業に株式会社参入を求める規制緩和論の論拠とされた。このため，医療法人の非営利性を強化する必要性が認識され[18]，第5次改正では解散時の残余財産の帰属先を国や地方公共団体，出資持分のない社団医療法人などに限定し，社員などの個人を排除するという対応がとられた（同44条5項）[19]。

同時に第5次改正では，特別医療法人制度が廃止され，地域医療を担う公益性の高い医療法人として，社会医療法人制度が創設された。社会医療法人として都道府県知事の認定を受けるためには，理事会の構成や解散時の残余財産の帰属について一定の要件を満たすとともに，医療計画に記載された5事業（救急医療や災害医療など）のいずれかを実施することが求められる（同42条の2）。したがって，社会医療法人は，都道府県が策定した医療計画を実現する手段として位置付けられているとみることができる。

---

17)　最判平22・4・8民集64巻3号609頁参照。
18)　医業経営の非営利性等に関する検討会「医療法人制度改革の考え方」（2005年7月）。
19)　出資持分のある既存の社団医療法人は，当分の間，存続可能とされており（医療法附則10条2項），持分のない医療法人（基金拠出型医療法人など）への自主的な移行が推奨されている。

社会医療法人には，経営改革が求められていた公立病院などに代わって地域に必要な救急医療や災害医療を安定的に提供する役割が期待された。このため，社会医療法人に対しては税制上の優遇措置が図られるとともに，一定の収益業務を実施することや社会医療法人債を発行し，独自の資金調達を行うことが認められている（同54条の2）。

医療提供体制では医療連携体制の構築が重視されるようになっており，医療機関の管理者などに対して各種の協力が求められている（同30条の7）。営利を第1の目的としない医療法人はこのような提供体制に適合的な組織形態といえる。第5次改正により，医療法人に対しては，地域医療の担い手として積極的な役割を果たすことが努力義務とされており（同40条の2），今後はその実質を備えることが求められる。

4 医療安全対策

医療の高度化を背景とした医療事故の増加により，医療安全対策は医療の質を確保する上で欠かせないものとなった。2000年以降は，医療法施行規則などを通じて医療機関に安全対策の実施が義務づけられるとともに，診療報酬上の評価を行うという対応がなされてきた。第5次改正では，病院，診療所などの管理者に対して，医療安全に係る指針や職員研修などの安全管理体制の整備が義務づけられることとなった（同6条の10）。[20]

医療安全の確保においては，医療機関内の組織的対応とともに，医療事故に関する情報の共有が有効な手段となる。このため，2004年から医療事故情報収集等事業が実施されており，特定機能病院などに対して医療事故の報告が義務づけられている（同16条の3第1項7号，医療法施行規則9条の23）。日本医療機能評価機構は，第三者機関の立場から収集された医療事故情報およびヒヤリハット事例について原因分析を行い，事故の発生予防と再発防止に向けて医療機関に対する情報提供を行っている。

国や都道府県などに対しても医療安全の確保に関する各種の措置の実施が求

---

20) 原田啓一郎「医療安全対策の展開と課題」社会保障法26号（2011年）144頁以下参照。

められており（医療6条の9），これまで都道府県に設置されてきた医療安全支援センターは，医療法上の制度として2次医療圏ごとに整備されることになった。同センターでは医療の安全確保に関する情報提供のほか，患者からの医療に関する苦情や相談に基づき，医療機関の管理者に助言を行うなどの事業が実施される（同6条の11）。

5 医療提供体制改革の意義と課題

第5次改正により，医療法は，情報提供や医療安全対策など医療提供に関わる様々な側面に法的な規律を拡張させることとなり，各種の施策に基づいて医療を受ける者の利益の保護が図られることになった。もっとも，こうした施策の大半は萌芽的な段階にあり，努力義務に基づく医療機関の自主的対応や誘導的な手段に依存する部分が少なくない。第5次改正に基づく制度や施策の実施を通じて次のような課題が明らかにされた。

(1) **情報提供体制の課題**　情報提供の推進は，患者の視点を重視した近年の制度改革にみられる特徴の1つである。2で前述した制度に加えて，入院時における書面交付と説明の義務づけや（同6条の4），医療安全支援センターによる情報提供などにより，医療情報の提供は，医療を受ける者の利益の一部を構成するようになったことが確認できる。

同時に，医療情報の提供は，医療提供体制を整備する手段として位置付けることが可能である。すなわち，情報提供に基づく患者の選択を促進することで，医療機関が質の向上に向けて自主的改善を図ることが期待されている。また，医療計画などを通じて地域の医療機能を住民に提示することにより，医療機関の機能分担や集約化がもたらす長期的なメリットについての理解を促し，医療機関の適切な利用が図られることになる。他方で，こうした情報提供体制の具体的な推進にあたってはいくつかの課題が残されている。

第1は，医療の結果・成果に関する情報の扱いである。死亡率，再入院率などの実績情報（アウトカム指標）は，医療の質を示す指標として患者の関心が高い情報である。第5次改正では，こうした実績情報については，厚生労働大臣が客観的な評価が可能と判断した事項から広告可能にすることとされた。しか

し、これまでのところ、公表後に患者の受療行動の偏りや医療機関による重症患者の回避といった悪影響の生じることが懸念されるとして、医療の結果に関わる事項は広告可能な項目として追加されていない。医療の質に関する評価・公表事業の結果からは、こうした実績情報の公表は医療機関に対して指標の自主的改善を促す効果をもつことが指摘されており[21]、指標の客観性を確保する作業の進展が求められる。医療機関の統合などにより医療機能が集約化された状況では、アウトカム指標は、患者自身による医療機関の選択に代わって、集約化された医療機能を評価する手段となる点にも着目する必要がある。

第2は、医療機関のホームページの扱いである。患者が医療機関を選択する際、医療機関の開設したホームページを利用する機会が増大しているが、こうした情報は、認知性や誘因性など医療法上の広告に関する要件に欠けるとしてこれまで規制の対象とされてこなかった。しかしながら、今日ではインターネットは医療情報を入手する一般的な手段となっており、情報の正確性を確保する仕組みの確立が求められる。医療法上の広告規制を適用した場合には、患者が入手できる情報が抑制されるといった弊害があるため、トラブルの多い自由診療分野を中心にガイドラインを整備し、医療関係団体による自主規制を促すことが予定されている。

第3に、患者が主体的に参加する医療を促進する視点からは[22]、診療時における情報提供が課題となる。医療法は、従来、医師などに適切な説明を行う努力義務を課してきたが（同1条の4第2項）、今後は医療連携体制に基づく医療提供が進展することにより、診療時や転院の際の情報提供の役割が重要となる。このため、医療機関の管理者に対して、患者への情報提供や相談対応を行う努力義務や（同6条の2第2項）、入退院時に診療計画などを記した書面の交付や説明を行う努力義務が課せられるようになった（同6条の4）。他方、カルテを含めた診療情報の提供はガイドラインの整備にとどまっており、法制化の検討が求められる[23]。

---

21) 医療情報の提供のあり方等に関する検討会資料（2011年11月）。
22) 社会保障審議会医療部会「医療提供体制に関する意見」（2005年12月）参照。
23) 「診療情報の提供等に関する指針」（平15・9・12医政発0912001号）参照。現在のとこ

また，医療情報の多様化と医療技術の進展により，医療機関による情報提供に加えて，患者や家族に対する相談支援体制の整備が求められるようになっている。医療安全支援センターやがん診療連携拠点病院に設置された相談支援センターは，このような制度の必要性を示したものといえる。患者の症状・状態に即した情報提供と支援のあり方について，今後は，かかりつけ医の役割も含めた検討が求められる。

(2) **医療計画に基づく連携体制の構築** 第5次改正により，医療連携体制の確保は医療法の目的を達成する手段の1つとして位置付けられることとなった（同1条）[24]。これに対応するため，医療提供施設の開設者および管理者は医療連携体制の構築に必要な協力に努めるものとされ（同30条の7第1項），都道府県は，医療従事者や介護サービス事業者，住民などの協議によって医療連携体制が構築されるように配慮しなければならないとされた（同30条の4第4項4号）。具体的な連携体制のあり方や進捗状況は地域によって異なっており，実効的な連携体制の構築が課題となる[25]。新たな医療計画が策定，実施された結果，次のような課題が明らかにされた。

第1は，医療計画における数値目標のあり方である。数値目標は，都道府県が地域医療の実情を踏まえて設定するとされており，医療計画に基づいて医療連携体制の確保を図る上で重要な役割を果たすことになる。しかしながら，都道府県が定めた目標の中には，定性的な目標設定や達成の容易な数値目標が設定されるなどの問題がみられた[26]。数値目標の達成状況に基づいて循環的に計画内容を見直す仕組み（PDCAサイクル）を機能させるために，次期医療計画の策定では，現状把握の段階において都道府県で共通化された一定の指標（患者

ろ，患者本人の請求によるカルテの開示は，個人情報保護法に基づいて行われている。
24) 次期医療計画の策定においては，医療連携体制の構築が求められる疾病として精神疾患を追加するとともに，在宅医療の整備についても数値目標を設定することが予定されている。社会保障審議会医療部会「医療提供体制の改革に関する意見」（2011年12月）参照。
25) 田中伸至「地域における医療連携体制構築の法的手法(1)(2・完)」法政理論43巻1号（2010年）1頁以下，43巻2号（2011年）95頁以下では，脳卒中を例に医療連携体制構築の手法が詳細に検討されている。
26) 菅河真紀子・河原和夫「都道府県が策定する医療計画と救急医療体制はどうあるべきか」病院70巻11号（2011年）837頁参照。

動向や医療資源に関する情報など)を用いることが予定されている。これを基に，都道府県は地域の課題に対応した方策について数値目標を設定し，必要な事業や施策を実施することになった。今後，医療計画の策定が繰り返されるにつれて，地域の現状を示した指標は，都道府県が実施した施策の達成状況を示したものとなる。このため，都道府県間の比較を通じて医療計画の実施が促されることになるであろう。

　第2に，2次医療圏の扱いである。医療計画の策定にあたっては，地域の医療資源の実情に応じて2次医療圏にこだわらずに医療連携体制ごとに圏域を設定する方針が示されており[27]，2次医療圏単位で医療機関の連携を図るとした従来の規定(医療旧30条の3第3項)は2006年の法改正の際に削除された。このため，医療計画には，病床の整備を図る2次医療圏と連携体制ごとに設定された圏域とが併存することになった。前述のように2次医療圏の規模には格差があり，圏内で入院医療の提供が完結していない2次医療圏もみられることから，人口規模や入院患者の圏域外への流出の程度に基づいて2次医療圏の設定を見直すという対応が予定されている[28]。しかしながら，(3次救急医療から在宅医療まで)疾病・事業ごとに提供される医療の特性により連携体制が構築される圏域は異なっており，連携体制ごとの圏域設定と一般的な入院医療を予定した2次医療圏とは基本的に両立しない側面を有している[29]。これに加えて，2次医療圏ごとに実施される病床規制が医療提供施設の整備や集約化を妨げているとの指摘もみられる[30]。したがって，医療連携体制の進展にともない，病床規制と結びついた2次医療圏のあり方については基本的な見直しが必要になると考える。

---

27) 基本方針・前掲注14)，「医療計画作成指針」(平19・7・20医政発0720003号)参照。
28) 社会保障審議会医療部会・前掲注24)参照。
29) 心臓やがんの手術のように緊急性が低いが，高い技術を必要とする治療の場合，患者の受診行動は2次医療圏の範囲に収まるものではないことが指摘されている。伏見清秀「DPCデータを用いた地域医療資源の分析」医療と社会20号1巻(2010年)61-65頁参照。
30) 島崎・前掲注5)375頁参照。

Ⅳ　医療提供体制の課題

　医療計画の見直しや情報提供体制の整備など近年の施策により，自由開業制を基調とした医療供給システムは大きく変化しようとしている。政府による最近の社会保障制度改革案では，医療提供体制の今後のあり方として，病院・病床の機能分化を促進し急性期医療を中心に人員配置を強化するとともに，地域間・診療科間の偏在の是正や在宅医療の推進を図るといった方針が繰り返し示されており，さらなる施策の展開が必要とされている。以下では，医療提供体制の今後の課題として，医療計画に基づく医療提供体制の整備，医療従事者の確保，在宅医療の推進を取り上げる。

1　医療計画に基づく医療提供体制の整備

　医療計画は，医療を受ける者の利益を医療提供体制において具体化させる役割を担っている。しかしながら，医療提供体制の整備に関して数値目標を設定するなどの仕組みが導入されたにもかかわらず，医療計画を実現するために都道府県がとることのできる手段は限られており，計画の実施という局面では課題が残されている。他方で，医療連携体制の構築や医療機能の集約化を実現するためには，医療機関の合意や協力が必要であり，規制的な手段のみでは実効的な医療提供体制の整備を図ることができないことにも留意が必要である。

　前述した医療計画の病床規制（Ⅲ1）のほかに，これまでにわが国では，おもに次のような手段を用いて漸進的に医療提供体制の整備が図られてきた。第1は，補助金，交付金などの公的資金助成であり，へき地医療や救急医療，医療従事者の養成に関わる事業などに対して国の補助金が交付されてきた（医療30条の9）[31]。第2に，医療保険の診療報酬では，各種の算定要件や施設基準を通じて医療機関を政策的に誘導することで，医療の質の向上や効率的な提供体制

---

31) 医療提供体制の整備に関わる補助金，交付金として，医療提供体制推進事業費補助金，医療提供体制施設整備交付金，医療施設等設備整備費補助金などがある。

の整備が図られてきた。最近の診療報酬では，脳卒中やがんなどの疾病ごとに患者の診療計画（地域連携クリティカルパス）を医療機関が共同で作成し，連携して医療提供を行うことが診療報酬上，評価の対象とされている[32]。第3に，特定機能病院や地域医療支援病院など一定の機能を有する医療機関に対して「承認」や「指定」を行う仕組みがみられる[33]。医療機関に対して承認された名称の使用を独占的に認めるとともに，各機能に対応した診療報酬上の評価を行うことで医療機能の向上と機能分化が図られてきた。

　これらの手段は，都道府県や国など決定主体が区々であり，医療提供体制の整備に責任を負う都道府県がこれらの手段を統轄して活用することは，これまで困難であった。今後は，医療計画に基づいて都道府県が上記の手段を総合的に活用する権限が強化される必要がある。医療提供体制の整備においては介護・福祉と比べて広域的な調整が求められており，救急医療などでのアクセス確保の観点からは交通政策や都市計画との関連が重視される必要がある。また，周知のように，近年，高齢者医療などにおいて医療保険財政を都道府県単位で管理する志向が強まっている。このため，都道府県が医療計画を用いて他の施策や制度との調整を図りながら医療提供体制の整備を進める必要性はさらに高まると考えられる。

　医療計画に基づいて医療提供体制の整備を図る仕組みはすでにいくつか存在している。医療体制の整備を目的とした補助金，交付金では，交付にあたって医療計画に基づく事業計画の作成が求められるようになっている[34]。今後は事業計画の事後的評価の段階においても医療計画が定めた数値目標を参照する必要があると考える。また，医療保険の診療報酬については全国一律に保険点数が設定されており，地域特性を反映しにくい構造になっていると理解されてきた。しかしながら，近年，一部の診療報酬項目では，医療機関の医療計画への記載を算定要件とするものがみられるようになっており[35]，DPCの地域医療係

---

32)　地域連携診療計画管理料，がん治療連携計画策定料など。
33)　地域医療支援病院（医療4条），特定機能病院（同4条の2）の承認のほか，がん診療連携拠点病院の指定，総合周産期母子医療センターの指定などがある。
34)　「医療提供体制推進事業費補助金交付要綱」（平23・4・18医政発0418第8号）などを参照。

数においても医療計画に記載された医療機関の役割が評価されるようになっている。

都道府県が主体的に医療提供体制を整備する観点からは，このように補助金や診療報酬と医療計画を関連づける仕組みの拡大が図られるべきであろう。その際には，各種の支援策の根拠となる医療計画の精度を高める必要がある。医療計画の策定にあたる都道府県では地域の医療資源の分析などに関して専門性の強化を図るとともに，策定段階においては保険者が参加し，医療提供のあり方について意見表明を行う機会を設けるといった対応が検討されるべきである[36]。

2 医療従事者の確保

医師の地域的偏在や特定の診療科での医師不足などの問題が顕在化したことにより，医療提供体制では医療従事者の確保について積極的な対応が求められることになった[37]。とくに医師確保対策では，医師のキャリア形成支援，医師養成課程のあり方，臨床研修後の診療科選択の調整など総合的な施策が求められている。また，専門医の認定制度を確立し，地域・診療科間の偏在の解消を図ることも長期的な課題となっている。

第5次改正により，医療計画において疾病・事業ごとの医療体制の構築が求められたことは，医療機関や連携体制の整備だけでなく，必要な医療従事者の確保の方策を併せて要請するものであったといえる。とりわけ小児救急医療や周産期医療などの救急医療等確保事業（医療30条の4）においては，基盤となる医療機関の整備とともに，診療に必要な医師の確保が課題となっている。このため，都道府県に対しては，地域の大学病院，公的医療機関，臨床研修指定病院などの医療関係者との協議の場（医療対策協議会など）を設定し，救急医療

---

35) 地域連携診療計画管理料・地域連携診療計画退院時指導料［脳卒中の場合］，救急医療管理加算・乳幼児救急医療管理加算，初診料における時間外加算の特例など。
36) 島崎・前掲注5）385頁，石田道彦「医療提供体制に関わる法制度の変化と課題」社会保障法26号（2011年）143頁参照。
37) 国京則幸「地域医療の展開のための医療の人材確保の課題について」社会保障法26号（2011年）144頁参照。

等確保事業に関わる医療従事者の確保について必要な施策を定めることが義務づけられている（同30条の12）。2010年より都道府県に設置された地域医療支援センターでは，医療対策協議会などが定めた上記の方針に基づいて，医師確保対策（医師のあっせん，医師確保の調整など）を実施することが予定されている。

都道府県が，医師の偏在を是正し，必要な医療従事者を確保するためには，診療科や圏域ごとに必要な医師数を算出し，医師の需給バランスを確保することが必要となる。これは，医療機能の集約化や医療連携体制の進展状況に応じて変化する側面を有している。このため，医療計画において医療提供体制の整備状況と関連づけながら必要医師数を算出し，適正配置の標準を示すことが求められる。さらに，これらの手段では，診療に必要な医師が確保されない場合には，臨床研修制度の定員を専門領域ごとに設定する，救急医療やへき地医療などでの一定期間の診療経験を地域医療支援病院などの管理者の資格要件とする，保険医の登録に地域枠を設定する，といった方策について本格的な検討を進めることが必要となる。[38]

3　在宅医療の推進

在宅医療の整備が課題とされるようになった最大の要因は高齢者人口の増加である。多くの高齢者が療養期や終末期を居宅で過ごすことを希望しており，介護サービスとの連携や終末期医療を含めた医療提供体制の整備が求められている。医療法では，医療提供施設とともに居宅を医療提供の場として位置付けた上で（同1条の2第2項），医療計画において在宅医療の確保に関する事項を定めることでその推進が図られてきたが（同30条の4第4項2号），十分な整備が進んでいるとは言い難い状況にある。

在宅医療は，医療の目的や提供方法，提供体制のあり方などに関して，病院や診療所で提供される医療とは異質の要素を含んでおり，在宅医療の拡大は医療提供体制のあり方に変化をもたらす可能性がある。在宅医療では患者が住み

---

[38]　規制強化策の検討については，芝田文男「医師不足問題の考察——国の医師養成政策の変遷と京都府の医師不足対策について」産大法学43巻3・4号（2010年）31頁以下参照。

慣れた地域において生活を継続することがとくに重視される。このため，患者の選択や価値観を踏まえ，その意向を尊重することが強く要請される。また，具体的な医療提供の局面では，担当医師や訪問看護ステーション，介護サービス事業者など多職種間の連携体制の確立が求められるとともに，夜間や症状急変時の対応のために医療機関相互の連携体制が必要となる。医療法では，患者の退院時には福祉サービスなどとの連携を記載した書面の作成，交付が努力義務とされているが（同6条の4第3項），在宅医療では療養の継続性や連携体制を確保する必要性がとくに高く，義務化が検討されるべきであろう。

以上のような在宅医療を担当する医療機関には，患者との24時間の連絡対応体制や患者の看取り，急変時に対応する支援病院との連携の確保など一般の診療所が保有しない機能が求められる。これらは2006年の診療報酬改定時に創設された「在宅療養支援診療所」の施設基準において明確化され[39]，その推進が図られている。しかしながら，患者の看取りなど実質的な在宅医療を担う診療所は，届出施設の約半数とされている[40]。施設基準の届出状況を通じて，病院や福祉サービス提供者，患者が実績のある在宅療養支援診療所を選択することは困難である。在宅医療に関して一定の実績をもつ医療機関を医療法上認定するなどの対応が求められる。

V　おわりに

近年の制度改革により，医療法は，医療提供体制全般に規律を拡張させることとなった。これらの施策を通じて，医療を受ける者の利益が保護される範囲もまた拡張される可能性を有している。もっとも，こうした制度や施策の大半は，努力義務に基づく医療機関の自主的対応や各種の誘導的な手段に基づくものが少なくない。このため，医療を受ける者の利益は動態的・重層的にその実現が図られる段階にある。本章はこうした変化を確認したにとどまっており，

---

39)　在宅療養支援診療所の施設基準（平22・3・5保医発0305第3号）。
40)　医療計画の見直し等に関する検討会資料（2011年10月）。

その理論的検討は今後の課題である。

　近年，看護師の業務範囲の見直しや専門医の認定制度の検討，総合的な診療能力を有する専門医（総合医）の養成など，医療従事者の業務や資格に関わる法制度の検討が活発化している。これらは，医療従事者の確保，医師の偏在の是正など今後の医療提供体制のあり方に大きな影響を与える作業である。とりわけ「総合医」の構想は，長らく必要性が唱えられてきた「かかりつけ医」の定着を図るものであり，その制度化は病院，診療所の機能分担など医療提供体制の基本構造に変化をもたらすことになるであろう。今後の医療提供体制の検討においては，こうした動向を視野に入れた作業が求められる。

第Ⅲ部
年　金

第10章
基礎年金の課題

中野　妙子

I　基礎年金制度の沿革

1　基礎年金制度改革の背景と意義

　本章では，主に自営業者らを中心とする第1号被保険者，かつ老齢に対する給付にかかる問題に対象を絞って，基礎年金制度の課題を論じる。基礎年金制度は，1985年のいわゆる基礎年金改革によって導入されたものである。

　わが国では一般に，1959年の国民年金法（以下，「国年法」とする）の制定（あるいは1961年の同法の施行）をもって，国民皆年金体制が達成されたといわれる。しかし，当時の「国民皆年金」は，被用者は厚生年金保険などの被用者保険に加入し，被用者保険の適用対象とならない自営業者等を国民年金が包括することによって，すべての国民がいずれかの公的年金保険による保障を受けるということを意味していた。このように被保険者の職業に応じて複数の制度が分立する制度構造には，制度間の給付と負担の格差，重複給付や過剰給付，産業構造の変化に伴う農業者等人口の減少による国民年金財政の悪化など，多くの問題が伴った。また，世帯単位の給付設計がなされていたため，被用者の被扶養配偶者は，国民年金に任意加入しない限り独自の年金権を取得することが

---

1)　西村健一郎『社会保障法』（有斐閣，2003年）222-224頁，堀勝洋『社会保障・社会福祉の原理・法・政策』（ミネルヴァ書房，2009年）334-337頁。

なかった[1]。

そこで、公的年金保険の長期的安定と整合性を確保するために、1985年、基礎年金改革が実施され、国民年金は全ての国民に共通の基礎年金を給付する新しい制度へと移行した。この改革による基礎年金制度の導入には、以下のような積極的意義があったと評価されている。第1に、原則として20歳以上60歳未満の全ての国民が国民年金に加入することとなり[2]、「国民皆年金」が実質的に達成された。第2に、公的年金保険の1階部分について一元化が進められた。給付面では、原則として全ての国民が同じ要件で同額の基礎年金を受けるという形で、一元化がなされた。財政面においても、基礎年金の費用を各年金保険制度の保険者が分担する拠出金制度が設けられ、負担の公平化とともに一元化が進められた。そして、第3に、第3号被保険者の創設によって、片働きの被用者世帯であっても夫婦のそれぞれに基礎年金が支給されることとなり、個人単位の年金給付の考えが導入されたのである[3]。

しかし、基礎年金制度は、その導入当初から、一定の限界・問題点も伴っていた。例えば、保険料負担については一元化がなされず、第1号被保険者は定額保険料を自主的に納付する一方、第2号被保険者は既存の被用者年金保険によって所得比例の定率保険料を徴収されるという違いが残された。また、第3号被保険者は保険料を負担しないため、ここにも保険料負担の格差が存在する上、給付は個人単位だが負担面では世帯単位という矛盾が生じた[4]。

2　2004年改正と基礎年金

基礎年金改革後も、公的年金保険では、5年ごとの財政再計算の機会などに多くの改正が行われてきた。しかし、年金制度のあり方そのものに大きな手直しを加えた改正として、ここでは、2004年に「国民年金法等の一部を改正する法律」（平成16年法104号。以下、「2004年改正法」とする）に基づき実施された改正

---

2)　ただし、20歳以上の学生が強制加入となったのは1991年からであった。
3)　小島晴洋「基礎年金の制度設計」日本社会保障法学会編『講座社会保障法2巻　所得保障法』（法律文化社、2001年）51-52頁、堀・前掲注1) 335-337頁。
4)　小島・前掲注3) 53-54頁は、これらの限界が、基礎年金改革時に従来の制度との継続性を重視したために生じたと指摘する。

を取り上げたい。2004年改正は、急速な少子高齢化によって将来の年金財政のバランスが崩れることが予測されたため、長期的な視野に立って制度の持続可能性を高めることを目的として行われたものである。

2004年改正の内容のうち基礎年金にかかる部分を取り上げると、まず、保険料水準固定方式の導入により、国民年金の保険料は段階的に引き上げられ、最終的に1万6900円（2004年価格。実際の保険料の額は物価、賃金の伸びに基づき改定される）で固定されることとなる（国年87条3項）。そして、年金の給付水準については、財政均衡を保つために給付水準の調整が必要な期間（調整期間）中は、出生率の低下と平均寿命の延びを加味した水準となるように年金のスライド率を自動調整する、マクロ経済スライドが行われることとなった（同27条の4）。マクロ経済スライドではマイナス改定は行わないため、基礎年金の名目額は引き下げられないが、給付水準は15％ほど下がる予定である[5]。なお、マクロ経済スライドの実施は特例水準（1999年から2001年にかけて、物価の下落にもかかわらず年金の支給額を据え置いたために生じた、本来の支給水準よりも2.5％高い水準）の解消を前提としており、また、賃金および物価が下落した際にはマクロ経済スライドは行われないこととなっている。そのため、改正後数年が経つが、経済がデフレ基調で推移していることもあり、依然としてマクロ経済スライドは発動していない。

給付水準の自動調整システムが導入されたことにより、財政再計算は2004年をもって終了し、代わりに今後は、少なくとも5年ごとに、財政見通しを作成して年金財政の健全性を検証することとなった（国年4条の3）。なお、基礎年金と厚生年金を合わせた標準的な年金受給額を現役世代の手取り収入と比較した水準（所得代替率）が50％を下回らないこととし、財政見通しによって給付水準がこの下限を下回ると見込まれた場合には、給付と負担のあり方を再検討することになっている（2004年改正法附則2条）。

さらに、基礎年金の給付費用に対する国庫負担率が2分の1へ引き上げられ

---

[5] 厚生労働省年金局「平成16年年金制度改正のポイント――『持続可能』で『安心』の年金制度とするために」（2004年）17頁。

た。これによって保険料の引上げが抑制されるとともに、保険料免除者に対して支給される基礎年金の額が引き上げられることとなり、税による給付水準の底上げがなされた。国庫負担率の引上げは、2009年度より実施されている[6]。

以上に簡単に紹介した2004年改正には、次のような意義があると評価されている。すなわち、①今後の少子高齢化の推計を前提に年金財政の長期的な安定化を図り、②マクロ経済スライドと保険料水準固定方式によって、法改正を必要としない年金財政の自動的な安定化を図り、かつ、③年金水準の引下げの下限と保険料水準の上限を定めることで国民の不安感を緩和した点が、同改正の積極的意義とされる[7]。

しかし、この改正によっても解決されなかった問題、あるいは改正によってよりいっそう深まった問題が、いくつか存在する。そこで次に、現在の基礎年金制度が抱える問題点ないし課題について論じることとする。

II 現行制度の問題点——第1号被保険者を中心に

1 給付水準に関する問題

(1) **基礎年金の給付額と生活保護の基準** 基礎年金制度をめぐる第1の問題点は、その給付水準が、基礎年金のみを受給する自営業者等にとって低過ぎるのではないかということである。とくに、単身世帯で比較すると、多くの場合に生活保護法に基づく生活扶助基準の方が基礎年金額を上回る[8]ことが、問題視さ

---

6) ただし、引上げのための財源はいまだ恒久化されていない。2009・2010年度は財政投融資特別会計から一般会計への特例的な繰入金の活用により、そして2011年度は復興債の発行により、国庫負担割合2分の1を達成してきた。2012年度は、将来の消費税引き上げまで負担を先送りする、交付国債で賄う予定である。
7) 堀勝洋「公的年金改革」日本年金学会編『持続可能な公的年金・企業年金』(ぎょうせい、2006年) 28-30頁。
8) 2011年度の老齢基礎年金の満額支給額は月6万5741円であり、これは同年度の高齢単身世帯に対する生活扶助基準を3級地-2 (月6万2640円、冬季加算を含む) を除き下回る金額である。これに対し、夫婦世帯で比較すると、老齢基礎年金の合計受給額は13万1482円となり、地域を問わず高齢夫婦世帯に対する生活扶助基準 (1級地-1において冬季加算を含み月12万1940円) を上回る。厚生労働省『平成23年版厚生労働白書』(2011年) 202、242頁。

れる。

1985年の制度発足当時、基礎年金の給付額は、高齢者の平均的な生活費のうち基礎的な支出を保障するという考えに基づき、全国消費実態調査等を参考に月額5万円と定められた。この金額設定については、当時から、単身世帯について生活扶助基準の方が高くなる逆転現象が指摘されていた。その後、基礎年金の給付額には幾度かの改正が加えられたが、基礎年金と生活扶助基準はほぼ同じ水準を維持してきた。

現在のところ、生活扶助の老齢加算が廃止されたことにより、基礎年金と生活扶助基準との格差は従前よりも縮小している。もっとも、これは前述のマクロ経済スライドが、現時点ではまだ実施されていないことにもよる。今後、マクロ経済スライドが実施されて基礎年金の給付水準が引き下げられれば、生活扶助基準との格差は再び拡大することになろう。

(2) **基礎年金の給付額に関する法的問題点**　このように、現在、基礎年金の給付額が生活扶助基準、すなわち憲法25条1項が国民に保障する「健康で文化的な最低限度の生活」の具体化である水準を下回っており、今後さらに給付額が引き下げられることが予定されている。このことは、法的にいかなる問題を生じるのであろうか。

まず、老後に基礎年金のみを受け取る自営業者等にとって、基礎年金の給付額が最低生活水準を保障しないことが、憲法25条1項が保障する生存権の侵害に当たるかが問題となりうる。

しかし、憲法25条1項による最低生活水準は、法制度全体を通して保障されれば足り、個々の法制度が単独でこれを保障する必要はない、というのが学説の有力な見解である。すなわち、最後のセーフティネットである生活保護が最低生活水準を保障していれば、他の法令については憲法25条1項違反が生じる余地はないと解される。したがって、老齢基礎年金の水準が生活扶助基準を下

---

9) 吉原健二『新年金法　61年金改革　解説と資料』(全国社会保険協会連合会, 1987年) 45-48頁。
10) 江口隆裕『変貌する世界と日本の年金――年金の基本原理から考える』(法律文化社, 2008年) 50-53頁。

回っていても，生活保護制度が存在する以上，憲法25条1項には反しないと考えられる。

次いで，マクロ経済スライドによって基礎年金の給付水準を引き下げることが，憲法25条2項による社会保障の向上および増進に努める国の義務に反するかが問題となりうる。

この点について，今日の社会保障法の学説には，憲法25条1項と2項は異なる内容を規定すると解する，二分説（分離論）に立つものが増えている。これらの学説は，同条2項は，1項を前提として，さらにより広い社会国家的視野から，最低生活を超えた生活を保障する国の責務を宣言した条項であると理解する。そして，同条2項による社会保障制度に関する立法府の裁量を，同条1項についてよりも広く認める。ここでいう立法府の裁量には，社会保障給付の引上げのみならず，長期的な制度の維持を考慮して給付の引下げを伴う制度の見直しを行うことも含まれる[12]。

2004年改正による基礎年金の給付水準引下げは，将来の保険料を負担可能な範囲に留め，年金制度を持続可能なものにするために，必要最小限の範囲で行われるものである。また，マクロ経済スライドでは，年金の名目額を維持し，緩やかに給付水準を調整することによって，高齢者の生活に与える影響への配慮がなされている。したがって，2004年改正による給付水準の引下げは，憲法25条2項に反するような立法府の裁量の範囲の逸脱または濫用には当たらないと考えられよう[13]。

---

11) 小島・前掲注3）57頁，菊池馨実「既裁定年金の引下げをめぐる一考察——法的側面からの検討」年金と経済21巻4号（2002年）80頁，堀勝洋『社会保障法総論〔第2版〕』（東京大学出版会，2004年）145頁，小山剛・葛西まゆこ「年金改革関連法と憲法」法学セミナー598号（2004年）69頁。同様の見解に立つ裁判例として，東京地判平9・2・27判例時報1607号30頁。
12) 菊池馨実『社会保障の法理念』（有斐閣，2000年）32-33頁，岩村正彦『社会保障法Ⅰ』（弘文堂，2001年）35-36頁，西村・前掲注1）38頁，堀・前掲注11）141頁など。ただし，これらの学説は，必ずしも堀木訴訟控訴審判決・大阪高判昭50・11・10行集26巻10・11号1268頁と考えを同じくするわけではない。
13) 小山・葛西・前掲注11）69頁，中野妙子「老齢基礎年金・老齢厚生年金の給付水準——法学の見地から」ジュリスト1282号（2005年）67頁以下。なお，社会保障・税一体改革では，マクロ経済スライドをデフレ下でも実施できるようにすることが検討課題の1つとさ

(3) **基礎年金の給付額についての考え方**　上で検討したように，基礎年金の給付額が生活扶助基準を下回ることは，直ちに違憲・違法の問題を生じるものではない。ただし，このことが，現行の基礎年金の給付額が妥当な水準であることを直ちに意味するわけでもない。生活保護をなるべく利用せずに老後の生活を確保することが防貧制度としての年金の本務であることや，保険料を40年間拠出して受給できる年金額が生活扶助基準以下では，保険料を払わずに老後は生活保護に頼ろうとするモラル・ハザードが生じるおそれがあることを考えれば，基礎年金の給付額は生活扶助基準以上に設計することが望ましいとの見解もある[14]。

また，基礎年金制度の導入当初は，基礎年金の給付額が生活扶助基準を下回っていても，主たる受給者である自営業者は自営収入によって老後の生活を補完できるので問題は少ないと考えられていた[15]。しかし，今日では第1号被保険者に占める自営業者の割合が低下し，代わって非正規労働者や無職者の割合が増加しており，この前提が崩れていることが指摘される[16]。

実際に，生活保護を受給する高齢者世帯の数は，平成22年度は月平均約60万世帯に上り，被保護世帯数（同約141万世帯）の4割強を占める[17]。高齢化の影響もあって，生活保護を受給する高齢者世帯が次第に増えており，高齢者に対する所得保障を拡充すべきだという意見も強い[18]。

しかし，基礎年金の給付水準をどう評価するかは，単身者と夫婦世帯のどちらを念頭において比較するかによって変わる[19]。給付が個人単位化されている基

れている。年金のマイナス改定がなされれば，現行法の規定に基づくマクロ経済スライドが実施される場合に比べ，高齢者の生活に対してより大きな影響を与えることになる。しかし，年金保険財政の将来的な維持のために早急な改革が必要とされていることに照らせば，そのような改正も，なお立法府の裁量の範囲内にあると思われる。

14) 小島・前掲注3) 57頁。
15) 吉原・前掲注9) 55-56頁。
16) 井口直樹『日本の年金政策——負担と給付・その構造と機能』（ミネルヴァ書房，2010年）54-55頁。
17) 厚生労働省「平成22年度福祉行政報告例の概況」(2011年)。
18) 駒村康平「年金制度改革」齋藤純一・宮本太郎・近藤康史編『社会保障と福祉国家の行方』（ナカニシヤ出版，2011年）171-172頁。
19) 前掲注8) を参照。

礎年金では，夫婦世帯では単純に受給額が2倍になるが，生活保護では世帯の共通経費の存在を前提とした基準設計がなされている。そのため，基礎年金の給付額を単身者に対する生活扶助基準に合わせて引き上げると，夫婦世帯に対する給付が老後の生活の基礎的部分の保障としては過剰になるおそれがある。

また，給付水準の決定に際しては，医療・介護などの他の社会保障制度との関連も視野に含める必要がある。年金受給者は，その生活上のニーズの一部を医療制度・介護保険制度からの給付によってカバーされることもあれば，これらの制度において求められる保険料や利用者負担について優遇を受けることもある。基礎年金が，老後の生活の基礎的部分としてどこまでを保障すべきかは，これらの，いわば「目に見えない」所得保障との整合性も考慮して定めなければならない[20][21]。

いずれにしても，基礎年金の給付額を引き上げるためには保険料ないし国庫負担のさらなる引上げが必要である。しかし，2004年改正で引き上げられた国庫負担分の財源の確保にも苦慮している現状に鑑みれば[22]，年金制度に対する拠出・負担をこれ以上増やすことは非常に困難である。まずは，国民年金の財政を安定化させるために，2004年改正に基づく基礎年金の給付水準の引下げを優先すべきであろう。

ただ，マクロ経済スライドによる自動調整の下限を定めるのに利用されるモデル年金は，片働きの夫婦世帯が受け取る年金（夫婦2人分の満額の老齢基礎年金と夫の老齢厚生年金の合計受給額）を前提としており，基礎年金の給付水準自体については下限が定められなかった。基礎年金が果たす役割が今後も引き続き老後の生活の基礎的部分の保障であるのか，そうであるならば引下げ後の基礎年金の水準は生活保障として十分な水準であるのか，それとも基礎年金の役

---

20) 岩村正彦「高齢社会と社会保障——特集にあたって」ジュリスト1389号（2009年）11頁。
21) さらに，第1号被保険者には公的年金の2階部分がないとはいえ，国民年金基金や個人型確定拠出年金に任意加入することよって給付を上乗せすることができることも考慮する必要がある。ただし，現状としては，これらの任意加入制度の利用はあまり伸びていない。国民年金基金の加入者数は約57万7000人（2009度），個人型確定拠出年金の加入者数は被用者も含めて約12万人（2010度）に留まっている。厚生労働省・前掲注8) 248頁。
22) 前掲注6) を参照。

割は2004年改正によって縮小されたと考えるべきなのかは、今後の検討課題である[23]。

なお、2011年6月に政府・与党社会保障改革検討本部が決定した「社会保障・税一体改革成案」では、現行制度の改善策の1つとして基礎年金の最低保障機能の強化が謳われた。その具体策の中に、低所得者への加算の導入が挙げられている。しかし、低年金・無年金者の増加の背景には次に述べる保険料の滞納・未納の問題もあり、低所得者加算の導入に当たっては保険料納付意欲に与える影響への慎重な考慮が求められよう。また、仮に、加算の支給に当たって資産調査を行うとなれば、社会保険方式の年金保険の中で行うにはなじまない給付であると思われる。

2 保険料負担に関する問題

(1) 「国民年金の空洞化」問題の現状　基礎年金制度をめぐる第2の問題点は、いわゆる「国民年金の空洞化」問題である。被保険者資格の得喪の届出や保険料の源泉徴収・納付を事業主が行う第2号被保険者と異なり、第1号被保険者は自ら加入や保険料納付の手続きを行わなければならない。そのため、第1号被保険者の一部に、未加入や保険料の未納が生じている。これらの未加入者・未納者の増加に加え、低所得・無所得のために保険料の免除を受ける免除者が増加している状況を指して、一般に「国民年金の空洞化」と呼んでいる。

平成22年度の国民年金保険料の納付率（現年度分）は59.3％で、基礎年金制度の発足以降最低の水準であった。平成23年3月末時点で、第1号被保険者の対象者のうち、未加入者9万人、未納者（過去2年分の保険料が未納の者）321万人に加え、免除者が551万人（うち全額免除等の免除者が348万人、学生納付特例・若年者納付猶予制度の利用者が204万人）存在した。納付率低下の構造的な背景として、第1号被保険者に占める非正規労働者の割合の増加、第1号被保険者世帯・本人の所得水準の低さ、年金制度および行政組織に対する不信感・不安感

---

[23] 堀勝洋「平成21年財政検証結果と基礎年金」週刊社会保障2531号（2009年）29頁。岩村正彦ほか「座談会（下）パート労働者の適用拡大等困難な課題にも対応を　社会保障政策の展望——政権交代を超えて」週刊社会保障2587号（2010年）35頁も参照。

未加入者・未納者が公的年金保険の加入者全体に占める割合は4％程度であり，「空洞化」が年金財政に直ちに大きな影響を与えるわけではない。しかし，これらの者が将来的に無年金・低年金となって生活保護を頼る可能性のあることは，国民皆年金の理念を脅かす問題と指摘されている[25]。

　なお，「空洞化」問題を論じるにあたっては，国年法上の資格取得の届出義務（国年12条1項）や保険料納付義務（同88条1項，91条）を果たしていない未加入者・未納者と，保険料を納付する義務を免除されている免除者とを，区別して論じる必要がある。社会保険方式の下で保険料負担能力のない者までをも含めた皆年金体制を取る以上，保険料の免除・猶予制度は必要不可欠である[26]。保険料の全額免除を40年間受けた場合は国庫負担分の基礎年金（満額時の2分の1）しか受給できないため，免除者も老後は低年金となりうる。しかし，免除による低年金者に対し生活保護等によって補足的な所得保障を行うことは，モラル・ハザードの問題に直結はしないであろう。

(2) 「国民年金の空洞化」への取組み　「空洞化」の解消のためには，①保険料の納付手続きの簡易化・多様化によって保険料を納めやすくすること，②経済的理由による滞納については，免除制度を利用しやすくすることで，定額保険料の問題点とされる逆進性を緩和すること，そして，③それ以外の理由で未加入・未納となっている者に対しては，厳格な対応を取って状況を改善することが，必要であると考えられる。従来取られてきた対策を，この3つの視点から整理してみたい。

　①については，2004年以降，口座振替の推進，コンビニエンスストア納付やインターネットバンキング等による電子納付，さらにはクレジットカード納付の導入等により，納めやすい環境づくりが図られてきている。コンビニ納付や

---

24) 厚生労働省「平成22年度の国民年金保険料の納付状況と今後の取組等について」（2011年7月13日報道発表資料）。厚生労働省年金局「平成20年国民年金被保険者実態調査結果」（2010年）も参照。
25) 社会保障国民会議「社会保障国民会議　中間報告」（2008年）11頁，駒村・前掲注18）172頁。
26) 堀・前掲注1）341頁。

電子納付の周知度はまだ低いが，利用件数は増加しており，一定の効果があると推測される[27]。

②に関しては，既に国年法の2000年改正により，学生について親の所得ではなく本人の所得に基づき保険料を免除する学生納付特例制度（国年90条の3）を創設し，申請免除について半額免除を設けるといった対策が取られた。さらに2004年改正では，負担能力に応じたきめ細かな免除を行うために，申請免除を全額，4分の3，半額，4分の1の4段階に増やし，多段階免除制度とした（同90条の2）。また，学生納付特例と同じ免除制度を30歳未満の者に対して適用する，若年者納付猶予制度も設けられた（2004年改正法附則19条，2015年6月までの時限立法）[28]。低所得により免除制度の対象となる者に対する，免除制度の周知・勧奨も行われている。

逆進性の問題の根本的な解決としては，定額保険料を廃止して応能負担にすることが望ましいであろうが，自営業者の所得捕捉に限界がある以上，免除制度の段階化によって事実上の応能負担化を図るより他ない。この点で，2004年改正によって導入された多段階免除制度は，積極的に評価できよう[29]。

そして，③について，国年法は，保険料の滞納者に対して，国税滞納処分の例によって強制徴収を行うことができる旨を定める（同96条）。悪質な滞納者については，滞納処分を国税庁に委任することも可能である（同109条の5。平成19年法律109号による改正で挿入）。従来は，保険料徴収権が2年で時効消滅し（同102条4項），強制徴収に要する事務コストが徴収対象額に引き合わないことから，強制徴収の発動は抑制されてきた。しかし，近年，納付督励の実施，強制徴収の強化など，積極的な対応が図られてきている[30]。また，納付督励や免除等勧奨業務を民間事業者に全面的に外部委託する市場化テストにより，徴収コ

---

27) 厚生労働省年金局・前掲注24），厚生労働省・前掲注24）。
28) ただし，若年層の雇用状況が改善しなければ，この特例を利用した者が30歳以降は保険料未納者となり，将来的に結局，無年金者となるおそれが大きいとの指摘もある。岩村正彦「2004年公的年金改革——その概要と検討」ジュリスト1282号（2005年）46頁。
29) 小島・前掲注3）64頁，菊池・前掲注12）176頁，堀・前掲注1）366頁以下。社会保障国民会議「社会保障国民会議　最終報告」（2008年）もほぼ同様の結論を示す。
30) 小島・前掲注3）62頁。

ストの削減も試みられている。

さらに，2007年の，「国民年金事業等の運営の改善のための国民年金法等の一部を改正する法律」（国民年金改善法）による改正では，滞納者に対して発行する国民健康保険の被保険者証の有効期間を短縮する，年金保険料の滞納を保険医療機関や介護事業者の指定の欠格事由とするなどの対策も盛り込まれた。ただし，国民年金の枠を超えた滞納者対策が可能な理由は，必ずしも明らかではない。制度の別を問わず保険料滞納に対するペナルティを課すことには，社会保険の特徴である給付と拠出の関連性を失わせるとの指摘もある[31]。

以上に見たように，「空洞化」問題に対しては様々な取組みがなされてきた。にもかかわらず，前述のように，国民年金保険料の納付率は悪化する一方である。そこで，2011年8月，「国民年金及び企業年金等による高齢期における所得の確保を支援するための国民年金法等の一部を改正する法律」（年金確保支援法）により，3年間の時限措置で，未納者本人の希望により保険料を10年間追納可能とする改正が行われた。しかし，法律上の納付期限を越えた追納の容認は，納付期限を守ることでリスク分散にまじめに参加していた者との間で，不公正をもたらすことになる[32]。また，このような政治的救済を行うことは，保険料を納めるべきときに納めなくても後で救済されるという一種のモラル・ハザードを引き起こし，保険料の納付意欲にかえって悪影響を与えうる[33]。安易にとるべき措置ではないといえよう。

「空洞化」問題については，免除制度への誘導や強制徴収の強化，国税庁への委任の活用をはじめ，これまでに取られてきた対策をいっそう推進してゆく他，徴収方法の工夫などの新たな対策を考えていく必要があろう[34]。同時に，きめ細かな情報提供等によって，年金制度に対する信頼と保険料納付意欲を高め

---

31) 江口・前掲注10) 172-173頁。
32) 年金保険料の納付期限の意義については，倉田聡「年金と社会保険――保険料納付の規範的意義」法律時報76巻11号（2004年）46-47頁，倉田聡ほか「座談会・年金制度のグランドデザイン」同誌同号11頁を参照。
33) 堀・前掲注1) 374-375頁，岩村ほか・前掲注23) 37頁。
34) 岩村・前掲注20) 15頁は，市町村が国民健康保険料（税）とあわせて国民年金保険料を徴収するのが，現実的であると提案する。

3 受給要件に関する問題

基礎年金制度をめぐる第3の問題点は，老齢基礎年金を受給するために必要な受給資格期間が長いということである。現行法は，老齢基礎年金を受給するために，保険料納付済期間と保険料免除期間とを合算した期間が25年間以上あることを要求する（国年26条）。受給資格期間は，老後の生活の保障として相応の年金を支給するために必要な拠出期間として設けられている[35]。

保険料を拠出した期間が25年に満たない場合には基礎年金が一切支給されないため，受給資格期間の長さが無年金者の増加の一因となっているといわれる。旧・社会保険庁の資料によれば，65歳以上で，今後70歳まで保険料を納めても25年の資格期間を満たさない者は，2007年時点で42万人と推測された[36]。無年金者の発生を防止するために，短くとも保険料の納付実績を尊重する必要があるとして，受給資格期間を例えば10年へ短縮すべきとの提案もある[37]。前掲「社会保障・税一体改革成案」においても，年金保険の最低保障機能の強化策の1つとして，受給資格期間の短縮が掲げられている。

他方で，受給資格期間の短縮に対しては，以下のような問題も指摘されている。まず，短期間で受給資格を得ることが可能となると，保険料納付意欲が低下し，未納問題が深刻化するのではないかという点である。受給資格を得るのに必要な分だけ保険料を納め，その後は保険料を納付しない者が増えれば，かえって低年金者を増加させることにつながるとも考えられる[38]。また，現行制度の下で仮に受給資格期間を10年とした場合，10年分の保険料を納めた者が受け取る年金額は40年間すべて保険料の全額免除を受けた場合の年金額を下回るため，このバランスをどう考えるかという問題もある。受給資格期間を短縮するならば，将来の年金額についての情報提供の充実などにより，受給資格獲得後

---

35) 吉原・前掲注9) 63頁。
36) 社会保険庁「無年金者数について」（2007年12月12日公表資料）。
37) 堀・前掲注1) 371頁。
38) 中川秀空「基礎年金の改革をめぐる論点」レファレンス平成22年8月号（2010年）40頁。

も保険料納付を継続するインセンティブを被保険者に強く与えることが重要となろう。

受給要件をめぐっては，この他に，保険料の上昇を抑制するために支給開始年齢を現行の65歳から引き上げるべきとの議論もある[39]。支給開始年齢の引上げは，現在は主に厚生年金について論じられているが，前提として被用者に対する高齢期の雇用保障が不可欠であり，直ちに行えるものではないとの批判が強い。基礎年金においても，慎重な議論が必要であろう[40]。

Ⅲ　基礎年金制度の抜本的改革の議論

1　基礎年金の税方式化案

以上に見たように，現行の基礎年金制度は様々な問題を抱えており，従来の制度改正ではそれらの問題点が必ずしも十分に解決されてこなかった。そこで，年金制度の仕組みを大きく変更する抜本的改革も，提案されてきている。

改革案の１つは，基礎年金をこれまでの社会保険方式から，保険の仕組みを使わず，公費を財源とする税方式（社会扶助方式）に切り替えるというものである。税方式化の考え自体は，1977年の社会保障制度審議会が打ち出した基本年金構想に見られるように，古くからある。しかし，2008年以降,「国民年金の空洞化」問題の深刻化や年金記録問題を背景として，税方式化の議論が高まりを見せてきた。

税方式化を主張する論者からは，基礎年金を税方式化するメリットとしておおむね，①「空洞化」問題が解決し，拠出の有無による排除がなくなる，②世代間・世代内の負担の不公平が是正され，第３号被保険者問題も解決する，③保険料徴収コストの削減や保険料納付記録管理の不要化により，年金事務処理の改善が図られる，といった点が主張される[41]。

---

39) 駒村・前掲注18）176-177頁。前掲「社会保障・税一体改革成案」においても，支給開始年齢の68～70歳への引上げが検討課題に挙げられている。
40) 田中秀一郎「年金保険給付」河野正輝ほか編『社会保険改革の法理と将来像』（法律文化社，2010年）103頁。
41) 2008年に出された様々な年金制度改革案は，堀・前掲注1）338頁，中川・前掲注38）29

しかし，税方式化にあたっては，保険料の振替え分として必要な10兆円規模の財源をどう確保するのかが大きな問題となる[42]。また，移行前の保険料納付実績をどう扱うのかも，検討されなければならない。公平を期するために保険料納付実績を年金支給額に反映させるなら，移行に長い期間がかかる上，低年金・無年金の問題は即座には解消されないこととなる[43]。その他にも，基礎年金の保険料の事業主負担分がなくなり事業主の負担が軽減されることをどう考えるか，年金以外の社会保障の財源確保も必要であるのに，消費税引上げ分をすべて年金に投入することが適切かなど，税方式化には多くの克服すべき課題がある。

そして，こうした税方式化の実現可能性の問題とは別に，社会保障法の学説では，社会保険方式による基礎年金制度の維持を積極的に支持する見解が有力である。すなわち，①負担と給付の対価性があり，負担の見返りとして受給権が保障されることから，権利性が強い，②ミーンズ・テスト（資産調査）や所得制限を持ち込む可能性がない，③給付と負担が関連付けられているため，負担について国民の合意が得やすく，財源確保が比較的容易である，④拠出を通じた運営参画が可能であり，国民の参加意識を確保することができる，⑤年金会計が国の一般会計から独立しているため，国家財政の影響を受けにくい，といった点が，基礎年金を社会保険方式で運営することのメリットとして主張される[44]。

わが国では，租税を財源とする給付には，所得制限ないし資産制限が付されることが多い。ミーンズ・テスト等に伴うスティグマの問題を老齢年金に持ち込むことには，強い抵抗が予想される。他方で，所得制限等を課さないとなれば，税を財源とする基礎年金を高所得者に対しても一律に支給することが，所

頁以下に整理されている。
42) 社会保障国民会議所得確保・保障分科会「社会保障国民会議における検討に資するために行う公的年金制度に関する定量的なシミュレーション」(2008年) 14頁以下では，税方式化への移行に必要な財源の試算が行われている。この試算によれば，最も追加的な費用が少ない，過去の保険料未納期間分の基礎年金を減額して支給する場合でも，現行の保険料負担分の振替えとして9兆円の税財源（消費税率3.5％に相当）が必要とされる。
43) 中川・前掲注38) 34頁。
44) 小島・前掲注3) 60頁，菊池・前掲注12) 156頁，堀・前掲注1) 354頁以下。

得配分として公正さを欠くという問題を生じる[45]。このことは，生活保護制度との整合性にも関わる問題である。いずれにせよ，社会保険方式のメリットを放棄してまで税方式へ移行するには，かなり強い理由付けが必要であろう。

2 最低保障年金の創設案

2009年，公的年金制度の一元化と最低保障年金の創設をマニフェストに掲げる民主党が政権を獲得した。このことにより，今日では，上述した基礎年金の税方式化よりも，最低保障年金の創設に向けた議論の方が現実味を強めている。

前掲「社会保障・税一体改革成案」は，社会保険方式の所得比例年金に税財源の最低保障年金を組み合わせた「新しい年金制度の創設」に取り組むと述べている。同案によれば，最低保障年金の支給額は，満額で7万円とし，生涯平均年収ベースで一定の収入レベルを超えた点より徐々に減額が行われ，ある収入レベルでゼロとなる。生涯平均年収ベースは，社会保険方式の所得比例年金における保険料納付額に対応する。そして，同案による所得比例年金は，納付した保険料を記録上で積み上げ，仮想の利回りを付し，その合計額を年金支給開始時の平均余命などで割って年金額を算出する仕組みである。したがって，最低保障年金の給付額は，所得比例年金の支給額に応じて逓減することとなる。

民主党および同政権が主張する年金制度改革は，スウェーデンで1998年に導入された老齢年金制度を参考にしたものといわれる。同様の提案は，経済学者を中心に学界からもなされている[46]。これらの提案による最低保障年金は，所得比例年金の受給額が高い者には支給されないため，基礎年金の税方式化に比べれば必要な追加財源が小さくて済み，したがって消費税率の引上げ幅も大きくならないものと推測される[47]。

---

45) 倉田ほか・前掲注32）10頁，小塩隆士「年金と税制——基礎年金の税方式化をめぐる課題を中心に」法律時報76巻11号（2004年）51頁。
46) 高山憲之「公的年金改革」日本年金学会編・前掲注7）59-60頁，駒村康平「所得保障政策に関する提言」駒村康平・菊池馨実編『希望の社会保障改革——お年寄りに安心を・若者に仕事を・子供に未来を』（旬報社，2009年）80頁以下など。

だが，最低保障年金の提案に対しても，社会保障法の学説からは強い批判・疑問が投げかけられている。主な批判の第1は，最低保障年金の存在が，所得比例年金における所得の過少申告や保険料の未納・滞納といったモラル・ハザードを招くおそれがあるという点である。この問題への対応策としては，やはりスウェーデンの制度を参考に，税と社会保険料の一体徴収による徴収体制の強化や，納税者番号制度の導入に加え，過少申告者や未納者・滞納者に対する最低保障年金の支給制限が挙げられている。しかし，過少申告者らに対する支給制限は，所得捕捉および保険料納付率の改善と同時になされなければ，最低保障年金の導入にもかかわらず無年金・低年金問題の解消が果たせないという矛盾をもたらすこととなる。そして，単に徴収組織を統一するだけで，保険料の未納・滞納の問題が解決するわけではない。スウェーデンでは，租税と社会保険料をまとめて徴収した上，納入額を各公租公課に均等に割り振る仕組みを取っており，年金保険料だけを選択的に免れることはできないようになっている。ここまで徹底した一体徴収を行えば，モラル・ハザードは生じにくくなるが，他方で租税と社会保険料を区別する意義は弱まることになる。

第2に，最低保障年金の水準の問題がある。提案されている満額7万円の支給額は，級地によっては現行の単身者に対する生活扶助基準を下回る。「最低保障」を謳うならば，生活保護よりも低い支給額が老後の生活の「最低保障」として十分なものであるかが，より直接的に問題となろう。他方で，夫婦2人世帯では，合計14万円の受給額は生活扶助基準を今以上に上回ることとなり，次に述べる点と相まって高齢者が他の世代の低所得者層よりも大きく優遇されることになる。この問題については，単身世帯と夫婦世帯とで最低保障年金の支給額に差を設けるとの提案もある。税方式の最低保障年金ではそのような制

---

47) もっとも，最低保障年金と所得比例年金とを合わせた水準の設定次第で，年金制度全体に対する国民の負担は増加しうる。岩村ほか・前掲注23）36頁。
48) 髙山・前掲注46）60頁，駒村・前掲注46）90頁。
49) 江口隆裕「年金制度の課題と将来」週刊社会保障2548号（2009年）103頁，岩村・前掲注20）15頁も参照。
50) 江口・前掲注49）103頁。
51) 駒村・前掲注46）88頁。

度設計も可能かと思われるが[52]，憲法14条の平等原則との関係が問題となりうる[53]。

　第3に，より根源的に，同じ租税財源で賄われる生活保護との関係をどう整理するのかという問題がある。最低保障年金が導入されれば，高齢者は，所得比例年金の給付額のみを要件として，生活保護と同等の，場合によってはそれを上回る所得保障を，全額税財源で受給することができるようになる。所得比例年金以外の収入（勤労所得や金融所得）や資産の多寡は問われない。このことは，他の世代の低所得者がミーンズ・テスト等の厳格な補足性の要件を満たした上でなければ生活保護を受給できないことと比べ，高齢者を優遇することを意味するが，その理念・根拠は十分には説明されてきていない[54]。

　この点について，スウェーデンでは，歴史的に古くから居住年数のみを要件として税財源による基礎的な所得保障がなされてきており，社会保険による所得保障のあり方に関する考え方がわが国とは大きく異なる点に留意すべきである。また，同国では，最低保障年金と最後のセーフティネットである生計扶助制度との間に，最低保障年金を十分に受給できない者のための特別な公的扶助制度が設けられている。念頭に置かれているのは，最低保障年金の受給資格を得るための居住要件を満たせない中高齢移民であるが，実際には，所得比例年金の保険料の未納によって最低保障年金を減額された者も，この特別な扶助を受給している。高齢者を他の世代から区別し，特別な扶助制度を設ける理由としては，生計扶助は一時的・個別的な保障を提供するものであって「低年金者」という集団に対する保障を提供するものではないこと，高齢者が就労可能年齢にはないこと等が挙げられている[55]。就労可能年齢にあるか否かを制度設計の指標とすることは，わが国の議論にとっても参考となろう。ただし，同国で

---

52) 社会保険方式の基礎年金では，このような考慮を行うことは難しいと考えられる。菊池・前掲注12) 157頁参照。
53) 老齢福祉年金の夫婦受給制限が憲法14条1項に違反するとした，牧野訴訟・東京地判昭43・7・15行集19巻7号1196頁を参照。
54) 堀・前掲注7) 40頁，江口・前掲注49) 103頁，岩村・前掲注20) 10-11頁。この批判は，Ⅲ1で検討した基礎年金の税方式化の提案にも当てはまる。
55) 詳細は，中野妙子「老齢年金——1998年改革の意義と課題」海外社会保障研究178号（2012年）29頁以下を参照。

は，一般的な最低所得保障である生計扶助制度と，最低保障年金を含むその他の所得保障制度との間の役割分担が，地方と国の役割分担の議論に直結している。わが国において，最低保障年金の導入が年金制度と生活保護の役割分担を変更しうることをどう考えるかについては，より踏み込んだ議論が必要だと思われる。

さらに，第4点として，最低保障年金の創設は，基礎年金の税方式化ほどではないものの，公的年金制度の租税財源への依存を強めることになる。税財源への偏重は，年金制度の財政的な独立性を弱める[56]ことをはじめ，社会保険方式のメリットを手放すことになる点に，十分な留意が必要であろう。

Ⅳ　今後の基礎年金制度のあり方

以上に見たように，現行の基礎年金制度には様々な課題・問題点が存在するが，それに対する抜本的改革案にも直ちには賛成しがたい。少子高齢化が進行する中で年金制度の安定化を図るためには，なるべく多くの人によって支えられる仕組みとすることが必要であり，年金制度の一元化は一般論としては望ましいものであろう[57]。しかし，そのための社会経済的環境や制度体制が整っていない状況下で，社会的・制度的な土台の異なる他国の制度を上辺だけ真似ても，真の問題解決にはならず，新たな問題を生み出すだけである[58]。

社会保険方式による基礎年金の維持には，そこで認められる権利性，財政的な独立性などの面から大きな価値があると考える。まずは，国庫負担の財源を早急に安定化・恒久化することで[59]，財政的な不安をなくし，国民の年金制度に対する信頼を回復すべきである。第1号被保険者の未納・未加入の問題についても，前述のように，強制徴収の強化や徴収方法の工夫，情報提供の充実など

---

56)　岩村・前掲注20）15頁。
57)　江口・前掲注10）153-154頁。
58)　岩村正彦「おわりに──公的年金等制度へのアプローチ」清家篤・岩村正彦編『年金制度改革の論点』（社会経済生産性本部・生産性労働情報センター，2000年）196頁を参照。
59)　国年法の2011年改正法附則では，2012年度以降は「必要な税制上の措置」を講じて国庫負担の財源を確保することとされている。

によって，改善を図らなければならない。それでもなお残る低所得高齢者の問題を，基礎年金あるいは年金制度の枠組み内で全て解決することは不可能であるし，必ずしも適切ではないように思われる。

〔付記〕 本章脱稿後に，「社会保障・税一体改革大綱」(2012年2月17日閣議決定) に接した。大綱において掲げられた年金制度にかかる改革の方針は「社会保障・税一体改革成案」によるものとほぼ同じ内容であるので，本章で行った検討は現在の改革の議論に引き続き当てはまるものと考える。

第11章
所得比例年金の課題

嵩 さやか

I はじめに

　現行の公的年金制度における所得比例年金（報酬比例年金という場合もある）は厚生年金保険・国家公務員共済組合・地方公務員等共済組合・私立学校教職員共済で，これらは，国民年金に上乗せされる2階部分の年金制度である。

　これらの被用者年金制度は，労働市場の変化や労働者の国際的移動により影響を受けるだけでなく，人口構造の変化にもさらされている。こうした社会的変化に対応すべく，近年では2004年の年金制度改正（「国民年金法等の一部を改正する法律」（平成16年法律104号。以下，「平成16年改正法」とする）による改正。以下，「04年改正」とする）を中心にさまざまな改正がなされ，現在でもその検討は続いている。また，公的年金制度の運営組織の問題も近年指摘されるようになり，その大幅な変更もなされた。本章はこれらの改正と今後の課題について検討すると同時に，所得比例年金の抜本的改正案（財政方式の転換，民営化，一元化など）についてもその内容と課題について考察する。

II 少子高齢化の進展と公的年金制度の持続可能性

　公的年金制度の財政問題については，04年改正でマクロ経済スライドを導入するなど一定の対応策が講じられた。2009年2月に公表された財政検証では，

第Ⅲ部　年　金

2038年度以降の公的年金の所得代替率（平均年収の被用者の夫と専業主婦の妻で構成される標準世帯について）は50.1％になると見通されており（出生率・経済前提が中位の場合[1]），財政の健全性は一応保たれているといえる。しかし昨今の厳しい経済情勢下では，さらに健全な年金財政の運営が求められるとして，「社会保障・税一体改革素案」（政府・与党社会保障改革本部2012年1月6日決定。以下，「素案」とする）は，給付水準の見直しや将来的な支給開始年齢の引き上げなどを検討課題として挙げている。

1　給付水準の引き下げをめぐる改正と今後の課題

(1) **少子高齢化の進展と被用者年金制度への影響**　日本の公的年金制度は，賦課方式の要素が強い修正積立方式で運営されているため，少子高齢化の進展はその財政に大きな影響を与える。04年改正時には，①合計特殊出生率が1.29人（2003年）から1.39人（2050年。2002年1月中位推計。以下同じ）へと若干上昇するものの依然として低い水準で推移すること，②65歳以上1人あたりの現役世代（20〜64歳）の人数が3.6人（2000年）から1.4人（2050年）へと減少すること，③年金の平均受給期間が男性17.5年・女性22.4年（2000年）から男性19.7年・女性26.2年（2050年）へと上昇することが予測され，この変化を保険料の引き上げだけで対応した場合，厚生年金の保険料率は2038年には25.9％に達すると予測されていた。他方で給付の見直しだけで対応した場合には，全体の年金受給額の3〜4割程度の引き下げが必要であるとされていた。[2]

(2) **04年改正によるマクロ経済スライドの導入**　この予測結果を受け，04年改正は概ね100年の財政均衡期間の中で負担と給付とのバランスをとることを目的に，国民年金・厚生年金について「将来の保険料水準の引き上げと上限を定めた上で（保険料水準固定方式），その範囲内で給付水準を調整する方式」への

---

1) 厚生労働省年金局数理課「平成21年財政検証結果レポート——国民年金及び厚生年金に係る財政の現況及び見通し」(http://www.mhlw.go.jp/topics/nenkin/zaisei/zaisei/report2009/pdf/all.pdf, last visited 9 May. 2012)。
2) 厚生労働省年金局「平成16年年金制度改正のポイント——「持続可能」で「安心」の年金制度とするために」6-7頁 (http://www.mhlw.go.jp/topics/bukyoku/nenkin/nenkin/kaisei-h16-point.html, last visited 9 May. 2012)。

転換を行い,その調整の仕組みとしてマクロ経済スライドを導入した[3]。具体的には,毎年,名目手取り賃金変動率(新規裁定者)・物価変動率(既裁定者)で改定される再評価率(厚年43条の2,43条の3)を,調整期間(同34条)ではさらに調整率をかけて改定するのである(同43条の4,43条の5)。調整率は,公的年金制度全体の被保険者数の減少と平均余命の伸びを反映した数値であり,負担と給付のマクロ的変動に応じて給付額を調整する。ただし,物価変動率等の上昇幅が小さく調整率をかけると支給額が減少する場合には前年度の支給額が維持され,またこれらの率がマイナスの場合には調整率は用いない。このマクロ経済スライドにより標準世帯の公的年金の所得代替率は,59.3%(2004年度)から50.2%(2023年度)になると04年改正時点では推測されていた[4]。

(3) **2004年改正後の状況** ただしこのマクロ経済スライドは,2011年度までの間,以下の事情から一度も発動されていない。1999年から2001年の物価下落時,年金受給者の生活状況にかんがみて年金額は物価下落に合せて引き下げず据え置く措置(物価スライド特例措置)が講じられた。04年改正は,まずこの特例水準の解消(具体的には,賃金・物価が上昇しても特例水準の年金額は据え置くことによる)を行った上でマクロ経済スライドによる調整を行うとしたが(平成16年改正法附則27,31条),賃金・物価の下落傾向が続いているため2011年度現在でも特例水準の解消に至っていないのである[5]。

このようにマクロ経済スライドは実施されず,それどころか本来よりも高い水準で年金が支給され続けている。このことは制度の持続可能性への懸念だけでなく,賃金の低下を被る現役世代との間で世代間格差が拡大しているという認識ももたらす。そのため社会保障審議会年金部会では特例水準の解消だけでなく,デフレ経済下においてもマクロ経済スライドを原則通り適用することも

---

3) なお,国家公務員共済組合等についても同時期の法改正によりマクロ経済スライドが導入されている(「国家公務員共済組合法等の一部を改正する法律」(平成16年法律130号等)参照)。
4) 厚生労働省年金局・前掲注2) 16頁。
5) 「マクロ経済スライドについて」(平成23年9月29日第3回社会保障審議会年金部会資料) (http://www.mhlw.go.jp/stf/shingi/2r9852000001q0wz-att/2r9852000001q122.pdf, last visited 9 May. 2012) 参照。

含めて議論されており,「素案」でも検討課題として明記されている。

(4) **給付水準の引き下げと財産権保障**　マクロ経済スライドは年金の実質価値の引き下げを意味する。また,デフレ経済下でもマクロ経済スライドを実施し,年金額を賃金・物価の下落分以上に引き下げるようになると,年金受給者の財産権侵害という議論はより尖鋭化する(なお年金額の引き下げと憲法25条の問題については第10章参照)。

(a) **判断枠組み**　憲法29条にいう財産権とは一切の財産的価値を有する権利を意味し,公法上の権利も含まれると解されているため,公的年金の受給権も財産権に含まれる(札幌地判平元・12・27労民40巻6号743頁参照)。もっとも財産権の保障対象となるのは,裁定を経て具体的に発生した年金受給権に限られ,受給要件を満たしていない段階では(年金受給に対する期待はあるとしても)財産権として保障すべきものはないといえる。

法律で定められた財産権を事後法で変更することについて,最大判昭53・7・12民集32巻5号946頁は当該変更が公共の福祉(憲法29条2項参照)に適合するものであるか否かは,①いったん定められた法律に基づく財産権の性質,②その内容を変更する程度,③これを変更することによって保護される公益の性質などを総合的に勘案し,その変更が当該財産権に対する合理的な制約として容認されるべきものであるかどうかによって判断すべきとしている。既裁定年金の引き下げについても,学説はこの枠組みに沿って検討する。

---

6) 佐藤幸治『憲法〔第3版〕』(青林書院,1995年)565頁,伊藤正己『憲法〔第3版〕』(弘文堂,1995年)367-368頁。

7) 菊池馨実『社会保障法制の将来構想』(有斐閣,2010年)90頁(初出は,同「既裁定年金の引下げをめぐる一考察——法的側面からの検討」年金と経済21巻4号(2002年)78頁)は,受給要件は満たしているが裁定を経ていない段階に発生している抽象的な受給権にも,既裁定年金に準じた財産権的保障が及ぶとする。本章でもこの見解にしたがい,既裁定年金についての以下の議論はこうした抽象的受給権にも及ぶものと考える。

8) 菊池・前掲注7) 90頁,中野妙子「老齢基礎年金・老齢厚生年金の給付水準——法学の見地から」ジュリスト1282号(2005年)71頁。なお,堀勝洋「高齢社会における年金」民商法雑誌118巻4＝5号(1998年)506頁は,未裁定年金の引き下げについて,「引き下げられた後の年金額が納めた保険料額に比して著しく低い等の事情がない限り,年金水準の引下げは直ちには憲法29条1項の規定に反しない」とする。

9) 菊池・前掲注7) 91-96頁,中野・前掲注8) 71-72頁,西村健一郎『社会保障法』(有斐閣,2003年)45-46頁,石崎浩「既裁定年金の受給権に関する一考察」季刊労働法215号

(b)既裁定年金の引き下げについてのあてはめ　①については，まず公的年金の目的が保険事故発生後（多くは老後）の生活の安定であることが考慮されるべきである。また，当該年金給付の年金制度における位置づけ（1階部分として生活の基礎的部分を保障するものなのか，2階部分なのか）も財産権の性質として捉えられよう。さらに学説で指摘されているように，保険料拠出によって受給権が基礎づけられるため税方式の社会保障給付に比べて財産権保障の要請が強まるが，他方で年金の財源には事業主の拠出や国庫負担も含まれていることや，保険料を拠出しなかった者にも受給権が与えられる場合があることなどから，民間保険におけるような拠出との対価性をもった受給権とはいえない[10]。

③については，制度の財政が健全化され持続可能性が高まることが一般に挙げられよう。04年改正でも，持続可能で安心な制度の構築が目的とされた。またこうした改正は社会保険を基礎づける社会連帯あるいは世代間連帯意識の保持を可能とするとも評価できる[11]。

②については，年金給付が受給者の生活を支えるものであることや，（対価関係が民間保険に比べて弱いとはいえ）保険料拠出に基づくものであることなどを考慮すると，必要最低限度であることが望ましい[12]。ただし，生活の基礎的部分を保障する1階部分と，2階部分の被用者年金とでは，許容される引き下げの程度も異なってくると考えられる。また04年改正についていえば，デフレ経済下ではマクロ経済スライドを適用しないことや，平成16年改正法附則2条1項により給付水準の下限（標準世帯の年金額について男子被保険者の平均標準報酬額の50%）が規定されたことも加味されるべきだろう。

（2006年）165-166頁。なお，社会保障給付の削減全般について堀勝洋『社会保障法総論〔第2版〕』（東京大学出版会，2004年）172頁。

10)　菊池・前掲注7) 95頁, 中野・前掲注8) 71頁, 西村・前掲注9) 46頁, 石崎・前掲注9) 165頁。なお，太田匡彦「『社会保障受給権の基本権保障』が意味するもの――『憲法と社会保障』の一断面」法学教室242号（2000年）119頁によると，ドイツでは財産権保護の必要性について，「人間の尊厳」の本質をなす人間の発展の自由を保障するためには，自己の責任下での人間の活動だけでなくその成果（財産）を保護する必要があるとの見解があり，こうした議論によって連邦憲法裁判所では社会保障受給権について財産権保障を与えるか否かを判断する際に「貢献の要素」に着目するようになったとする。

11)　菊池・前掲注7) 95頁, 中野・前掲注8) 72頁。

12)　菊池・前掲注7) 95-96頁。

(c)制度の柔軟性と信頼保護への配慮　　上記①②③を総合的に勘案する際には将来の変化に応じて柔軟に対応する必要性と同時に，国民の制度への信頼に対する配慮が必要であり，一見相対立する両要請の均衡を図ることが求められる。すなわち，「社会保険受給権の財産権保障を過度に機能させると，将来の立法者の決定余地と社会経済状況の変化に対する柔軟な反応とを犠牲にしてしまう」[13]ため，この観点からは制度の持続のためには年金額の引き下げは柔軟に認められた方が良い。[14]他方で，ドイツの判例・学説を参考に，信義誠実の原則に由来し法治国家原理を法的根拠とする「信頼保護原則[15]」は，日本でも財産権保障との関係で一定程度尊重されるべきであると解されている。[16]信頼保護はそれ自体に規範的価値があるのだと思われるが，[17]制度の持続にとっても重要である。国民による制度への信頼は，制度存続のための基盤であるからである。[18]

　以上の点を総合考慮すると，04年改正で導入されたマクロ経済スライドによる給付の引き下げについては，その内容に照らすと憲法29条に反しないと解される。[19]しかし，現在議論されているように，デフレ経済下でもマクロ経済スライドを原則通り適用するとなると，少なくとも基礎年金部分についてはより慎重に財産権侵害の可能性について吟味する必要が出てくると思われる。

2　支給開始年齢の引き上げをめぐる問題

(1)　**支給開始年齢の引き上げ案**　　日本は平均寿命が最も長い国の1つであることから，諸外国で近年改正されているように支給開始年齢の（65歳から68～70歳への）引き上げが「素案」においても中長期的課題として挙げられている。

---

13)　太田・前掲注10）120頁。
14)　菊池・前掲注7）95頁，小山剛・葛西まゆこ「年金改革関連法と憲法」法学セミナー598号（2004年）70頁，中野・前掲注8）72頁。
15)　斎藤孝「社会保険受給額の引き下げに関する憲法問題――社会保険給付請求権の規範的内容」法学新報98巻5＝6号（1992年）110頁。
16)　菊池・前掲注7）95頁および中野・前掲注8）72頁は，信頼保護原則の趣旨を上記②（内容変更の程度）の審査において尊重するべきであるとする。
17)　斎藤・前掲注15）119-120頁は，信頼保護原則の根拠を，憲法13条に求める。
18)　太田・前掲注10）120頁。
19)　小山・葛西・前掲注14）70頁，中野・前掲注8）72頁，石崎・前掲注9）166頁。

(2) 支給開始年齢の引き上げをめぐる今後の課題　支給開始年齢の引き上げについては，年金受給までの高齢者の雇用をいかに確保するのかという重大な政策課題をクリアする必要があるため，慎重な検討を要する。他方で，以下のフランスでの議論にかんがみれば，社会保険の基盤を揺るがしかねない影響をもたらすものともいえる。

(a)フランスでの議論　フランスでは，公的年金制度の保険加入期間や支給開始年齢の引き上げの際に，職種による平均寿命（年金受給期間）の違いが問題視され，平均寿命の短い職種に対する救済措置が検討されてきた[20]。こうした寿命の違いへの着目は，社会保険の成立基盤を揺るがしかねない。すなわちこれまで社会保険では，個々人のリスクを見積もらずに被保険者集団内でリスク分散と所得再分配を行ってきた。これに対し，被保険者間におけるリスク（例えば長生きのリスク）の違いを見いだすことは，被保険者間の再分配の中で「誰が得をして誰が損をしているのか」という視点を持ち込むことを意味しうる[21]。すなわち，被保険者の「無知のヴェール」により社会保険の下での個々人の凝集化が実現していたのに，個々人についての情報（例えば，職業に応じた寿命）が手に入り「無知のヴェール」が引き裂かれると「脱連帯化（désolidarisation）」が作動するおそれがあるのである[22]。

(b)日本への影響　日本ではまだ顕在化していないものの，将来的には職業による寿命の違いについての議論が，フランスのように登場する可能性もなくはない。あるいはより明確な違いとして性別による寿命の違いが問題視される可能性もある。実際，2011年10月に厚生労働省が社会保障審議会年金部会に提

---

20) 詳細については，嵩さやか「フランス年金制度の現状と展望」海外社会保障研究161号（2007年）42-44頁参照。

21) Yves Struillou, "Pénibilité et réforme des retraites: rendez-vous manqué ou premier pas ?", *Droit social*, novembre 2003, p. 956. 齋藤純一「社会的連帯の理由をめぐって——自由を支えるセキュリティ」齋藤純一編著『福祉国家／社会的連帯の理由』（ミネルヴァ書房，2004年）277-278頁も，社会保険における非人称の連帯の「人称化」により連帯の一方的受益者と名指される特定カテゴリーの人々が顕在化し，社会的連帯が不安定化することを指摘する。

22) Pierre Rosanvallon, *La nouvelle question sociale-Repenser l'État-providence*, Seuil, 1995, pp. 54-57.

案した支給開始年齢を68歳に引き上げる案に対し,一部のマスコミは60～67歳の男性の死亡者数が毎年8万人近くにも達することを指摘して,これらの者が保険料を納付したにもかかわらず保険給付(老齢年金)を受けられなくなることを問題視している[23]。こうした議論がきっかけとなり,被保険者集団内でのリスクの違いに注目が集まるようになる可能性も否定しきれず,その場合にはリスクの異なる被保険者間での再分配を強制することはいかにして正当化されるのかという根本的な課題の検討を迫られることになろう。

III 働き方の変化と年金制度

現行の所得比例年金制度は被用者を対象とする制度であるため,労働市場の変化により被保険者の構成や保険料収入・給付額が影響を受ける。また,稼働能力の減少・喪失に対する所得保障を目的とした制度であるため,受給権者の就労の動向により制度の役割やあり方が変わりうる。このように人々の働き方の変化は所得比例年金制度に少なからず影響を与える。近年顕著な非正規雇用の拡大や女性のライフスタイルの変化が公的年金制度に与える影響については,それぞれ第2章・第3章で論じられているため,以下では高齢者の就労の進展とグローバル化による労働者の国際移動ついて検討する。

1 高齢者の就労と被用者年金

(1) **高齢者雇用政策の進展と高齢就労者の増加**　近年,少子高齢化の進展による労働人口の減少に加えて,特別支給の老齢厚生年金の支給開始年齢の段階的引き上げなどから,高齢者の雇用を促進する政策が進展している。なかでも重要なのが,高齢者等の雇用の安定等に関する法律の2004年改正である。同改正は,2006年度から①定年の65歳までの引き上げ,②65歳までの継続雇用制度の導入,③定年の定めの廃止,のいずれかの措置を講じる義務を使用者に(2012年度末までは段階的に)課している。こうした政策を受けて,高齢就労者数は増

---

23) 週刊新潮56巻41号(通号2814号)(2011年)26頁。

加傾向にある。例えば51人以上規模企業での常用労働者数は，60～64歳について約78万人（2005年）から約175万人（2011年）へ，65歳以上について約27万人（2005年）から約56万人（2011年）へと増加している[24]。

(2) **在職老齢年金制度の変遷**　高齢者が就労し賃金を得るようになると，老齢年金との調整が問題となる。厚生年金保険では，老齢厚生年金の受給権を取得してもなお労働して賃金を得ている場合には，在職老齢年金制度（以下，「在老制度」とする）として老齢厚生年金の支給額が調整される。

在老制度は制度創設当初にはなかった。というのも1954年に制定された厚生年金保険法は，老齢年金の受給要件として被保険者資格の喪失を定めていたため，退職しないと受給権を取得できなかったのである。しかし，高齢者は低賃金であることが多いことから，老後の所得保障の充実を図るため，1965年改正により老齢年金の受給資格期間を満たした被保険者が65歳に達したときは老齢年金を支給（ただし2割は支給停止）することとし，在老制度が導入された。その後，高齢者の就労意欲への影響と現役世代との均衡を考慮しながら，在老制度は対象年齢層や年金額の調整方法についての改正が繰り返されてきた。

(3) **現行の在職老齢年金制度**　60歳代前半については，賃金（賞与込み月収）と老齢厚生年金（加給年金額は除く）の合計額が28万円を上回る場合には，賃金の増加2に対して年金額1を支給停止し[25]，賃金が46万円を超える場合には，さらに賃金が増加した分だけ年金が支給停止される（厚年法附則11条）（基準額はいずれも2011年4月1日以降のもの。以下同じ）。65歳以上については，賃金と老齢厚生年金の合計額が46万円を超える場合，賃金の増加2に対して年金額1が支給停止される（同46条）。

(4) **在職老齢年金制度の合理性**　賃金を得ながら年金も受給するのは退職後の所得保障を目的とする年金制度の趣旨と合致しないことから，在老制度の合理性は肯定されうる[26]。他方で在老制度は，年金受給において所得要件を課した

---

24)　厚生労働省職業安定局「平成23年『高年齢者の雇用状況』」(http://www.mhlw.go.jp/stf/houdou/2r9852000001r7s6-att/2r9852000001xkjh.pdf, last visited 9 May. 2012)。
25)　なお，年金額のみで28万円を超える場合には，賃金の2分の1に相当する額が支給停止される。
26)　加藤智章ほか『社会保障法〔第4版〕』（有斐閣，2009年）96頁。

ものとの評価も可能である[27]。

　こうした評価の違いは、老齢厚生年金の保険事故をいかに解するかによると思われる。すなわち、老齢厚生年金を退職を保険事故とする退職年金として捉えると、在老制度による年金の支給停止は当然のことであり[28]、賃金を得ながら（部分的に）年金を受給することの方がむしろ特別扱いということになる。他方で、老齢厚生年金の保険事故を老齢に達したこととすると、老齢に達したことにより当然受給できるはずの年金が在老制度により賃金を理由に（一部あるいは全部）支給停止されていると捉えられる。この場合、在老制度は年金受給において所得要件を課したものとみなされ、社会保険の意義—所定の保険事故が発生した受給者に対し、資産調査・所得調査をせずに社会保険料の対価として定型的な給付を行うこと[29]—を損なうと評価される[30]。

　老齢厚生年金は上述の制度創設当初の受給要件に照らすとする退職年金として位置づけられていたといえるが、現行法では、被保険者資格喪失が受給要件から外され老齢のみを受給要件とする老齢年金として規定されていると捉えられる。しかし同時に、在老制度にあらわれているように、退職年金としての性格もなお帯びているようにもみえる[31]。こうした現行法における保険事故の不明確さが、在老制度の評価に混乱を招いていると思われる。また、60歳代前半に支給される特別支給の老齢厚生年金は、1986年基礎年金改革時の支給開始年齢の引き上げの影響を緩和するための特別措置であると考えると、60歳代前半と65歳以降とでは保険事故の考え方が異なるといえるかもしれない。

　もっとも、保険事故を老齢として退職要件を全廃するのも、保険事故を退職として厳格な退職要件を設定するのも、どちらも社会的に不公平感をもたらすとすれば[32]、賃金と年金の調整自体はいずれにしてもやはり必要だろう。そうで

---

27) 岩村正彦「2004年公的年金改革——その概要と検討」ジュリスト1282号（2005年）48頁。
28) 堀勝洋『年金保険法——基本理論と解釈・判例』（法律文化社、2010年）259頁。
29) 岩村正彦『社会保障法Ⅰ』（弘文堂、2001年）43-44頁、加藤ほか・前掲注26）23頁。
30) 岩村・前掲注27）48頁。
31) 堀・前掲注28）11頁。
32) 森戸英幸「厚生年金保険の現状と課題」日本社会保障法学会編『講座社会保障法第2巻 所得保障法』（法律文化社、2001年）102頁。

あるとしても，老齢厚生年金の保険事故を明らかにした上で，その保険事故の原則的取り扱いから当該調整がどの程度逸脱しているのか，そしてその逸脱はどのように正当化できるのかという観点からの議論は必要であると思われる。

(5) **在職老齢年金制度の今後の課題**　在老制度には就労意欲を阻害する効果があると考えられていることから，より高齢者の労働に中立的な年金制度とすべく，支給停止の基準額がより低い60歳代前半の在老制度の見直しが「素案」において検討課題とされている。ただしこうした議論では，在老制度の就労抑制効果の有無・程度や年金財政への影響という観点が中心であり，上述のような老齢厚生年金の保険事故を明らかにした上での在老制度の位置づけにまでさかのぼった検討はなされていない。しかし，こうした点を議論せずに在老制度について表層的改正を繰り返すことは，上述のように老齢厚生年金の本来の意義からの乖離を加速させかねない。

もっとも，在老制度の存在と改正の連続が意味しているのは，老齢厚生年金の意義自体の変容であるのかもしれない。老齢厚生年金が例えば「老齢」を保険事故とするものであったとしても，現代では健康状態の改善や雇用環境の変化により「老齢」が必ずしも稼働能力の低下・喪失を意味するわけではなくなっている。在老制度はこうしたリスクの変化を暗に前提としているとも考えられる[33]。

いずれにせよ今後の在老制度の議論においては，在老制度が老齢厚生年金の意義や役割という根幹部分に関わる問題であることを認識する必要があり，それを踏まえた上で同制度のあり方を議論することが重要であると思われる。

2　グローバル化の進展と被用者年金

人の国際的移動を増加させるグローバル化の進展により[34]，海外就労邦人・外

---

33) リスクの変化とフランス年金制度の意義・役割の変容の分析について，嵩さやか「フランス年金制度の変容と連帯」日仏法学25号（2009年）172-175頁参照。
34) 具体的には海外在留邦人数は，約81万人（2000年）から約114万人（2010年）へと増加し（外務省「海外在留邦人数調査統計平成23年速報版」（平成22年10月1日現在）参照），日本での外国人登録者数も約169万人（2000年）から約213万人（2010年）へと増加している（法務省入国管理局編「平成22年版出入国管理」およびe-Stat「国籍（出身地）別在留資

国人労働者への被用者年金制度の適用のあり方の問題はより顕在化してくる。

(1) **厚生年金保険における海外就労邦人・外国人労働者の取り扱い**　一般的に社会保障制度の適用および事業の実施は，基本的には当該国の国内限りであり，（一定の場合を除いて）属地主義に基づいて適用法が決定される[35]。厚生年金保険法では，適用対象となる適用事業所の所在地についての規定はないが（厚年6条参照），当然に日本国内に所在する事業所のみを対象としていると思われる。そのため，海外の事業所に勤務する日本人は厚生年金の被保険者とはならない。ただし，日本国内に所在する適用事業所との使用関係を維持した状態で海外の支店に赴任する場合には被保険者であり続ける。他方で，被保険者資格の取得には国籍要件はないので，厚生年金の適用事業所に使用される外国人労働者も当然に被保険者となる。

(2) **社会保障協定の必要性と締結状況**　上述のように，海外で勤務する日本人が厚生年金保険の被保険者であり続ける場合でも，勤務先の国の公的年金制度に加入することもある。この場合，両国で二重に制度に加入し保険料を支払うこととなる。他方で，年金受給権を取得するのに一定の保険加入期間が必要な海外の制度の場合，実際の加入期間が受給権取得に必要な加入期間を下回ると，受給権が発生せず保険料が掛け捨てとなってしまう。

　こうした問題を解消するため日本は，2000年2月1日に発効したドイツとの協定を皮切りに，多くの諸外国と社会保障協定を締結してきている（協定発効12ヶ国，協定署名済み3ヶ国，政府間交渉中5ヶ国，予備協議中3ヶ国（2012年1月現在））。これらの協定では，一定の派遣期間（多くは5年）を基準とした制度適用国の決定と，両国での加入期間の通算（ただしイギリス・韓国・イタリアを除く）が規定されている。

格（在留目的）別外国人登録者」参照）。
35) 岩村・前掲注29) 188-189頁参照。

Ⅳ　公的年金制度の管理運営をめぐる問題と近年の改正

1　社会保険庁の諸問題と廃止

社会保険庁の事業運営については，04年改正前後から，年金保険料の保険給付外流用，同庁職員と外部業者との癒着，職員による書籍についての多額の監修料の受領，職員による個人情報の業務目的外閲覧などの問題が国会審議やマスコミ報道等により問題視され，さらには基礎年金番号に統合されていない年金記録が約5095万件（2006年6月現在）あることが2007年の国会審議にて指摘され，国民の社会保険運営に対する信頼が大きく損なわれる事態となった（年金記録問題が引き起こした年金受給権の消滅時効の問題については第12章参照）。これを受けて，公的年金制度の運営体制を再構築して国民の信頼を回復するため，社会保険庁の廃止と新たな運営組織である日本年金機構の設置とが日本年金機構法（平成19年法律109号。以下，「機構法」とする）により規定された。

2　日本年金機構の設置と運営

(1)　**日本年金機構の概要**　　2009年末で社会保険庁が廃止され，2010年1月1日から厚生労働大臣が公的年金制度の財政責任と管理運営責任を担うようになると同時に，日本年金機構が設置され，公的年金の運営業務を同大臣からの委任・委託を受けて行うようになった。機構は非公務員型の公法人（特殊法人）であり，厚生労働大臣の監督下に置かれている（機構48～50条）。

(2)　**機構における当事者の参加の推進**　　社会保険庁の諸問題の大きな原因として国民の立場に立った管理運営が実施されていなかったことが挙げられる。この反省から，機構法2条では，国民の意見を反映させながら機構の業務運営を行うこととされ，機構内に関係者の意見を運営に反映させるための組織として運営評議会が設けられた（同28条）。こうした当事者の参加は，（個人の利益や

---

36)　社会保険庁の在り方に関する有識者会議「社会保険庁改革の在り方について（最終とりまとめ）」（2005年5月31日発表）（http://www.kantei.go.jp/jp/singi/syahotyou/dai10/10siryou4.html, last visited 9 May. 2012）。

国家の利益とは異なる）被保険者や受給者の集団的利益の実現という保険者機能の実効的実現の観点から，あるいは憲法13条に基づく自由の理念から導かれる自律指向性（そのより具体的な内容としての参加原則[38]）の観点から，望ましいものと評価できる[39]。

V　制度の抜本改革をめぐる議論

1　財政方式の転換と民営化

(1) **財政方式の転換論**　これまでの議論では（国民年金の税方式化とともに）所得比例の被用者年金について賦課方式から積立方式[40]への転換が主張されることが多かったが[41]，移行期に生じる「二重の負担」の問題などから積立方式化は実現が困難であるとの認識も根強い[42]。他方で，スウェーデンの公的年金制度などに導入された「観念上の拠出建て年金」という新たな財政方式が注目されている。これは，保険料は賦課方式により現在の給付に充てられるが，拠出した保険料相当額が各被保険者の個人勘定に積み立てられたものとして記録され，受給時には観念上積み立てられた積立金とその運用利回りに基づいて年金額が

---

37) 医療保険制度について保険者機能の強化を主張するものとして，加藤智章「医療保険制度における保険者機能」山崎泰彦・尾形裕也編著『医療制度改革と保険者機能』（東洋経済新報社，2003年）217頁以下。
38) 菊池・前掲注7) 18頁（初出は同「社会保障法制の将来構想（一）」民商法雑誌135巻2号（2006年）333-334頁）。
39) 当事者の参加の規範的要請についての詳細は，嵩さやか「公的年金制度と当事者の参加」駒村康平編著『年金を選択する——参加インセンティブから考える』（慶應義塾大学出版会，2009年）163-166頁参照。
40) 賦課方式・積立方式の概要について岩村正彦「社会保障法入門⑧」自治実務セミナー46巻9号（通号543号）（2007年）9-12頁参照。
41) 代表的なものとして八田達夫・小口登良『年金改革論——積立方式へ移行せよ』（日本経済新聞社，1999年）61-74頁。経済学者や財政学者による厚生年金の積立方式化の主張をまとめたものとして，森戸・前掲注32) 98-99頁。なお，岩村正彦「社会保障法入門⑫」自治実務セミナー47巻2号（通号548号）（2008年）10頁は，憲法25条が公的年金について一定の財政方式を要請しているとは解されないため積立方式化は同条に抵触しないとする。
42) 堀勝洋『年金制度の再構築』（東洋経済新報社，1997年）193-196頁，倉田聡ほか「座談会・年金制度のグランドデザイン」法律時報76巻11号（2004年）14頁〔小塩隆士発言〕，井口直樹『日本の年金政策——負担と給付・その構造と機能』（ミネルヴァ書房，2010年）161頁。

算定される方式であり[43]，従来の賦課方式を維持したまま，保険者が運用リスクを負わなくてすむ拠出建て年金への転換を可能とするため，制度の持続可能性を高める。しかし，あくまで保険料は賦課方式で運用されているため，現役世代の負担する保険料額が給付に必要な額を下回る場合には，制度の財政均衡が崩れ制度の安定性が損なわれる。そこで，スウェーデンでは「自動財政均衡メカニズム」が導入され，毎年保険料資産と年金債務とを比較して，年金債務の方が大きい場合には，議会の議決を経ることなく自動的に年金額のスライド率やみなし運用利回りが引き下げられるようになった[44]。こうした調整装置を伴うことにより，観念上の拠出建て年金は，年金債務を，給付時の拠出能力等に応じて柔軟に調整できる「弾力的な債務」へと転換させる方法と評価される[45]。

(2) さまざまな民営化論　被用者年金（とりわけ厚生年金）の積立方式化の延長線上にあるものとして民営化が主張されることがある。これは，民間の個人年金に強制加入させる方式による民営化といえるが，積立方式への移行自体が困難であることからこうした主張はやや下火になっている[47]。これに対し，公的年金の負担を軽減しつつ被保険者の選択肢を広げるため，一定の要件を満たす企業年金の加入者については厚生年金からの適用除外（コントラクト・アウト）を認めることを主張する見解もある[48]。他方で，憲法13条に根拠をおく個人の自由を尊重する立場から，厚生年金等の２階部分の年金制度への強制加入の妥当性に疑問を呈し，厚生年金等の廃止，または次善の策としての適用除外の許容を主張する見解もある[49]。このように「民営化」といっても多様な類型があるため，法的評価を行う際には相互の違いに留意する必要がある[50]。

---

43) 江口隆裕『変貌する世界と日本の年金――年金の基本原理から考える』（法律文化社，2008年）134-135頁。
44) 中野妙子「スウェーデン」法律時報76巻11号（2004年）35頁，江口・前掲注43）38-39頁。
45) 江口・前掲注43）136頁。
46) 小塩隆士『年金民営化への構想』（日本経済新聞社，1998年）158-159頁。
47) 倉田聡ほか・前掲注42）17頁〔小塩隆士発言〕。
48) 藤田伍一「小泉改革と年金民営化」週刊社会保障2356号（2005年）44-45頁，江口・前掲注43）229-230頁。
49) 菊池馨実『社会保障の法理念』（有斐閣，2000年）160-168頁。なお，同主張は，厚生年金等への強制加入を廃止したとしても，国家は企業年金の規制整備や普及拡大を図ることが望ましいとする。

(3) **民営化と憲法25条**　政府が保険者の厚生年金を民営化する場合，形態にもよるが，多かれ少なかれ政府（国）の役割は縮減することから，生存権の保障のため国に社会保障の整備を求める憲法25条との関係で問題が生じうる。

(a)保険者の変更と憲法25条　まず，制度の内容は維持しながら厚生年金の保険者のみを政府から他の主体に変更する場合を想定してみる。この場合はさらに，①公法人への変更（例えば，2006年健康保険法改正による政府から全国健康保険協会への保険者の変更），②民間法人への変更に分けられる。

①については，憲法25条が厚生年金について国が直接運営することを要求しているのかが問題となるが，同条が社会保障の多様なあり方から国直営の社会保障制度のみを要求していると解する根拠は見当たらず，またそのように解することは社会保障から国家と個人以外の「社会」という契機を排除しかねず妥当でない[51]。したがって，①の変更は憲法25条には反しないと思われる。

②は，従来政府などの行政主体（公法人も含む）が実施してきた厚生年金を民間法人の運営に委ねることを意味する。憲法25条2項にいう「社会福祉，社会保障」の事業主体は行政主体に限定されるとの解釈をとれば，②の変更は「社会福祉，社会保障」の縮減と評価されうる[52]。そして，例えば（1項2項区分説を前提に）憲法25条2項から「『向上および増進に努める』ことに明白に反すること，すなわち合理的理由なく後退をもたらすことをしてはならない[53]」という規範的要請が導き出されると解すると，合理的理由のない②の変更は同項に反するということになりそうである。ただし，上記の規範的要請は主に国民の権利の後退に着目したものであると考えれば，事業主体のみ変更し権利の内容

---

50) 民営化の諸形態については，森戸英幸「年金と私保険——企業年金の論点と年金民営化論」法律時報76巻11号（2004年）56-58頁。
51) 岩村正彦「社会保障改革と憲法25条——社会保障制度における『国家』の役割をめぐって」江頭憲治郎・碓井光明編『法の再構築［Ⅰ］国家と社会』（東京大学出版会，2007年）106-107頁。社会保障法における「社会」の役割の重要性を説くものとして加藤智章『医療保険と年金保険——フランス社会保障制度における自律と平等』（北海道大学図書刊行会，1995年）5-6頁，倉田聡『社会保険の構造分析——社会保障における「連帯」のかたち』（北海道大学出版会，2009年）23-32頁。
52) 岩村・前掲注51) 111-112頁。
53) 内野正幸『憲法解釈の論理と体系』（日本評論社，1991年）377頁。

は維持する②の変更は,「社会福祉,社会保障」の形式的縮減であるとしても権利内容には影響を与えないため,上記の規範的要請が統制する「後退」にはあたらないともいえる。[54] 他方で,憲法25条2項は「社会福祉,社会保障」の事業主体については立法府の完全なる裁量に委ねていると解すると,②の変更は同条に反しないことになる。[55]

(b)被用者年金(厚生年金等)の廃止と憲法25条　被用者年金の廃止による民営化については,(1項2項区分説を前提に)合理的理由が存在しない等にもかかわらず,(厚生年金を含め)制度廃止を行うことは25条2項が国家に課した社会保障向上努力義務に反し違憲無効である[56]とした上で,具体的に同義務違反を判断するに際しては,制度廃止の必要性,必要性との関係で改正(廃止)が必要最小限度のものであること,既得権を奪うものではないこと,適切な経過措置の存在などを考慮すべきであるとの主張がある。[57] ただし,合理的理由のない社会保障制度廃止をおよそすべて違憲無効とするほどの規範的効力を憲法25条2項から導くことができるのかは必ずしも明らかではない。[58] また,国家が私的年金の法整備を充実させそれへの加入を(税制優遇措置などを通じて)促進することによって各人により良い年金受給権を保障することも同項にいう「社会保障,社会福祉」に含まれると解すれば,こうした代替措置を伴う被用者年金制度の廃止は一概に「『向上及び増進』に反するもの」とはいえないと思われる。

他方で,現行法からの制度の後退を憲法25条の規範的要請から制限しうるとするもう1つの可能性として,同条についての通説である抽象的権利説の派生

---

54) 岩村・前掲注51) 112頁。
55) 岩村・前掲注51) 112頁。
56) 大場敏彦「年金制度改革の課題」季刊労働法192号 (2000年) 31頁。なお,給付水準の切り下げを行う立法に対する憲法25条2項の規範的要請について同様の解釈を示すものとして,籾井常喜『社会保障法 労働法実務大系18』(総合労働研究所,1972年) 94頁,内野・前掲注53) 377頁,高橋和之『立憲主義と日本国憲法〔第2版〕』(有斐閣,2010年) 289頁。
57) 大場・前掲注56) 31頁。堀・前掲注9) 147頁は社会保障給付削減等について同旨の主張を行う。
58) 菊池・前掲注49) 171頁。小山剛『「憲法上の権利」の作法』(尚学社,2009年) 126頁は,憲法25条が禁止するのは,健康で文化的な最低限度の生活の水準を下回ることだけであるため,制度後退それ自体に必要性・合理性を求めるのは筋違いであるとする。

命題として制度後退禁止原則（制度後退は原則として違憲であるとすること[59]）を導く考えが理論的にはありうる[60]。すなわち、同説によれば憲法上の権利は法律によって初めて具体化されるため、法律によって具体化された権利は憲法規範としての価値を有し後の立法を拘束することになると考えられる。しかし、これについては一般的に「下位規範に先行して確定しているはずの憲法上の法規範の内容が、下位の制度の有無（ないし内容）によって逆に規定されてしまう[61]」という問題点が指摘されている。被用者年金の廃止に引きつけて考えれば、廃止がこうした意味での制度後退禁止原則に抵触するとするには、被用者年金に関する法律が定める権利が憲法25条の規範的内容となっていると解する必要があるが、「健康で文化的な最低限度の生活」を保障する憲法25条の解釈としてそのような規範的内容を導くのは困難であるし、また妥当でもないと思われる[62]。また、ここでいう制度後退禁止原則は「健康で文化的な最低限度の生活」に直接関わる生活保護を暗に念頭に置いた議論とも考えられるため、その他の社会保障制度に直ちに応用できるものではないといえよう。

2　公的年金制度の一元化

(1)　被用者年金制度の一元化　　厚生年金以外の各共済組合の退職年金額は、老齢厚生年金と同様の計算式で算出される部分に、組合期間に応じた一定額（職域部分）[63]を加算した額とされている。他方で保険料率は、厚生年金が16.412%（2011年9月から2012年8月まで）であるのに対し、国家公務員共済組

---

[59]　内野・前掲注53) 377頁は、憲法25条2項の国の「向上及び増進」努力義務から導かれる規範的要請も制度後退禁止原則と呼ぶ。
[60]　棟居快行「社会保障法学と憲法学——具体と抽象の間で」社会保障法22号（2007年）154頁。なお、棟居教授は抽象的権利説をこのように捉えることには否定的な態度を示す。
[61]　内野・前掲注53) 155頁。
[62]　葛西まゆこ「生存権と制度後退禁止原則——生存権の『自由権的効果』再考」企業と法創造7巻5号（2011年）33頁は、抽象的権利説には法律によって具体化されたその内容が単なる法律上の地位から憲法上の権利へと格上げされる可能性（危険性）があるとして、そうした抽象的権利説の「利用」による憲法解釈に危惧の念を示す。
[63]　組合期間が20年以上の場合は「平均標準報酬額×1.096/1000×組合期間月数」、20年未満の場合は「平均標準報酬額×0.548/1000×組合期間月数」を加算する（国家公務員共済組合77条1項、2項等参照）。

合・地方公務員等共済組合が15.862%（同期間について），私学共済が13.292%（2012年度。長期給付・短期給付適用者について）となっており，制度により給付水準と保険料率とに格差がある。そこで，被用者年金制度を働き方に中立的な制度として公平性・安定性を確保する観点から，共済年金を厚生年金に合わせる形で被用者年金制度を一元化することが「素案」に盛り込まれている。

被用者年金の一元化については，すでに2007年4月に，当時の自民党政権の下で「被用者年金制度の一元化等を図るための厚生年金保険法等の一部を改正する法律案」として国会に提出され議論されていた。同法案は，公務員や私学教職員も厚生年金の適用を受けることとするが，それぞれを異なる被保険者種別に分類し，種別ごとに従来の保険者（共済組合等）が実施機関として事務を行うとしていた。そして各実施機関は毎年度一定の拠出金を政府に納付し，政府は実施機関に対して厚生年金給付をまかなうための交付金を交付する。こうしたことから，同法案は形式的には「一元化」という形式をとりつつ，事務の実施については従来の被用者年金の区分を維持し，費用について実施機関間で「財政調整」を行うという内容になっていると評価できる[64]。

これに対し「素案」では，給付内容や保険料率についての同一化については明記されているものの，共済制度と厚生年金制度とを一本化するのか否かについては明らかにされていない。ただ「素案」は上記2007年法案をベースに具体的内容を検討するとしているため，「一元化」の形をとった「財政調整」によって被用者年金における公平性・安定性の確保を図ることも十分考えられる。他方で「素案」は職域部分の廃止については明言しているため，給付水準の引き下げをめぐる法的問題（上記Ⅱ1(4)参照）のほか，民間における企業年金にように，より高い給付水準を求める公務員等の集団的決定をいかに保障するのかという問題が生じよう[65]。

(2) **一元化された新しい年金制度の構想**　(a)全員を対象とした「所得比例年金」への一元化案　2009年8月の総選挙で政権を獲得した民主党は，同選挙

---

64)　江口隆裕「公的年金の一元化」週刊社会保障2447号（2007年）48頁。
65)　江口・前掲注64) 49頁。

における政権公約（マニフェスト2009）において，より公平で，雇用の流動化により適合的で，より分かりやすい年金制度への改革を目指していた。具体的には，国民年金と複数の被用者年金からなっていた公的年金制度を，全ての人が加入する「所得比例年金」へと一元化するとともに，消費税を財源とした「最低保障年金」を創設することが提案されていた（最低保障年金については第10章で論じられている）[66]。

こうした一元化構想は「素案」でも検討課題として挙げられている。「素案」によれば，「所得比例年金」は社会保険方式で運営され，老齢年金に係る部分の保険料は15％程度とされている。また，納付した保険料を記録上積み上げ，仮想の利回りを付し，その合計額を年金支給開始時の平均余命などで割って，毎年の年金額を算出するとされている。このことから「素案」が構想する「所得比例年金」は観念上の拠出建て年金であるといえる。したがって，この提案の限りでは，「所得比例年金」では垂直的所得再分配は機能せず，その機能はもっぱら「最低保障年金」に委ねられるということになろう。

(b)「所得比例年金」の課題　　こうした「所得比例年金」への転換については，現行制度からの移行措置をどのように行うか，現在の国民年金の第1号被保険者の保険料率をいかに設定するか（とりわけ保険料を労使折半する被用者と同じ保険料率にするのか）といった問題のほか，従来公的年金では所得把握されてこなかった自営業者等についていかに正確に所得捕捉するかという問題がある[67]。所得比例年金のみで考えると，所得の過少申告は給付の減少を意味するだけであるためそれほど問題は生じないが，税を財源とした最低保障年金が（所得の過少申告により）額の少ない所得比例年金を補う形で給付されるとなると，不公正な再分配が機能してしまうことになる。そうしたことからより正確に所得を捕捉するため，「素案」では社会保障分野と税分野とで共通して利用でき

---

66) 同様の提案は，民主党の衆議院議員が2004年に159回国会に提出した「高齢期等において国民が安心して暮らすことのできる社会を実現するための公的年金制度の抜本的改革を推進する法律案」でもなされている。

67) 「所得比例年金」への一元化に伴う問題について，芝田文男「2004年年金制度改革の論点整理と今後の課題」北大法学論集56巻3号（2005年）1498-1496頁，岩村正彦「高齢社会と社会保障——特集にあたって」ジュリスト1389号（2009年）11-12頁。

る「社会保障・税番号（マイナンバー）制度」の導入が盛り込まれている。これにより各個人の所得等に関する情報が一元的に管理できるようになり，所得捕捉がより効率的になされると考えられるが，他方で必要経費等の把握についての有効性には疑問が呈されている[68]。また，観念上の拠出建て年金は賦課方式で運営されるため，人口構造の変化に対して脆弱な面がある。そのため，制度の安定性確保のためには上述したように，年金債務の柔軟化のための調整装置をうまく組み込む必要があるが，それが同時に保険料負担と給付との関係の透明性を損なう結果とならないように注意する必要があろう。

VI　おわりに

　以上検討してきたように，所得比例の被用者年金は，基礎年金部分の国民年金と同様，社会経済の変化によって大きな影響を受け，制度の持続可能性や就労により中立的な制度を目指した改正や検討が近年多く見られる。ただ，本章の考察からは，そうした制度改正がもたらしうる法的問題についての議論は必ずしも十分になされているとはいえず，また，そうした制度改正が制度の役割・意義などに与える影響などの理念的側面についても検討が不十分であることが分かった。今後の社会保障法学には，精緻な法解釈論を積み重ねると同時に，変容する社会における所得比例年金のあり方や保障するべきリスクについて再検討することが望まれる。

　〔付記〕　本章脱稿後に,「社会保障・税一体改革大綱」（2012年2月17日閣議決定）および「被用者年金制度の一元化等を図るための厚生年金保険等の一部を改正する法律案」（2012年4月13日提出）に接した。

68）　芝田・前掲注67）1497頁，岩村・前掲注67）12頁。

第12章
公的年金給付をめぐる法的諸問題

岩村　正彦

I　はじめに

　公的年金の給付については，本巻の他の論考で検討される基本的な問題のほかに，受給しようとする者および受給している者にとって，より具体的で，かつその生活の経済的側面と密接に関わる法的問題が存在する。たとえば，毎月の給与から厚生年金保険料が源泉徴収されていたのに，老齢年金の裁定請求をしたところ，その保険料納付記録が存在しなかったときに，請求者はどのような法的手段に訴えることができるか，といった問題である。
　こうした法的問題は，大きく分けると，年金給付の受給開始前のものと，開始後のものとに整理できる。前者は，年金受給資格の取得に関わる法的諸問題であり，後者は，受給要件を満たして支給の請求をし，裁定を経て取得した年金受給権の法的性格等をめぐる問題である。前者と後者とでは問題は異なる様相を帯びる。本章では，紙幅の関係もあり，また2007年2月，年金記録（保険料を納付・負担した期間，および，保険料の免除等を受けて，保険料の全部を納付せず，またはその一部のみを納付した期間等に関し保険者が作成・保存する記録をいう。以下同じ）について，同一人の記録が分散していて保険料納付等の期間の全体

---

1) 本章では，拠出制の公的年金制度としては，国民年金（基礎年金）と厚生年金保険をもっぱら取り上げる。公務員の共済組合制度は，厚生年金保険と問題点等は基本的には共通であるので扱わない。

第12章 公的年金給付をめぐる法的諸問題

が把握できないもの，被保険者資格の取得喪失の記録が不正確なもの，(厚生年金保険の) 標準報酬月額の記録が不正確なもの，保険料納付の実績の記録に欠落等があるものなどが多数存在することが国会で明らかとなった (以下，これを「年金記録問題」とする) ことを契機として，法的にも関心を集めたことに鑑みて，前者の問題に焦点を合わせて考察を行うことにしたい。

この前者の問題，すなわち年金受給権の取得に関わる法的諸問題には，まず，保険料の拠出等を中心とする年金受給権取得要件の問題がある (Ⅱ)。また，年金給付の支給要件を満たして受給権者が受給権を取得したときでも，受給権者がそれを行使しないままでいると，一定期間の経過によって，消滅時効が成立し，受給権者は獲得した受給権を失うという問題も存在する (Ⅲ)。この2つの大きな論点を順次取り上げていくことにしよう。

Ⅱ 年金受給権取得要件

わが国の公的年金制度は拠出制を基本とする。年金給付の受給権の取得には，一定年数の保険料の納付実績が必要であるし，給付額も保険料の納付実績によって決まる。この論点を1でまず検討する。年金の受給権の取得と給付額の決定には，保険料の納付実績が関わることから，年金記録が不可欠である。この年金記録が不完全である場合には，それが年金給付の受給権にいかなる影響を及ぼすかが問題となる。これを2で考察する。

1 保険料の拠出・免除

上述のように，公的年金制度は拠出制に依拠する。したがって，老齢年金についてみれば，保険料を納付・負担した期間，すなわち，第1号被保険者であった期間について国民年金の保険料を全額納付した期間および第2号被保険者・厚生年金保険の被保険者であった期間 (保険料納付済期間。定義は国民年金法 (以下「国年」とする) 5条2項，厚生年金保険法 (以下「厚年」とする) 3条1項1号) が受給権取得要件に算入される[2]。そして，給付の額は保険料の拠出実績に依存する (国年27条ただし書，厚年43条1項)。

237

もっとも，わが国の公的年金制度は，年金受給権の取得要件に関して拠出制を貫徹してはいない。国民年金の第1号被保険者については保険料免除制度（国年89～90条の3）があり，保険料納付の一部または全部の免除を受けた期間（保険料免除期間。国年5条3項，厚年3条1項2号）も老齢基礎年金と老齢厚生年金の受給権取得要件に算入される（国年26条ただし書，厚年42条第2号）[3]。障害厚生年金の被保険者期間の最低保障（厚年50条1項）も，厚生年金保険料の実際の負担期間（および事業主の負担・納付期間）を超える期間が年金給付算定にあたって考慮されるという限りでは，これらに準じる[4]。保険料の拠出が受給権の取得の要件でない例には，20歳前障害にかかる障害基礎年金（国年30条の4。受給権者は保険料が免除される（国年89条1号））がある。第3号被保険者の保険料拠出は受給権取得の要件ではなく[5]，第2号被保険者も国民年金保険料は納付しない（にもかかわらず，老齢基礎年金等を受給する）[6]。

　また，上述の各事例では，保険料の拠出実績が年金給付額に反映されないことが示すように，年金給付額の決定に関しても拠出制は貫かれていない。たとえば，国民年金第1号被保険者で保険料の全部または一部の免除を受けた者については，免除の程度に応じて，全部または一部の免除を受けた期間の一定割合のみが年金給付額の算定にあたって考慮される（国年27条ただし書2号～8号）。したがって，保険料の全部または一部の免除を受けたことのある被保険

---

2) 厚生年金保険の被保険者は同時に基礎年金の第2号被保険者であるが，第3号被保険者と同様に，国民年金保険料を賦課されず，保険料の納付を要しない（国年94条の6）。しかし，第2号被保険者は，厚生年金保険等の被保険者の資格で当該制度へ拠出をしている。そして，第2号被保険者の国民年金保険料相当分は，厚生年金保険料に含まれる形をとり，その分は，第3号被保険者と同様に，基礎年金拠出金（国年94条の2・94条の3）という形で，年金特別会計の厚生年金勘定から基礎年金勘定へと繰り入れられる。
3) 障害基礎年金，障害厚生年金，遺族基礎年金，遺族厚生年金も同様である（国年30条1項ただし書，国年37条1項ただし書，厚年47条1項ただし書，厚年58条1項ただし書）。
4) いわゆる「カラ期間」（合算対象期間）も，保険料拠出がない期間であるが受給権取得要件に算入される（たとえば，国年附則5条等）。
5) 第3号被保険者は保険料を賦課されず，保険料の納付を要しない（国年94条の6）。第3号被保険者の保険料相当分は，その配偶者である第2号被保険者とその事業主とが負担する厚生年金保険料に含む形となっている。この第3号被保険者の国民年金保険料相当分は，基礎年金拠出金（国年94条の2・94条の3）という形で，年金特別会計の厚生年金勘定から基礎年金勘定へと繰り入れられる。
6) 注2)および注5)を参照。

者であった者が取得する老齢基礎年金の額は満額年金よりも少ない。遺族年金も拠出制とは距離のある例といえよう。死亡した者の保険料拠出実績が受給権取得の要件であったり（たとえば国年37条ただし書，厚年58条１項ただし書），年金給付額に反映されるが（厚年60条参照），受給権者自身は保険料を拠出していないからである（「派生権」(derived right)）。

以上のように，わが国の公的年金制度は拠出制を基本としつつも，保険料拠出を要件としない仕組み（上述の20歳前障害の場合の障害基礎年金）や，被保険者が保険料を全部または一部納付していない期間も年金給付受給権取得要件に算入したり，納付していないことが年金給付額には全く，または部分的にしか影響しない仕組みを現行制度は設けている。つまり，年金受給には，保険料を全額納付もしくは負担した期間と，上述の仕組みの適用を受けて保険料の全部を納付せず，もしくは一部のみの納付にとどまった期間との合計が一定期間（現行法では25年）以上あることが必要である。このことは，上述の仕組みの適用を受けないままに保険料を全く納付しなかった期間が一定期間（現行法では，20歳で国民年金の被保険者資格を取得した場合には，15年）を超えると，年金を受給できないことを意味する。これが，拠出制を基本とする現行制度の基本的な規範である。[7]

2　年金記録と年金受給権

上述の規範が適切に機能するためには，年金記録を保険者が正確に作成し，保存していることが前提となる。国民年金の場合には，被保険者の種別によって，上述したように国民年金保険料の納付義務の存否が異なるので，被保険者種別の変更の正確な記録が，保険料納付・免除の期間に関する記録の正確さの

---

7) 「国民年金及び企業年金等による高齢期における所得の確保を支援するための国民年金法等の一部を改正する法律」（平成23法93）附則２条により，2012年10月１日から2015年９月30日までの３年間，厚生労働大臣の承認（その事務は日本年金機構に委任）を受けて，承認の日の属する月から遡って10年の間で，国民年金保険料債権が時効によって消滅した各月につき，同保険料を後納できる。この後納により，当該各月について保険料が納付されたものと見なされる（つまり保険料納付済期間に算入される）。類似の特例的救済措置は，過去においても時限付で取られたことがあるが，国民年金第１号被保険者の保険料を納付する意欲を減退させる効果があり，好ましくない。

前提となる。

　ところが，2007年2月，年金記録問題が発生する。「宙に浮いた年金記録」として，マスコミでも大きく取り上げられて，社会的にも強い注目を引くことになった。年金記録の不備は老齢年金受給権の取得要件充足の有無や年金額の決定に影響するため，この年金記録問題は公的年金に対する国民の信頼を大きく揺るがした。また，国民年金・厚生年金保険制度に関する実務を所掌していた社会保険庁の相次ぐ不祥事によって，その廃止と新組織への移行も政治的な争点となっていた[8]。そのため，当時の自公政権はこの年金問題に対する対応策を急いで講じることとなる。年金記録問題の解決を2009年の総選挙のマニフェストの1つとして掲げて政権の座に着いた民主党連立政権も，さらに新たな措置を追加する。

　こうして，年金記録問題に端を発して講じられた措置によって，不服申立制度や，年金受給権の取得と年金額の決定とに関する従来の仕組みに重要な修正が加えられた。ただ，それらは，年金記録問題の解決に射程が限定されている。ここでは，Ⅲで扱う消滅時効に関する特例以外のものを検討する。

　第1に，特別な不服申立制度の設置がある。国年・厚年は，社会保険庁長官（当時。現在は厚生労働大臣）が被保険者・受給権者からの請求（申請）を受けて年金記録を調査し，その結果にもとづいて，年金受給権の取得要件の充足の有無や年金額を裁定や決定によって決定する仕組みを採用している。そして，この裁定・決定に不服のある請求者は，社会保険審査官への審査請求，社会保険審査会への再審査請求，そして裁決・決定の取消訴訟というルートで争う途を用意している。年金記録の誤りを理由とする不服申立も，本来はこのルートによるはずである。しかし，年金記録問題の表面化によって，多くの年金受給者・被保険者が同時に社会保険事務所に年金記録の確認・相談に訪れるというパニックに近い様相となったため，上記の不服申立制度は機能しえない状況となる。そこで，年金記録問題の当事者である社会保険庁が関わらない第三者の[9]

---

8) 社会保険庁は2010年1月1日をもって廃止され，公的年金事業に関する事務は同日付で設立された日本年金機構に引き継がれた。
9) 社会保険審査官は，当時，社会保険庁の職員であった。

立場に立つ紛争解決機関であって，請求者側が保険料領収書以外の証拠による保険料納入等の事実を立証することをも認めるものを設けるという構想が浮上する。こうして，2007年6月，総務省に「年金記録確認中央第三者委員会」が，同省の各管区行政評価局等に「年金記録確認地方第三者委員会」が置かれる。これらの委員会は，国家行政組織法8条にもとづく合議体の機関であり，厚生年金保険・国民年金の業務に関する苦情の申し出に対するあっせん（「年金記録にかかる苦情のあっせん」（総務省組織令附則22・23））という形で年金記録に関する紛争の解決を行う。この紛争解決制度は，委員会のあっせんを社会保険庁・日本年金機構がそのまま受け入れ，年金記録の回復を行うという実務上の扱いによって担保されている。

第2に，厚生年金保険における保険料債権の時効消滅と保険給付の不支給との牽連関係に関する特例がある。厚年75条は，事業主が保険料を納付しなかったために保険料徴収債権が時効によって消滅した被保険者期間につき，保険給

---

10) 厚生年金保険・国民年金の不服申立手続でも，法的には，保険料納付実績の証明のための証拠方法は保険料領収書に限定されないから，この点は年金記録確認第三者委員会に特有とはいえない。不服申立における立証は疎明で足るとされており，年金記録確認第三者委員会のあっせんの判断基準（「年金記録に係る申立てに対するあっせんに当たっての基本方針」（2007年7月総務大臣決定））と大きくは変わらない。年金記録訂正のあっせん案を委員会が出したときは，社会保険庁・日本年金機構は受け入れるのでその限りでは紛争は終局的に解決するが，あっせん案が申立人等（厚生年金保険の場合は申立人を使用していた事業主も含むため）の意に沿わないとき，または委員会が年金記録訂正不要の結論に至ったときには，申立人等はなお厚生年金保険等の不服申立をする途があり，制度的には紛争の終局的解決には至らない。実際，2011年6月の「年金記録確認第三者委員会報告書——信頼回復へ向けたこれまでの活動と今後の課題」は，再申立が増えており，訴訟も当時8件あることが報告されている。そうした裁判例として，たとえば大阪高判平22・4・9 LLI/DB判例秘書（ID06520550）がある。

11) 厚生年金保険料は，事業主と被保険者とがそれぞれ保険料額の2分の1ずつを負担する義務を負っているが（厚年82条1項），被保険者負担分も含めて事業主が保険料全額の納付義務を負う（厚年82条2項）。事業主が被保険者の給与・賞与から被保険者負担分の保険料を源泉徴収しながらも（厚年84条），そもそも被保険者資格取得の届出をしていなかったり，（被保険者の退職や事業廃止の事実がないのに）被保険者資格を喪失させたりして，保険料を納付しないということが起こりうるし，現に起きており，これが年金記録問題の一類型として問題化した。もっとも，経営困難に陥った事業主が，その事実がないのに事業廃止の届出をする実務自体は，以前から，厚生年金保険からの「脱退」としてその存在が知られていた。これが違法であることは当然である（岩村正彦『社会保障法Ⅰ』（弘文堂，2001年）49-50頁）。

付を不支給とする。そのため，給与・賞与から被保険者負担分の保険料が控除されているにもかかわらず，事業主が保険料を納付していなかった場合に，事後的に被保険者資格の取得や保険料納付記録の訂正が行われても，保険料徴収債権の消滅時効が完成していない被保険者期間については遡って年金給付の裁定や支給額変更決定が行われるものの，消滅時効が完成した被保険者期間にかかる保険給付は支給されない。被保険者には責めがないにもかかわらず，被保険者の法的救済が図れないことから，年金記録確認第三者委員会の指摘にもとづき，議員立法で「厚生年金保険の保険給付及び保険料の納付の特例等に関する法律」（平成19法131。以下，「厚年特例」とする）の制定に至る。この厚年特例は，年金記録確認第三者委員会が，事業主が給与・賞与から（被保険者負担分の）保険料を控除した事実があるにもかかわらず，事業主が当該保険料を納付したことが明らかでない事案（未納保険料の徴収権が時効によって消滅した場合に限る）に該当するとの意見を厚生労働大臣に出したときは，同大臣は，これを尊重して，そうした未納保険料に係る期間を有する者（特例対象者）に関する被保険者資格取得・喪失の確認の訂正および／または標準報酬月額・標準賞与額の改訂もしくは決定するものと定める（厚年特例1条1項。ただし，特例対象者が当該事業主が上記義務を履行していないことを知っていたり，知ることができる状態であるときは除く）。厚生労働大臣はこの訂正または決定にもとづいて厚生年金保険・国民年金の年金記録の訂正を行い（厚生特例1条2項，4項），厚年75条ただし書の適用に関しては，未納保険料徴収権が時効で消滅する前に被保険者

---

12) 厚年75条の立法趣旨は，保険料が納付されないままに保険料徴収債権が時効で消滅した被保険者期間についても年金給付の支給を認めると，年金給付の原資が確保されていないにもかかわらず給付を行うこととなって，制度の財政均衡が崩れるのを防止し，もって被保険者全体に不利益が及ばないようにするとともに，義務違反に対する制裁的な意味を持たせることにある（『厚生年金保険法解説〔改訂版〕』（法研，2002年）616頁）。なお，上記被保険者期間は，国民年金の保険料納付済期間にも参入しない（国年附則7条の2）。

13) 厚年75条が，事業主が届出を怠ったり，被保険者負担分の保険料を源泉徴収しながら納付しなかったりしたことによって生じる不利益（徴収権が時効で消滅した期間にかかる年金給付の不支給）を，責めのない被保険者に負わせることの妥当性には疑問がある（岩村・前掲注11）79頁）。

14) 年金記録確認第三者委員会「基本方針案」（2007年7月9日版）2頁，同「年金記録確認第三者委員会報告書──これまでの活動実績を振り返って」（2009年6月）53-54頁。

資格の取得等の届出（厚年27条）がなされたものとして特例対象者に保険給付を行う（厚年特例1条3項。このとき，後述する保険給付の消滅時効の特例法の適用もある（厚年特例1条5項））。したがって，保険料拠出とは対応しない期間についても特例的に年金給付が支給される。他方で，事業主等が厚生労働大臣の勧奨に応じず，事業主名の公表（厚年特例3条）を行ってもなお期限までに未納保険料を納付しないときには，特例的に支給した給付に関する財政的な裏付けをするために，国庫が当該未納保険料相当額を負担する（同2条9項～12項）。この場合には，事業主が被保険者資格取得の届出を怠ったり，特例対象者の給与から被保険者負担分の保険料を源泉徴収したのに保険料を納付しなかったことに起因して特例対象者が当該事業主に対して取得する金銭支払請求権を，国庫が負担した額を限度として，国が取得する（厚年特例2条13項）。もっとも国が実際にこの請求権を行使して事業主から支払いを受けるのはそう容易ではない。[15)][16)]

III　年金給付請求権の消滅時効

　保険料拠出要件等を満たした上で，所定の年金給付支給事由（65歳に達すること，障害認定日に障害等級2級以上の障害の状態であること，被保険者，被保険者であった者または受給者が死亡したこと）が発生すると，被保険者，被保険者であった者またはそれらの遺族（国年37条の2，厚年59条）は，当該年金給付の受給権

---

15)　事業主が故意・過失によって被保険者資格取得届出を怠ったことが原因で厚生年金保険料徴収債権が時効によって消滅したときには，被保険者は厚年75条によって受給できなくなった保険給付相当額の賠償を不法行為または債務不履行を理由として事業主に請求できる（京都地判平11・9・30判例時報1715号51頁，奈良地判平18・9・5労働判例925号53頁）。しかし，口頭弁論終結時には当該被保険者が年金を受給できるかが不明で，したがって損害額も判明しないときは損害賠償請求は認められない（大阪地判平18・1・26労働判例912号51頁）。

16)　厚年特例は，事業主等の任意の納付がない場合には，国庫が負担することで，特例的に支給する給付の財政的裏付けをする。厚年75条が事業主の義務懈怠の帰結を被保険者に負わせるのは適切とはいい難いが，厚年特例は事業主のモラル・ハザードを助長する可能性がある。難しい問題であるが，保険料徴収債権の短期消滅時効（2年）の当否も絡めて検討する必要があろう。

を取得する。しかし，年金給付支給事由が発生したにもかかわらず被保険者等が支給の請求（裁定・決定請求（申請））をしないままでいると，給付を受ける権利は消滅時効にかかり，その部分については被保険者等は年金給付を受け取ることはできなくなる。後述のように，年金記録問題を契機として年金給付を受ける権利の消滅時効に関する特例が導入されたが，この特例を検討する前提として，まず1で，消滅時効に関する基本的ルールを考察しよう。その上で，2に進んで，特例の検討を行うことにしたい。

1 「年金給付を受ける権利」の消滅時効

2007年7月に施行された「厚生年金保険の保険給付及び国民年金の給付に係る時効の特例等に関する法律」（平成19法111。以下，「時効特例」とする）による改正前の国年102条1項は「年金給付を受ける権利は，その支給事由が生じた日から5年を経過したときは，時効によって，消滅する」と，同厚年92条1項は「保険給付を受ける権利は，5年を経過したときは，時効によって，消滅する」と定めていた。

これらの旧規定にいう「年金給付を受ける権利」，「保険給付を受ける権利」の意味については見解が分かれるが，裁定・決定を求める権利を意味すると解するのが妥当であろう[17]。この権利は，国に対する金銭給付を目的とする権利（会計法（以下「会計」とする）31条1項2文）ではないので，消滅時効の利益を享受するためには，国は消滅時効の援用を要する[18]。他方で，裁定・決定を経た

---

17) 有泉亨・中野徹雄編・喜多村悦史執筆『厚生年金保険法〔全訂社会保障関係法1〕』（日本評論社，1982年）256頁，岩村・前掲注11) 108頁等。反対，小西國友『社会保障法』（有斐閣，2001年）105頁以下（支分受給権を意味するという）。同旨，西村健一郎『社会保障法』（有斐閣，2003年）74頁。これに対し，前掲注12)『厚生年金保険法解説』1043頁，堀勝洋『年金保険法〔第2版〕』（法律文化社，2011年）309頁は基本受給権を指すとする。同旨，東京地判平22・11・12LLI/DB 判例秘書（ID06530801），東京高判平23・4・20LLI/DB 判例秘書（ID06620513）（ただし傍論）。
18) 岩村・前掲注11) 112頁。国が消滅時効を援用しないのに，裁定・決定を求める権利を絶対的に消滅させるのは，被保険者等にとって酷であるからである。有泉亨・中野徹雄編・喜多村悦史執筆『国民年金法〔全訂社会保障関係法2〕』（日本評論社，1983年）254頁，有泉・中野・喜多村・前掲注17) 257頁）。ただし，労災保険に関する裁判例には，会計31条を適用ないし類推適用するというものもある（岐阜地判2・4・23労働判例562号42頁，東

いわゆる「基本受給権」には消滅時効の適用はないと解されている。[19]

旧規定は，支分受給権（基本受給権にもとづき定期的な支払い期日ごとに発生する，年金額を１年間の支払期数で除した額に相当する金銭債権）の消滅時効は言及していなかった。そこで，この支分受給権は国に対する金銭の給付を目的とする権利であるので，その消滅時効については，会計30条の適用があると解されていた。[20]したがって，支払期日の翌日から起算して５年が経過すると[21]，会計31条１項により，国の援用を要せずに当該支分受給権は消滅する（絶対的消滅）。

旧規定下の実務では，年金給付支給事由が発生した日の翌日から５年が経過した後に年金の裁定請求があった場合には，基本受給権については国は消滅時効の援用をせずに（あるいは時効の利益を事後的に放棄して（民146条参照））裁定を行い，支払期日の翌日から５年を経過してしまった支分受給権については時効によって消滅したものとして支給しない扱いをしていたようである。[22]

2 消滅時効の特例

年金記録問題の発生とともに，年金給付を受ける権利（裁定・決定を求める権利）や支分受給権の消滅時効が問題となった。誤った年金記録が回復・訂正されることによって，新たに年金受給資格を取得した場合（たとえば，国民年金被

京地判平７・10・19労働判例682号28頁等）。
19) 有泉・中野・喜多村・前掲注17）256頁，岩村・前掲注11）108頁。これに対して，藤田恒雄「公的年金の消滅時効について」季刊社会保障研究26巻３号（1990年）283頁は，基本受給権には民168条の適用があるとする。碓井光明「公的年金の給付に係る時効問題——年金時効特例法の制定を契機として」ジュリスト1341号（2007年）119頁も民168条の適用可能性を示唆する。西村・前掲注17）73頁も同旨か。要は年金支給開始後に受給者の年金振込口座が解約され，そのまま新しい口座の指定もされず，本人とも連絡が取れない状態になったときに，当該受給者に関する書類の保存期間をどう設定するかという問題である。公的な年金制度であることに鑑みると，民168条の定める年数の到来をもって書類の破棄を可能とする必要は高くないであろう。
20) 有泉・中野・喜多村・前掲注18）254頁，有泉・中野・喜多村・前掲注17）256頁，岩村・前掲注11）108頁。堀・前掲注17）312頁も同旨。
21) 支分受給権の起算日は，各支払期日の翌日と解されている（岩村・前掲注11）109頁，堀・前掲注17）309頁。国年103条，厚年93条，民140条）。
22) 碓井・前掲注19）121頁参照。また宮澤洋一議員の発言からもそのことが窺われる（2007年６月５日の参議院厚生労働委員会会議録25号24頁）。この実務に言及する裁判例もある（前掲注17）・東京地判平22・11・12，同・東京高判平23・４・20）。

保険者の資格取得の届出をし保険料も納入していたのに，保険料納入記録のみならず被保険者資格取得の記録そのものが脱漏していた場合，保険料納付済期間の記録が受給権取得に必要な年数に達していなかった場合等）や，再計算により年金額が増える場合に，新規裁定や裁定の訂正がされても，支分受給権が消滅時効にかかってしまった分については支給されない。[23] これでは，被保険者等の権利救済が図れないことから，「年金記録の訂正に伴う増額分の年金の支給が時効によって消滅する不利益を解消し，政府管掌年金事業における被保険者等の記録の管理に対する国民の信頼を確保する」ことを目的として，[24] 時効特例が制定された。

時効特例は，まず厚生年金保険制度について，その施行日（2007年7月6日）の時点で保険給付を請求する権利を有している者または施行日前に当該権利を有していた者（厚年37条により未支給給付を請求する権利を有する者を含む）について，年金記録の訂正により当該保険給付を受ける権利に係る裁定（裁定の訂正を含む）がなされたときは，当該訂正に係る支分受給権（および一時金受給権）について上記裁定の日までに消滅時効が完成している場合でも，当該権利に係る保険給付を支給すると定める（1条）。国民年金についても同様の規定を設けている（2条）。前述したように，時効特例による改正前の旧国年102条1項と厚年92条1項の定めのもとでは，支分受給権は会計31条の適用を受け，5年で消滅時効によって絶対的に消滅した。国は援用の差し控えや時効利益の放棄はできなかったのである。時効特例の上記各規定は，会計31条によって絶対的に消滅した施行日前の支分受給権（年金記録の訂正に係るものに限る）[25] を復活さ

---

23) 本文で述べた考え方の前提には，消滅時効の起算日（民166条1項）は，権利の行使について法律上の障碍がない状態となったときであって（最判昭49・12・20民集28巻10号2072頁），事実上権利を行使しえないことは起算日を遅らせる理由とならない（大判昭12・9・17大審院民事判例集16巻21号1435頁）との解釈があると考えられる（前掲注17）・東京地判平22・11・12，同・東京高判平23・4・20も同旨）。しかし，判例は，一定の事例では起算日をずらしている（最判平6・2・22民集48巻2号441頁，最判平16・4・27民集58巻4号1032頁）。そうすると，年金記録の誤りや脱漏の発生が被保険者等の側の事情によらない場合には，新たな裁定によって法律上過去の支分受給権の行使が可能となったとして，その消滅時効の起算日を動かすことも可能なように思われる。
24) 谷畑孝議員の法案提案理由説明（2007年5月30日の参議院厚生労働委員会会議録25号2頁）。
25) 前掲注17）・東京地判平22・11・12，同・東京高判平23・4・20。

せた(それとともに(明文では規定していないが)時効利益の放棄を法定した)。なお,時効特例の適用によって支給されることになった年金給付等については,消滅時効にかかることなく年金記録の訂正によって支給されることとなった年金給付等と同様に,厚生年金のそれに関しては保険給付遅延特別加算金が,国民年金のそれに関しては,給付遅延特別加算金が支給される(「厚生年金保険の保険給付及び国民年金の給付の支払の遅延に係る加算金の支給に関する法律」(平成21法37))。

つぎに,時効特例は,国年102条1項と厚年92条1項とを改正し,従来,消滅時効については会計30条の定めるところによっていた支分受給権を,上記各規定の対象とすることとした(時効特例附則3条1項・5条1項)。加えて,国年102条3項・厚年92条4項を新たに設け,給付を受ける権利(支分受給権を含む)の消滅時効には会計31条を適用しない旨を定めている(附則3条2項・5条2項)。これにより,時効特例の施行日後に給付を受ける権利(支分受給権を含む)を取得した者については,個別事情によって,国が消滅時効の援用の差し控えまたは時効利益の放棄ができることとなった[26]。

公的年金制度の「給付を受ける権利」の消滅時効に関する規定とその解釈は,時効特例の制定によって一定の整理がされたとはいえ,公的年金制度以外の制度が支給する年金給付(たとえば労災保険の障害補償年金・遺族補償年金等)に関する規定とその解釈までも視野に入れると,必ずしも明確ではないところが多い。年金記録問題の処理が一応遂行できたといえる時期が到来したら,他制度のものも含めて規定の書きぶりや解釈を再検討し,整合化を図る必要があろう[27]。

Ⅳ　おわりに

本章では,Ⅰで述べたように,主として年金給付の受給権の取得に関わる問

---

26) 堀・前掲注17) 314頁。
27) 碓井・前掲注19) 125頁参照。

題を検討してきた。Ⅱで明らかにしたように，わが国の公的年金制度は拠出制を基本としているが，保険料の拠出と結びつかない形で給付の一部または全部を支給し，給付額が決定されることがある。本巻の10章，11章および14章で詳細に検討されているが，現在，民主党連立政権の「社会保障と税の一体改革」の中で，現行の公的年金制度の基盤である拠出制を見直す改革案も国会に提出されているところであり（2012年6月現在），公的年金の拠出制は揺れ動きを見せている。他方で，年金記録問題は，個別的にはともかく，全体としてみたときには当初のややヒステリックに騒がれたほどの大きさではないことが判明しつつあるが，それでも，老後の生活を脅かすとともに，高齢者の不安を惹起し，国民の公的年金制度への信頼を大きく損なったことは疑いを入れない。年金記録問題への対処と国民の信頼の回復のために不服申立手続と厚生年金保険の実体法の両面で特例措置が講じられたが，なお検討課題は残っていることも明らかとなった。Ⅲでは，年金を請求する権利を取得し，あるいは裁定によって給付を受ける権利を取得しても，消滅時効の壁に阻まれて，年金給付を受給できない場合があることをまず指摘し，これに関する法的問題を考察した。そして，ここにも，年金記録問題が影を落としており，消滅時効によって権利回復ができない問題を克服するため，新たに制定された時効特例法が被保険者等の救済を図っていることを確認した。ただ，公的年金制度の保険給付を受ける権利の消滅時効の各規定は必ずしも明確でないところがあり，整理が必要であることを指摘した。

　「はじめに」でも触れたが，公的年金給付をめぐっては，裁定を経て受給権が現実化した後の法的問題も存在する。たとえば，受給権の譲渡，担保提供，差押えは，原則としてできないが（国年24条，厚年41条1項），この規定によって直接的に禁止される譲渡等に該当する受給権の処分行為は何か，またこの規定の趣旨に反するとして公序（民90条）違反とされる行為はあるか（たとえば現在では口座振込となっているため実際にはそれほど意味を持たないが，年金手帳の質入れ等）等の法的問題がある。近時議論がある例としては，受給者との金銭消費貸借契約を締結するにあたって，金融機関が自らの本支店に年金振込口座を開設させ，振り込まれた年金相当額の弁済への充当と，債務完済までの口座不解

約とを約することが担保提供禁止に抵触するかという問題がある[28]。また，担保提供禁止の例外として認められている公的な年金担保貸付をめぐっても議論が存在する。これらは，公的年金給付はそもそも何を目的とするのかという基本的な問題と密接に関わっている。このほかにも，未支給年金の請求権者の範囲をめぐる問題[29]，年金給付の過誤払いがあったときの爾後支給される年金給付との内払い調整や不当利得返還請求に関する問題等[30]の検討課題が存在する。

　以上のような年金給付をめぐる法的問題に関しては，訴訟等を契機に社会問題化したときを除くと，学界の関心は必ずしも高くない。公的年金給付の基礎的な理論の構築も含めて，学説の議論の深化が期待されるところである。

---

28) 給付を受ける権利の譲渡，担保提供，差押え禁止をめぐる問題については，岩村・前掲注11) 63頁以下，西村・前掲注17) 62頁以下，堀・前掲注17) 253頁以下を参照。年金担保貸付について詳しく論じるものとして堀勝洋「年金担保貸付の法律関係と適法性」菅野和夫・中嶋士元也・渡辺章編集代表『友愛と法——山口浩一郎先生古稀記念論集』(信山社，2008年) 353頁がある。
29) 日本年金機構『年金制度に関する改善検討要望』(2011年3月) 参照。
30) 最近では第3号被保険者の記録不整合をめぐって議論となった。これについては，社会保障審議会第3号被保険者不整合記録問題対策特別部会報告書 (2011年5月)，「国民年金法の一部を改正する法律案」(第179国会閣法15) を参照。

第13章
障害年金の意義と課題

永野　仁美

I　はじめに

　障害年金制度は，障害者に対して所得保障を行う公的制度の中心を担うものである。現在の日本では，障害は，老齢や（働き手の）死亡と並ぶ所得喪失リスクの1つとされており，障害を負った者には，これらの所得喪失リスクに備えることを目的とする公的年金制度から，障害年金の支給がなされる。
　確かに，障害は，所得喪失リスクの1つと言うことができよう。障害によって労働・稼得能力が減退又は喪失することがあるからである。労働・稼得能力の減退又は喪失がある者は，所得を得るための就労によって自らの生活の糧を得ることが困難であることが多い。それゆえ，彼らの生活保障のために，何らかの公的な所得保障制度を整える必要が生じる。障害年金制度は，こうした必要を満たすために，障害を負った者に対して所得保障を提供する重要な制度であると言うことができる。そして，障害年金制度は，障害者の主体的な自己実現の促進や社会生活上のあらゆる分野への参加の促進を経済的な側面から担保する制度としても，重要な意義を持つものとなっている[1]。
　本章では，このような重要性と意義を有する障害年金制度について，その沿

---

1)　山田耕造「障害者の所得保障」日本社会保障法学会編『講座社会保障法第2巻　所得保障法』（法律文化社，2001年）172頁。

革及び現行制度の概要を確認した上で（Ⅱ），現在の日本の障害年金制度が抱えている課題を明らかにすることを試みることとしたい（Ⅲ）。

Ⅱ 障害年金制度

障害年金制度の目的は，障害によって，生活の安定がそこなわれることを防止し，障害を持つ者の生活の維持及び向上に寄与することにある（国年1条参照）。まず初めに，こうした目的を持つ障害年金制度の沿革から確認したい。

1 沿　革[2]

障害者に対する公的な所得保障制度は，戦前にその萌芽を見ることができる。1939年の船員保険法や1941年の労働者年金保険法[3]によって，まず初めに，船員や労働者を対象とする廃疾（障害）年金制度が導入されることとなった。そして，その後，第二次世界大戦後に，すべての国民を対象とする障害年金制度が整えられることとなる。すなわち，1959年の国民年金法によって国民皆年金が実現される中で，労働者以外にも障害年金が支給されるようになったのである。とりわけ，国民年金法において，拠出制の障害年金を受け取ることができない者に対して，障害福祉年金を支給することが定められた点は重要である。国民年金法の制定によって，少額ながらも，障害者に対する所得保障の改善が図られたと言うことができる。

国民年金法の制定後は，国民生活が豊かになるのと連動して，障害年金の支給水準を引き上げる改正が続いた。障害年金の支給対象範囲も，次第に拡張されていき，障害年金制度は充実していった[4]。そして，1985年の年金制度改正に

---

[2] 沿革については，厚生省保険局厚生年金保険課編『厚生年金保険法解説〔第2版〕』（社会保険法規研究会，1955年），小山進次郎『国民年金法の解説』（時事通信社，1959年），社会保険庁年金保険部国民年金課編『国民年金二十五年のあゆみ』（ぎょうせい，1985年），厚生省年金局・社会保険庁年金保険部監修『改訂国民年金・厚生年金保険改正法の逐条解説』（中央法規出版，1986年），『厚生年金保険法解説〔改訂版〕』（法研，2002年）等を参照した。

[3] 労働者年金保険法は，1944年に，厚生年金保険法に改められている。

[4] 例えば，1964年の法改正では，障害年金の支給対象範囲の見直しがなされ，結核や呼吸

よって，障害年金制度は，いっそうの発展を見ることとなる。基礎年金制度の導入に伴って障害基礎年金が創設され，原則として，すべての障害者に対して，無拠出制又は拠出制の障害基礎年金が支給されることとなったからである。障害基礎年金の導入によって，従来，障害福祉年金を受給していた者に支給される年金額は，大幅に改善されることとなった。[5]

しかしながら，障害基礎年金の導入以降は，障害者の所得保障に関する制度改革は終わったという見方が支配的となる。残された課題としては，無年金障害者の存在がしばしば指摘されたが，これに関しては，次の2つの措置がなされている。まず，1989年の法改正により，それまで任意とされていた学生の国民年金への加入が強制加入となり（1991年4月施行），学生時代に任意加入していなかったことにより無年金障害者となる者の発生が防止されることとなった。そして，国民年金への加入が任意とされていた時代に任意加入していなかったことから無年金の状態に置かれた者（例えば，学生や専業主婦）については，2005年4月より，「特別障害給付金」が支給されることとなった。[6] 上記給付金の導入によって，上記の条件を満たす無年金障害者については，一応の救済が図られたと言うことができる。

2　現行制度

1985年の年金制度改正で確立された現行の障害年金制度は，「障害」という

器疾患，精神疾患に罹患した者にも，障害年金の支給がなされることとなった。
5) 障害福祉年金2級を受給していた者への支給額は，月額2万6500円から月額5万1900円へ，障害福祉年金1級を受給していた者への支給額は，月額3万9800円から月額6万4875円へと増大した。また，障害基礎年金の導入に際し，扶養義務者の所得による支給制限も，障害者本人の自尊心を損ね，自立を妨げることにもなるという理由から撤廃されるに至った点も，大きな変更点と言える。
6) 政府による無年金障害者への対応は迅速ではなかった。1995年の「障害者プラン」において，「障害無年金者の問題について，年金制度のあり方全体をにらみながら，年金制度の中で対応するか福祉的措置で対応するかを含め，幅広い観点から検討する」ことが明記されたにも関らず，実際に救済が実現されたのは，2004年に議員立法により成立した「特定障害者に対する特別障害給付金の支給に関する法律」によってであった。なお，特別障害給付金制度の導入にあたり，学生無年金障害者訴訟が果たした役割は大きいと言える。一連の上記訴訟については，後述することとする。

保険事故が生じたときに，障害年金を支給するものである。障害年金は，老齢年金と同様に，すべての者に支給される障害基礎年金（1階部分）と，厚生年金や共済年金の加入者（＝被用者や公務員）に上乗せされる障害厚生（共済）年金（2階部分）とで構成されており，重層的な構造になっている。

以下では，現行制度として，1階部分の障害基礎年金と2階部分の代表として障害厚生年金の概要を確認することとしたい。

(1) **障害年金の仕組み**

(a)障害基礎年金

①目的

国民年金制度の目的は，「日本国憲法25条2項に規定する理念に基き，老齢，障害又は死亡によって国民生活の安定がそこなわれることを国民の共同連帯によって防止し，もって健全な国民生活の維持及び向上に寄与すること」にある（国年1条）。国民年金法に基づき支給される障害基礎年金の目的も，まさに，ここにあると言える。

②支給要件

障害基礎年金の支給要件は，障害の原因となった病気や事故で初めて医師の診察を受けたとき（初診日[7]）に，20歳未満であった者と20歳に達していた者と

---

7) 初診日に関しては，「20歳前の発症日を初診日であると解釈することができるか」ということが，学生無年金障害者訴訟の中で争われた。この点，最高裁は，発症日をもって初診日と解することは，国年法30条1項及び30条の4の文理に反するとして，拡張解釈を否定している（最判平20・10・10判例時報2027号3頁）。「発症日」を基準とすることが必ずしも障害者本人に有利に働くとは限らないこと（初診日を基準にすれば拠出制障害年金を受給できるところ，発症日を基準にすると所得制限のある無拠出制障害年金しか受給できなくなる），認定判断は画一的かつ公平に行わなければならないこと等に鑑みると，法の文言を超えた拡張解釈は適切とは言い難く，上記最高裁判決の判断は，妥当であると考える。永野仁美「社会保障法判例――『初診日』の解釈について，「疾病又は負傷及びこれらに起因する疾病について初めて医師等の診療を受けた日」とした事例」季刊社会保障研究45巻1号77頁。この他，評釈として，加藤智章「国民年金法30条の4所定の初診日要件――学生障害無年金訴訟初診日上告審判決（平20・10・10最高二小判）」季刊教育法161号（2009年）80-85頁（判旨に反対），菊池馨実「統合失調症を発症し医師の診療を必要とする状態に至った時点において20歳未満であったことが事後的診断等により医学的に確認できた者と国民年金法30条の4所定のいわゆる初診日要件（平成20.10.10最高二小判）」判例評論609号（2009年）164-168頁（判旨に賛成）がある。なお，立法論としては，現行の初診日主義を改めることも，選択の1つとしてあり得よう。

の間で異なっている。

　まず，初診日に20歳未満であった者には，無拠出制の障害基礎年金が支給される（同30条の4）。彼らに対しては，初診日において公的年金制度に加入していることができないことを考慮して，無拠出制の給付が支給されることとなっている。それゆえ，初診日に20歳未満であった者については，①初診日に20歳未満であること，及び，②一定の障害の状態にあること（障害要件）のみが，支給要件となる。無拠出制の障害基礎年金の存在により，理論上は，すべての20歳以上の障害者に，障害基礎年金が支給されることとなっている。

　他方，初診日に20歳に達していた者には，拠出制の障害基礎年金が支給される。彼らには，①初診日に被保険者であること（60歳以上65歳未満の場合は，被保険者であったこと），②一定の障害の状態にあること（障害要件），③初診日の前日における保険料の滞納期間が被保険者期間の3分の1を超えないこと（保険料納付要件）[8]という3つの支給要件が課せられる（同30条1項）。初診日に20歳に達している者については，国民年金への加入が可能であり，また，これが義務付けられていることから，保険料納付要件が課せられることとなっている。したがって，保険料の未納がある場合には，障害基礎年金を受給できず，無年金状態に置かれる可能性がある。ただし，障害基礎年金には，老齢基礎年金のような最低限必要な加入期間は設定されておらず，国民年金に加入して直ぐに事故や疾病で障害を負った場合にも，障害基礎年金は支給される。

③障害認定基準

　障害基礎年金は，その支給要件として，「一定の障害の状態にある」こと（障害要件）を求めている。この「一定の障害の状態にある」とは，すなわち，国民年金法施行令の別表に定められた障害等級表に該当する障害（1級又は2級）を有していることを言う（同30条2項，施行令4条の6）。

　障害等級表の障害の状態は，「日常生活の制限の度合い」という観点から定められている。すなわち，1級の障害の程度は，「日常生活の用を弁ずること

---

[8]　ただし，特例措置として，初診日の属する月の前々月までの1年間について保険料の滞納期間がなければ，障害基礎年金は支給される（2016年までの特例措置）。この特例措置は期間延長が繰り返されており，事実上，常態化している。

を不能ならしめる程度のもの」，2級の障害の程度は，「日常生活が著しい制限を受けるか，又は日常生活に著しい制限を加えることを必要とする程度のもの」とされる。しかし，実際の障害等級表は，全体として，医学的に判定される機能障害をその認定の基準としており，機能障害に偏重した障害認定が実際にはなされていることを指摘することができる。[9]

なお，障害認定基準は，「国民年金・厚生年金保険障害認定基準について」(昭61・3・31庁保発15号)と題する通知において，さらに詳細にされている。同通知は，1級について，「日常生活の用を弁ずることを不能ならしめる程度とは，他人の介助を受けなければほとんど自分の用を弁ずることができない程度のもの」であるとしている。例えば，身の回りのことはかろうじてできるが，それ以上の活動はできない者，又は，行ってはいけない者，すなわち，病院内の生活でいえば，活動の範囲がおおむねベッド周辺に限られている者，家庭内の生活でいえば，活動の範囲がおおむね就床室内に限られる者が，これに当てはまることになる。また，2級については，「日常生活が著しい制限を受けるか又は日常生活に著しい制限を加えることを必要とする程度とは，必ずしも他人の助けを借りる必要はないが，日常生活は極めて困難で，労働により収入を得ることができない程度のもの」であるとする。例えば，家庭内の極めて温和な活動(軽食づくり，下着程度の洗濯等)はできるが，それ以上の活動はできない者，又は，行ってはいけない者，すなわち，病院内の生活でいえば，活動の範囲がおおむね病棟内に限られる者，家庭内の生活でいえば，活動の範囲がおおむね家屋内に限られる者が，これに当てはまることとなる。[10]

---

9) 例えば，1級には，①両目の視力の和が0.04以下のもの，②両耳の聴力レベルが100デシベル以上のもの，③両上肢の機能に著しい障害を有するもの，④両上肢のすべての指を欠くもの，⑤両上肢のすべての指の機能に著しい障害を有するもの，⑥両下肢の機能に著しい障害を有するもの，⑦両下肢を足関節以上で欠くもの，⑧体幹の機能に座っていることができない程度又は立ちあがることができない程度の障害を有するもの，⑨前各号に掲げるもののほか，身体の機能の障害又は長期にわたる安静を必要とする病状が前各号と同程度以上と認められる状態であって，日常生活の用を弁ずることを不能ならしめる程度のもの，⑩精神の障害であって，前各号と同程度以上と認められる程度のもの，⑪身体の機能の障害若しくは病状又は精神の障害が重複する場合であって，その状態が前各号と同程度以上と認められる程度のものが該当することとなっている。
10) 同通知に関しては，「この基準は法規性を有するものではないが，その具体的内容は《証

④支給額

　障害基礎年金2級の支給額は，老齢基礎年金の額と同じ額であり[11]，1級の支給額は，2級の1.25倍とされる（同33条）。1級に認められた25％の加算の意味は，必ずしも明らかではないが，介護料のための加算との説明がなされている[12]。

　なお，「生計を維持している子」がいる場合には，支給額に加算がある[13]。この加算は，従来は，受給権者が障害基礎年金の受給権を取得したときに，その者によって生計を維持していた子，又は，胎児であった子がいる場合にしか認められていなかった。しかし，2010年の法改正により[14]，2011年4月以降は，受給権取得後に生まれた子についても加算が認められることとなった。障害基礎年金受給者の結婚や子の出産による生活状況の変化に応じたきめ細やかな対応

拠略》のとおりであって，医学上の知見を総合して定められたものであり，合理的なものであると認められる」とする裁判例が存在する（東京地判平4・10・30労判624号51頁）。また，同通知における「認定基準の定めが施行令別表の解釈適用基準として相当なものと認められる場合には，…特段の事情のない限り，処分行政庁において認定基準と異なる取扱いをすることは許され」ないとした裁判例もある（東京地判平19・8・31判例時報1999号68頁）。

11) 2011年度の支給額は，以下の通り：1級98万6100円（月額8万2175円），2級78万8900円（月額6万5741円）。

12) 25％の加算に関して，厚生白書（昭和39年版）は，障害厚生年金1級受給者への加算が定額加算から25％加算へと変更されたことを伝える文章で，当該25％加算を「介護加算」と位置付ける表現を使っている（厚生省『厚生白書――社会開発の推進〔昭和39年度版〕』（大蔵省印刷局，1965年）218頁）。したがって，政府は，25％加算は介護料のための加算と考えているということができる。なお，変更前の定額加算についても，介護料であるとの説明がなされてきたようである。堀勝洋「障害年金制度の問題点と改革の方向」社会保障研究所編『年金改革論』（東京大学出版会，1982年）101頁。

13) 2011年度の加算額は，下記の通り：第1子及び第2子は22万7000円（月額1万8916円），第3子以降は7万5600円（6300円）。

14) 子の加算に限定が付されていたことについては，1990年の段階で既に批判があった（例えば，調一興「障害者の所得保障 年金制度を中心に」総合リハビリテーション18巻7号（1990年）527頁）。最近でも，この点に関する批判が展開されていたところ（山田耕造「障害のある人の所得保障制度の現状と課題」ノーマライゼーション23巻6号（2003年）12頁），2008年（第169回国会）に漸く，議員立法（「国民年金法等の一部を改正する法律案」衆法23号）によって，障害年金の受給権の取得後に子を扶養することになった場合にも子の加算が認められるよう，国民年金法の改正が目指されることとなった。再提出された上記法案（一般に，「障害年金加算改善法」と呼ばれる）が，2010年4月21日に参院本会議で可決され，2011年4月より施行されている。

⑤所得制限

　拠出制障害基礎年金には，所得制限は課せられていない。したがって，初診日に20歳に達していた者は，所得の多寡にかかわらず，障害基礎年金を受給することができる。障害基礎年金の障害等級表は，「日常生活の制限の度合い」という観点から定められており，稼得能力や実際の就労所得の状況に連動していないため，非常に高い所得を得ている者に対しても，障害基礎年金は支給される。

　他方，無拠出制の障害年金については，所得制限が設けられている。したがって，初診日に20歳未満であった障害者の場合，その所得が一定額を超えると，障害基礎年金の全部又は半分の支給が停止されることなる（同36条の3）[16]。このように所得制限が設けられている理由は，20歳前障害者本人が保険料拠出をしていないことにある。しかし，同じ障害を持つ者同士の間で，このような取扱いの差異が存在していることに対しては，批判もあるところである[17]。

　(b)障害厚生年金　　次に，2階部分の障害厚生年金の概要を確認しよう。障害厚生年金は，障害基礎年金に上乗せされる報酬比例年金として位置づけられるものである。障害厚生年金の支給要件は，原則として，障害基礎年金と同様であり，障害厚生年金は，障害基礎年金と一体となって支給される。

①支給目的

　障害厚生年金の目的は，労働者の障害について保険給付を行い，労働者の生活の安定と福祉の向上に寄与することにある（厚年1条）。障害厚生年金は，労

---

15) なお，子が障害基礎年金の加算の対象となると，児童扶養手当の支給がなされなくなり，世帯の手取り収入が減少するケースが生じる場合があることが懸念されたが，これに関しては，両者を調整し，児童扶養手当額が子の加算の額を上回る場合には，子加算の対象とせず，児童扶養手当の支給を可能とする取扱いがなされることとなっている。和田満「『障害年金加算改善法』の概要と実務上の注意点」SR22号（2011年）82-88頁。
16) 所得制限には，半額支給停止，全額支給停止の2段階制が採用されている。2004年法改正以前は，一定の収入を超えると全額支給が停止される制度となっていたが，20歳未満障害者の就労意欲に配慮し，2004年法改正で2段階制が導入されることとなった。
17) 田中きよむ「障害者の所得・就労保障の到達点と課題──『国連・障害者の10年』期を中心にして」社会政策学会年報40号（1996年）156頁。

働者が，障害者となって，労働することができなくなったり，あるいは，その労働能力を制限されてしまったりした場合に，労働者の生活の安定を図るために支給されるものであると位置づけられる[18]。

②支給要件

障害厚生年金の支給要件は，次の3つに整理される。すなわち，①初診日において厚生年金保険の被保険者であること，②一定の障害の状態にあること（障害要件），③保険料納付要件を満たしていること（保険料納付要件）である。③の要件は，障害基礎年金の場合と同じであり，障害厚生年金も，初診日の前日における国民年金の保険料の滞納期間が3分の1を超えていると，支給されない（同47条1項）。なお，障害厚生年金については，厚生年金保険の加入期間がある者であっても，初診日に厚生年金保険の被保険者でない場合（失業中，転職後，早期退職後等）には支給がなされない点に注意が必要である。

③障害認定基準

障害厚生年金には，1級及び2級の他に，障害基礎年金にはない3級が存在している。1級及び2級の認定は，障害基礎年金と同じ障害等級表を使用して行われる（すなわち「日常生活の制限の度合い」が基準となる）が，これは，1985年の法改正によって障害基礎年金が創設されたときに，障害厚生年金が，障害基礎年金の上乗せ給付として構成されることとなったことによる[19]。これにより，障害厚生年金の「労働能力の制限」に対する給付としての性格は，曖昧になってしまったと指摘することができる。

他方，3級の障害厚生年金及び障害手当金（後述）の支給のための障害等級表は，厚生年金保険法施行令で，独自に，設けられている（同47条2項，施行令3条の8，3条の9）。厚生年金保険法施行令が定める基準では，「日常生活の制限の度合い」ではなく，「労働能力の制限の度合い」が，考慮されることとなっている。これは，厚生年金の本来の性格，すなわち，労働者の労働不能や労働の制限に備え，労働者の生活の安定を図るための制度であるという性格を

---

18) 前掲注2)『厚生年金保険法解説〔改訂版〕』（2002年）814頁。
19) 前掲注2)『厚生年金保険法解説〔改訂版〕』（2002年）822頁。

残すものと言える[20]。しかしながら，厚生年金保険法施行令における認定基準も，概ね，医学的に判定される機能障害を認定に際する基準としていると言うことができるものである。

④支給額

障害厚生年金各級の支給額は，下記の計算式で求められる（2011年度）。

　1級：(報酬比例の年金額[21]) × 1.25 ＋ 配偶者の加給年金額
　2級：(報酬比例の年金額) ＋ 配偶者の加給年金額
　3級：(報酬比例の年金額)

障害厚生年金の額は被保険者期間の長さによっても変わってくるが，期間が300月（＝25年）に満たない場合には，加入期間は300月（＝25年）で計算される（同50条1項）。障害厚生年金の額が，あまりに少額とならないようにするための配慮である。また，3級の者には，障害基礎年金が支給されないことから，最低保障額（障害基礎年金の4分の3）も定められている（同50条3項）。

なお，1級又は2級の障害厚生年金が支給される場合で，その者によって生計を維持している65歳未満の配偶者がいる場合には[22]，支給額に加算がある（22万7000円）（同50条の2）。

この他，厚生年金の加入者には，障害の状態が3級よりも軽い場合に，障害手当金が支給されることがある（同55条）。その額は，原則として，障害厚生年金額の2年分の額とされている（同57条）。

3　日本の障害年金制度の特徴（小括）

以上，日本の現行障害年金制度の概要を確認してきた。ここで，日本の現行

---

20) 1985年法改正以前，障害の程度は，国民年金では「日常生活の制限の度合い」の観点から定められていたのに対し，厚生年金保険法等の被用者年金では，「労働能力の制約」の観点から定められていた。有泉亨・中野徹雄編『国民年金法〔全訂社会保障関係法2〕』（日本評論社，1983年）84頁。3級の障害厚生年金及び障害手当金の認定基準は，1985年法改正以前の厚生年金保険法の性格を引き継ぐものであると言える。
21) 標準報酬（月）額及び被保険者期間の月数により決まる。
22) 配偶者加給年金についても，国民年金法における子の加算における限定と同様の問題があったが，障害年金加算改正法により，2011年4月以降は，受給権発生後に結婚し，配偶者ができた場合にも，配偶者加給年金が支給されることとなった。

制度の特徴を整理しておきたい。日本では，障害年金は，所得喪失リスクを保障する公的年金制度から支給されることとなっている。1階部分の障害基礎年金と2階部分の障害厚生年金とがあり，重層的構造を持つことは，老齢年金と共通するが，この点に，まず大きな特徴がある。

次に，障害基礎年金には，初診日に20歳未満であった者を対象とする無拠出制の障害基礎年金と，初診日に20歳に達していた者を対象とする拠出制の障害基礎年金とが存在している。そして，この2つの制度によって理論上は，すべての20歳以上の障害者に障害基礎年金が支給される構成がとられている。この点も日本の制度の特徴と言える。ただし，拠出制の障害基礎年金は，一定の支給要件（被保険者であること，保険料の納付等）を満たさない場合には支給されないことから，障害基礎年金は，無年金障害者を発生させる構造を有していることも，指摘しておかなければならない。

最後に，障害認定に際して，障害基礎年金及び障害厚生年金1級および2級では，障害による「日常生活の制限の度合い」が，障害厚生年金3級では，「労働能力の制限の度合い」が考慮される点も，特徴としてあげられる。しかし，実際の障害等級表では，概ね，医学的に判定される機能障害が認定に際する基準となっている。この点は，後述するように，日本の障害年金制度が抱える諸問題の原因にもなっているが，日本の障害年金制度を強く特徴付けていると言うことができよう。

Ⅲ 障害年金制度が抱える諸問題

日本の障害年金制度は，様々な問題・課題を抱えている。以下で，日本の障害年金制度が有している問題・課題を，順に確認していきたい。

1 給付目的の不明確さ

まず，日本の障害年金は，その支給目的が曖昧であることを指摘することができる。すなわち，日本の障害年金は，①就労との関係が曖昧で明確ではなく，また，②障害の結果生じる特別な費用の位置付けも，不明確であることを

指摘することができる。

　そもそも，日本の障害基礎年金は，「日常生活の制限」に対する給付として位置づけられており，①就労との関係が曖昧である。そして，それに加えて，障害基礎年金及び障害厚生年金の支給が，主として，医学的に判定される機能障害を基準として決定されていることが，障害年金の支給目的をさらに曖昧にしていると考えられる。この結果として，日本では，制度の隙間に陥り，所得保障を必要とする者に所得保障がなされない事態が発生することにもなっている（＝隙間問題）。

　例えば，機能障害の程度が1級や2級よりも軽いと認定されると（障害要件を満たさないとされると），障害ゆえに就労できていない場合，すなわち，所得保障の必要性が高い場合にも，障害年金は支給されないことになる。その一方で，初診日が20歳に達した後にある者については，障害を持ちつつ就労し，高い所得を得ている場合にも，障害基礎年金（および障害厚生年金）が支給される。障害年金は，本来的には，所得保障を必要としている者に支給されるものでなければならないところ，現行制度においては，必要に応じた障害年金の支給が，必ずしもなされていないということを指摘することができる。

　加えて，機能障害の程度を支給の基準とする日本の年金制度では，②障害の結果生じる特別な費用（＝介護サービスにかかる費用等）の位置付けも曖昧である。1級の障害年金に認められている25％の加算の意味は，必ずしも明らかではないが，介護ニーズに対応するもの（介護加算）として考えられている。しかし，機能障害の程度が1級よりも軽いと，介護サービスに対するニーズを有していても，1級であれば認められる25％の加算部分を受取ることはできない。それゆえ，2級で介護サービスを必要とする者は，加算部分のない障害基礎年金から，介護サービスの利用にかかる費用を捻出しなければならないこととなる。[23]

---

23)　在宅の重度障害者には，重度障害のために必要となる精神的，物質的な特別の負担の軽減の一助として，特別障害者手当の支給がある。ただし，上記手当の支給には，所得制限が課せられており，障害者本人もしくはその配偶者又は扶養義務者の前年の所得が一定額以上である場合には，上記手当の支給はなされない（特別児童扶養手当等の支給に関する

このように，日本の障害年金制度では，必要がある者に対して適切な保障がなされていない状況が発生することとなっている。これは，大きな問題であり，それゆえ障害年金制度は，その支給の目的を明らかにした上で，必要に応じて支給されるものへと変わっていくことが求められよう。具体的には，障害年金制度を「労働・稼得能力の減退・喪失」を保障する制度として位置づけることが重要であろう[24]。そうすることにより，機能障害を支給基準とすると給付の対象外とされる者にも，就労所得に代わる所得保障の必要に応じて，障害年金が提供される可能性が広がることとなるからである。また，障害年金（とりわけ，障害基礎年金）の役割を「生活の基本的部分を保障するための給付」と位置付けることも重要と言えよう。そして，介護費用等の「障害の結果生じる特別な費用」については，特別障害者手当や障害福祉法制の見直しの中で，これをどのように保障していくべきかを検討し，障害年金との役割分担を明確にしつつ，必要に応じた給付がなされる制度を構築していくことが求められるのではないかと考える[25]。

2　労働インセンティブへの配慮の欠如

次に，日本の障害年金では，とりわけ，20歳未満障害者に支給される無拠出制の障害基礎年金において，それが障害者の労働インセンティブに与える影響

法律第3章）。
24) 障害者の経済分野での社会参加が進展している現代において，障害者への所得保障政策は，障害の有無を問わず，労働にアクセスできない状況（失業）に基づいた普遍的所得保障施策へと統合される必要がある，との見解も存在している。岩崎晋也「障害者の所得保障政策――その本質と当面の課題」ノーマライゼーション27巻4号（2007年）11-12頁。また，障害基礎年金の支給対象としての障害の法的性格に関して，解釈論としては，日常生活能力の制限と解さざるをえないが，立法論としては，障害者の所得保障という障害基礎年金の目的に立ち戻って，稼得能力の制限という観点から障害認定のあり方を検討する必要がある，とする見解も存しているところである。福島豪「障害基礎年金における障害認定の違法性」賃金と社会保障1515号（2010年）19頁。
25) 例えば，フランスでは，障害基礎年金に該当すると言える成人障害者手当（AAH）（無拠出制給付）は，「生活の基本部分を保障するための給付」としての性格付けが明確になされている。他方，「障害の結果生じる特別な費用」は，障害補償給付（PCH）（無拠出制給付）によって補償されることとなっており，各給付の役割分担が明確化されている。詳細は，永野仁美「フランスにおける障害者への所得保障」季刊労働法224号（2009年）141-154頁を参照のこと。

についての配慮が欠けていることを指摘することができる。

　現在，無拠出制の障害基礎年金では，事前に保険料の拠出がないことを理由として，2段階の所得制限が設けられている。障害者の所得が，この所得制限の基準を超えてしまうと，障害基礎年金の半分又は全部の支給が停止される。そのため，所得制限の基準の前後で，手取り収入が大きく減少してしまう事態が発生し，これが，障害者の就労インセンティブを阻害することになっている。

　無拠出制の障害基礎年金について設けられている所得制限は，2004年の法改正によって，従来の1段階から2段階へと変更され，制度の改善がなされている。しかし，依然として，基準の前後で手取り収入の大きな減少が見られている。所得制限によって，実際に障害基礎年金の半分又は全部の支給停止を受けている障害者は，多くないとされているが[26]，今後，医療や技術のさらなる進歩，および，障害者雇用法制の発展によって，障害者がより働きやすい環境が整えられていけば，支給停止の対象となる障害者の数は増大することが予想される。そうした時に，障害年金制度が，障害者の就労の妨げとなることがないよう，障害者の就労インセンティブに配慮した，より細やかな制度設計を行う必要があると言えよう。

　他方，20歳以上で障害を負った者に支給される拠出制の障害年金には，所得制限は設けられていない。したがって，障害者の就労インセンティブを阻害する心配はない。しかしながら，仮に，障害年金を，前述のように「労働・稼得能力の減退・喪失」を保障する制度として位置付けるならば，20歳以上障害者を対象とした拠出制障害年金にも，就労インセンティブに配慮しつつ，所得制限を設ける必要が生じてこよう。

　現在，拠出制障害年金については，事前に拠出していることを理由として所得制限は設けられていないが，障害年金制度が保障するリスクを「一定の障害の状態にあること」ではなく，「労働・稼得能力の減退・喪失」とすれば，保険料の拠出は，障害に起因する「労働・稼得能力の減退・喪失」のために行っ

---

26)　百瀬優「各種データから見る障害年金」ビジネスガイド48巻16号（2011年）145頁。

ていることとなるので，拠出に対する対価保障の観点からみても，問題はないだろう。

3　無年金障害者の存在

さらに，日本の障害者所得保障制度が抱える課題としては，無年金障害者の問題を挙げることができよう。

上述のように，現在の日本の障害年金制度は，初診日に20歳に達していた障害の状態にある者について，無年金障害者を発生させる構造を内包している。もちろん，日本には，最後のセイフティネットとして生活保護制度が存在しているので，生活に困窮し，最低限度の生活を維持することができなければ，生活保護を受けることができる。しかし，同制度は，「補足性の原理」に基づいて実施されるため，資産があったり，あるいは，扶養親族が存在したりする場合には，障害ゆえに働くことができず，就労所得を得ることができないにもかかわらず，公的な所得保障が何もなされないことが起こり得る。

(1)　**学生無年金障害者訴訟**　無年金障害者の問題が，最も顕著な形で現れたのが，学生無年金障害者問題である。上記問題は，とりわけ，1989年法改正以前の国民年金法が，学生については国民年金への加入を任意とし，強制加入の対象としなかったことに起因して発生したものである。国民年金に任意加入していなかった20歳以上の学生が，大学等に在学中に障害を負った場合，当該学生は，初診日に被保険者であるという障害基礎年金の支給要件を満たすことができず，これを受給できないという事態が発生した。

そうした中で，無年金障害者となった元学生らが，1989年法改正前の国民年金法が学生を強制適用の対象者から除外したこと，及び，立法者が同法改正に際して20歳以降に障害を負った学生に救済措置を講じなかったことは，憲法25条及び14条に違反するとして，全国各地の地裁に訴訟を提起したのが，学生無年金障害者訴訟である。

地裁段階では，当初，憲法14条との関係で相次いで違憲判決が出され，大いに注目された[27]。しかし，東京高裁平成17年3月25日判決により合憲判断が出されると，以降，下級審はすべて合憲判断に転じ，最終的に，最高裁（最判平

19・9・28民集61巻6号2345頁，最判平19・10・9裁時1445号4頁等）も，合憲判断を示すに至った。すなわち，最高裁は，上記の点につき立法府の広範な裁量を認め，憲法25条及び14条1項の違反は存しないとの判断を下したのである。無年金障害者問題は，1989年法改正前の国民年金法が，実質的に，学生を無拠出制障害年金の対象にも拠出制障害年金の対象にもならない立場に追いやったことによって発生していることに鑑みると，その制度上の瑕疵について，最高裁は，より慎重に立法府の裁量の妥当性を審査すべきであったと考えるが，学生無年金障害者の司法による救済は，実現しなかったわけである。

(2) **特別障害給付金制度の創設**　このように，一連の学生無年金障害者訴訟では，障害を負った元学生らの救済は実現されなかった。しかし，その一方で，上記訴訟により無年金障害者に対する関心をかきたてられた国会議員らによって，彼らを救済する立法がなされることとなった。[28] すなわち，2004年に成立した「特定障害者に対する特別障害給付金の支給に関する法律」により，学生無年金障害者らに対し，一定の所得保障がなされることとなったのである。

現在では，国民年金への加入が任意とされていた時代に任意加入していなかったことを原因として無年金障害者となっている者[29]については，国民年金制度の発展過程において生じた特別な事情に鑑みて，福祉的措置として，一定の所得制限のもと，障害基礎年金1級に相当する障害を持つ者には，月額約5万

---

[27] 一連の学生無年金障害者訴訟における初めての判決，すなわち，東京地裁判決（平16・3・24民集61巻6号2389頁）は，①1985年の年金制度改正時においては，20歳前に障害を負った者と20歳以後に障害を負った学生との間に取扱いの差異について，「これを是正すべき立法措置を講ずることなく放置することは，憲法14条に違反する状態が生じていたと評価すべきである」し，②1985年法が「従来障害福祉年金を受給していた者につき障害基礎年金を支給することとしながら，同法制定以前に20歳に達してから在学中に障害を受けたいわゆる学生無年金者に何等の措置を講じないことも，両者間に憲法14条に違反する状態をもたらしたものと評価すべきである」とした上で，原告らの国家賠償請求を一部認容した。また，これに続く新潟地裁判決（平16・10・28賃金と社会保障1382号46頁）も，1985年法改正時に，「20歳以上の学生を他の20歳以上の国民と区別し，国民年金法の被保険者としないまま放置したことは著しく不合理である」ことを確認し，上記東京地裁判決とは理由を異にするが，原告らの国家賠償請求を一部認容した。

[28] とりわけ，前注2つの判決が与えた影響が大きい。

[29] 支給の対象となるのは，①1991年3月以前に国民年金任意加入対象であった学生，②1986年3月以前に国民年金任意加入対象であった被用者等の配偶者であって，任意加入していなかった期間に初診日がある者である。

円，2級に相当する障害を持つ者には，月額約4万円が支給されることとなっている。その支給額は障害年金の額に及ばないという点において，課題を残すものではあるが，一部の無年金障害者について，救済制度が設けられたことについては評価することができよう。

(3) **その他の無年金障害者** ところで，上記の救済制度は，国民年金への加入が任意だった時代に任意加入をしていなかった者しか救済しないものである。それゆえ，これ以外の無年金障害者（すなわち，保険料納付要件を満たすことができずに無年金となっている者[30]）については，生活保護制度以外に公的な所得保障制度は存しないことになる。

この点に関しては，確かに，保険料納付要件を満たすことができずに無年金になっている者には，本人にも責任があると言える。被保険者には保険料の納付が義務付けられており（国年88条1項），また，保険料の減免制度も整えられていることを勘案すれば，本人にまったく帰責性がないとは言い難い[31]。また，彼らについても，最後のセイフティネットとして生活保護制度が存在しているのであるから，最低生活保障はなされているとの見方もあろう。しかしながら，生活保護には，前述のように「補足性の原理」による制約が存在する。それゆえ，例えば扶養親族がいると，結果として，障害者が，所得保障に関して公的に無保障の状態に置かれてしまう可能性がある。こうした事態は，とりわけ，成人した障害者が，親から独立した生活を営むのを阻害する危険性があり，問題であると言うことができる。また，障害者の生活保障を障害者のいる家族に押し付けることにも成りかねない。したがって，障害者を所得保障の面で支える仕組みが，障害年金を除くと，生活保護制度しか存しないことは，や

---

30) 障害要件を満たすことができずに無年金になっている者については，(1)を参照のこと。
31) 国民年金の保険料は，所得の多寡にかかわらず定額負担となっており，逆進的性格を有している。したがって，低所得者ほど，保険料の負担感は大きい。しかしながら，他方で，低所得者に対しては，保険料の全額免除・一部免除の制度も用意されている。免除が認められた期間は，障害基礎年金等の受給に必要とされる受給資格期間に算入されることとなっており，低所得者に対する配慮もなされている（国年90条・90条の2）。この他，30歳未満で本人・配偶者の前年所得が一定額以下の場合に，申請により保険料の納付が猶予される若年者納付猶予制度，及び，学生で本人の前年所得が一定額以下の場合に，申請により保険料の納付が猶予される学生納付特例制度も用意されている。

はり問題と言えよう。障害によって労働・稼得能力を減退・喪失した者が，基本的には，所得に関して公的な保障を受けられるような制度を構築することが求められよう。ただし，現在の年金制度をベースとして残すことを前提とするのであれば，保険料を納付していた者との間の公平性にも配慮する必要がある。この点に配慮しつつ，現在の生活保護とは異なる（すなわち，補足性の原理から離れた[32]），新しい無拠出制の障害者への所得保障の在り方を検討していく必要があろう。

4　障害年金の支給水準

その他の問題としては，障害基礎年金の支給水準に関する問題も存在する。現在，障害基礎年金2級の支給額は，老齢基礎年金の満額に等しい。老齢基礎年金の額は，高齢者の基礎的な消費支出を賄うことができる水準として設定されているが，そのような老齢基礎年金の支給額に障害基礎年金の支給額を連動させていることに対しては，批判が寄せられている。高齢者と障害者とでは，基礎的な消費支出が異なると言えるからである。また，高齢者と障害者とでは，年金受給開始前の資産形成の可能性にも大きな相違がある。障害者年金の受給者では，基礎年金のみの受給者が多く，貯蓄などを行うことが困難な場合が多い。他の年金受給者に比べて，障害年金受給者では，生活保護を併給している者の割合が高いことも指摘されているところである[33]。

加えて，2004年の年金制度改革で導入されたマクロ経済スライドによって，今後，公的年金の実質的な支給水準は低下していくことも予測される。現行制度のもとでは，マクロ経済スライドが障害年金にも適用されるが，これによる給付水準の低下は，障害年金受給者に深刻な影響を与えうる。上記のように高

---

[32]　フランスの障害者所得保障制度では，障害年金（拠出制）の支給要件を満たさない80%以上の障害率を持っている障害者で，一定以上の所得を有しない者には，無拠出制の成人障害者手当（AAH）が支給される。このAAHの補足的な性格によって，一定以上の所得を有しない障害率80%以上の障害者が，公的な所得保障制度から排除されることはない。また，AAHの支給に際して，インカムテストは実施されるが，ミーンズテストは実施されない。そして，成人の場合には，扶養義務は夫婦間にしか課されないこととなっている。永野・前掲注25）を参照。

[33]　百瀬・前掲注26）145頁。

齢者と障害者とでは，異なる事情が存するのであるから，障害年金の支給額については，少子高齢化の進展の中で給付の引下げが検討されている老齢年金とは切り離して設定する必要があると言えよう[34]。

5　小　括

以上のように，日本の障害年金制度では，①支給目的が曖昧であるがゆえに発生する隙間問題や，②年金制度が障害者の就労インセンティブに与える影響，③初診日が20歳以降にある障害者について生じ得る無年金の問題，④障害年金の支給水準の問題等が，存在することとなっている。

これらの課題・問題に対応するために重要なことは，「就労」との関係を明らかにした上で，障害年金制度を「労働・稼得能力の減退・喪失」を保障する制度として再構成することにあるのではないかと考えている。そして，「労働・稼得能力の減退・喪失」のために所得保障を必要としている者が，公的な所得保障制度から排除されることなく，適切な水準の所得を保障されるような「障害者所得保障制度」の設計を行っていくことが，今後求められるのではないかと考える。

Ⅳ　おわりに

本章では，日本における障害年金制度の概要を確認すると同時に，これが抱える諸問題について検討し，これからの障害者所得保障制度の方向性についての言及を行った。

障害者を取り巻く環境は，医療や技術の進歩によって大きく変化している。また，障害概念そのものにも，変化が見られるところである（障害の「社会モデ

---

[34] 江口隆裕「少子高齢社会における公的年金制度のあり方――公的年金と私的年金の新たなリスク分担」年金と経済25巻4号（2007年）。百瀬優「障害年金に関する論点整理」日本年金学会誌30号（2011年）88・89頁。なお，2012年1月に発表された「社会保障・税一体改革素案」は，老齢基礎年金の低所得者に対する加算の導入を提案すると同時に，これとの均衡を考慮して，障害者等に対する所得保障の観点から，障害・遺族基礎年金についても，一定の加算を行うことを提案している。

ル」の登場等)。そして,こうした変化の中で,従来は就労が困難であった障害者についても,働くことが可能となり,就労所得を得る機会も増えている。かつて,時にステレオ・タイプに「働くことが困難な者」とされた障害者の像は,多様化してきていると言うことができる。

　しかし,そうした中においても,障害年金制度は,障害ゆえに就労が困難な障害者に対し,公的な所得保障を提供し,その生活の安定を保障する制度として,依然,重要性を有していると言える。それゆえ,他の障害者関連施策(障害者雇用政策や障害福祉サービス等)における新たな動きに注視し,それぞれの役割分担を明らかにしつつ,障害年金制度それ自体を強化していくことも,強く求められよう。[35]

　公的年金制度に関しては,少子高齢化が進展する中で,議論すべき課題が山積みである。しかし,そうした状況の中において,これまで周辺的な扱いを受けてきた障害年金制度についても,十分な議論がなされることを期待したい。そして,障害年金制度が,障害者の主体的な自己実現や社会生活上のあらゆる分野への参加を経済的な側面から担保する制度としての機能を十分に発揮できるような制度となることを期待している。

---

35) 障害者雇用政策の分野では,2006年12月に国連で採択され,2008年5月に発効した障害者権利条約の批准に向けて,障害を理由とする差別禁止原則の雇用分野への導入が検討されているところである(労働政策審議会障害者雇用分科会「労働・雇用分野における障害者権利条約への対応の在り方に関する中間的な取りまとめ」(平22・4・27)等を参照)。また,障がい者制度改革推進本部のもとに設置された差別禁止部会でも,雇用分野での障害を理由とする差別禁止に関する議論が進められている。他方,障害福祉サービスの分野では,同じく障がい者制度改革推進本部のもとに設置された総合福祉部会において,障害者自立支援法を廃止し,新たな総合的な福祉法制を作り上げけた議論が進められていた。2011年8月には,新法の制定を目指して,「障害者総合福祉法の骨格に関する総合福祉部会の提言」も発表され,「障害に伴う必要な支援(ここには,コミュニケーションのための支援や,日常生活を送るための支援,補装具の支給等が含まれる)」については,原則無償とすべきである旨が示された。しかし,2012年3月に閣議決定された障害者自立支援法改正法案では,福祉サービスの原則無償化は,見送られている。

第14章
公的年金の財政

江口　隆裕

I　はじめに

　本章では，公的年金の財政について論じる。公的年金の定義や範囲をどう考えるか自体1つの問題だが，ここではこの問題には立ち入らず，代表的な公的年金である国民年金と厚生年金を取り上げる。

　また，国民年金制度としては，第1号被保険者のための独自給付（付加年金，寡婦年金及び死亡一時金）を含んだ従来からの国民年金と，基礎年金を支給する基礎年金があるが，本章では，これらを個別に論じる。

II　財政方式の種類

1　公的年金と年金財政

(1) **終身年金が基本の公的年金**　年金には，受給権者が死亡するまで支給される終身年金と，一定の期間を定めて支給される有期年金がある。公的年金は，老後の生活保障の中心的役割を果たすものであるため，終身年金がその基本となる。ただし，寡婦年金（国民年金法（以下，「国年法」とする）51条）や30

---

1)　江口隆裕『変貌する世界と日本の年金——年金の基本原理から考える』（法律文化社，2008年）222-229頁。

歳未満の妻に支給される遺族厚生年金（厚生年金保険法（以下，「厚年法」とする）63条1項5号）のような有期年金も，例外的に存在する。

他方，企業年金の場合には，その役割が老後の所得保障を補うことにあり，また，終身年金では給付期間が長期にわたるためその財政リスクも大きくなることから，実態としては有期年金が多い。法律上も，確定給付企業年金の場合には，5年以上の有期年金であればよいとされている（確定給付企業年金33条）が，厚生年金基金の場合には，公的年金たる老齢厚生年金と一体となって支給されるため，終身年金であることが要件とされている（厚年131条3項）。

(2) **終身年金に係る年金財政のあり方**　終身年金を基本とする公的年金は，制度の永続性を当然の前提とする。しかし，何世代にもわたって終身年金を支給し続ける間には，平均寿命や出生率，物価，賃金，利回りなどの社会経済条件だけでなく，国家社会のあり方も大きく変化する可能性がある（厚年法の前身たる労働者年金保険法が制定されたのは，日本軍が真珠湾を奇襲した1941年であった）。それにもかかわらず公的年金制度の永続性を確保するためには，社会経済条件や国民意識などの変化に応じて制度を不断に見直すことが不可欠となる。見直しの範囲や程度は，それらの変化の程度や見直しの目的などによって異なってくるが，公的年金制度の本質が，保険料ないし租税として徴収した財源をプールし，それを終身年金という形で支給する所得移転にあることを考えると――少なくとも財源がなければ給付ができないという意味で――年金財政の問題は，年金給付のあり方をどうするかという問題と表裏一体の関係にあることになる。

2　社会保険方式と税方式

社会保険方式と税方式[2]については別稿で論じられているので（第1章および第10章参照），ここでは，年金制度に限定して要点だけを述べる。

第1に，社会保険方式に基づくとされるわが国の年金制度では，社会保険方

---

2) 税方式を社会扶助（方式）と呼ぶ見解もある（堀勝洋『社会保障法総論〔第2版〕』（東京大学出版会，2004年）44頁）。

式の特性すべてが制度化されている訳ではない。例えば，最も代表的な特性である拠出と給付のけん連性（これは，成立上のけん連性，内容上のけん連性および存続上のけん連性に分けて観念できる[3]）をみると，受給権の発生には保険料の納付が要件とされるという意味での成立上のけん連性は一般的に認められるものの，給付内容が保険料の納付期間や額に応じて定まるという意味での内容上のけん連性は老齢年金にしかみられない[4]。

また，所得制限は税方式の特性であり，社会保険方式にはなじまないとされるが，遺族厚生年金では遺族の収入が一定額（2011年度で年収850万円）以下であることが受給要件とされ（厚年59条1項および4項），また，70歳以上の者に係る老齢厚生年金では，受給権者はもはや被保険者でないにもかかわらず，老齢厚生年金月額と賃金の合計額が一定額（2011年度で46万円）を超える場合には，超えた額の2分の1が支給停止となる（厚年46条）。これらは，社会保険方式の下での所得制限に他ならない。

このように，社会保険方式に基づく年金制度であっても，その特性がどの程度制度化されるかは，当該受給権の性格（遺族年金は遺族の生活保障を目的とするので，遺族に一定以上の所得がある場合には受給権者としないというのが収入要件を設けた理由とされている[5]。しかし，この論理は老齢年金にも当てはまるので，遺族年金が遺族自身の拠出に基づくものではないことを理由に加える必要があろう[6]），保険原理を扶助原理[7]でどの程度修正するか，すなわち所得再分配機能を公的年金にどの程度取り込むか，などを考慮した政策判断にかかってくることになる。

---

3) 江口隆裕「社会保障における給付と負担の関連性」国立社会保障・人口問題研究所編『社会保障財源の制度分析』（東京大学出版会，2009年）114-117頁。これに対し，台豊「医療保険料（被保険者負担）と保険者による給付の間の『対価性』について」青山法学論集51巻1・2合併号（2009年）699頁は，契約総論における「履行上の牽連性」に着目して論じるべきだとする。しかし，個別契約関係上の法理を制度的法律関係にそのまま当てはめるのが妥当とは思えない。
4) 正確には，障害・遺族基礎年金は，保険料納付期間にかかわらずフルペンションとしての基礎年金が支給されるので内容上のけん連性はないのに対し，障害・遺族厚生年金は，加入期間が最低保障の300月を超える場合に内容上のけん連性が認められる。
5) 有泉亨・中野徹雄編『厚生年金保険法』（日本評論社，1982年）177-178頁。
6) 最判平12・11・14（民集54巻9号2683頁）参照。
7) 堀・前掲注2）41頁。

第14章 公的年金の財政

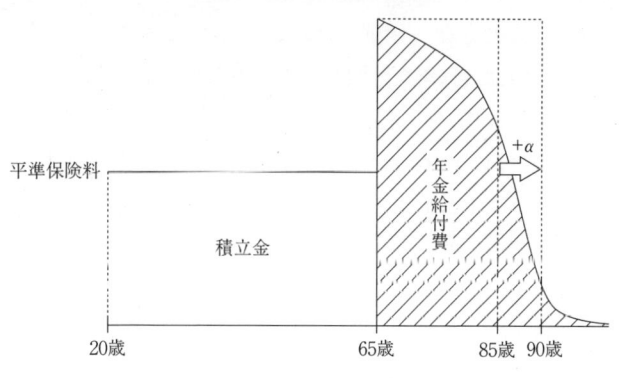

図表1 積立方式の概念図

出典：著者作成

　ただし，間接税を財源とする税方式の下で所得比例年金をとり[8]，社会保険方式の下で完全定額年金[9]をとることはできないように，社会保険方式，税方式それぞれの財源特性に応じた制度的限界は存在する。

　なお，社会保険方式か税方式かという問題は，法的には，当該保険料に租税法律主義（憲法84条）が適用されるかどうかという問題に関わってくる。

3　積立方式と賦課方式

(1)　**積立方式・賦課方式と3つの財政リスク**　社会保険方式の年金制度は，さらに積立方式と賦課方式に区分される[10]。積立方式とは，ある加入者（世代）が拠出した保険料とその運用益を原資としてその年金給付を賄う方式をいい，その年金給付を賄うのに必要な水準の保険料を平準保険料という（図表1参照）。

　これに対し，賦課方式とは，年金受給世代の年金給付費をそのときの現役世

---

[8]　所得比例の年金目的税を財源とする所得比例年金を創設することは理論的には可能である。もっとも，これは税と社会保険料の定義の問題にも関係してくる。アメリカでは，年金保険料は社会保障税として徴収されており，これを税方式と捉えると，税方式による所得比例年金が実現していることになる。

[9]　完全定額給付とは，拠出実績にかかわらず受給者全員に定額年金を支給するものであり，拠出実績に応じて年金額が変わる拠出比例定額年金とは異なる（江口・前掲注1）9-10頁）。

[10]　厚生労働省年金局数理課『平成21年財政検証結果レポート』119-120頁。

代の保険料で賄う方式をいい，その保険料水準は，そのときの年金給付費総額と現役世代全体の負担能力（一般的には，総賃金）の相関によって決まる。

　これらの財政方式は，様々な財政リスクにさらされることになるが，その主なものとして，長生きリスク，少子化リスク及び運用リスクがある[11]。長生きリスクとは，ある世代がどのくらい長生きするかを確定的に予見できないことを意味し，予定平均余命よりも年金受給世代が長生きするほど，年金給付費は増大する。次に，少子化リスクとは，ある世代の出生率がどのような値になるかを確定的に予見できないことを意味し，予定出生率よりも出生率が低下するほど年金給付費の負担者たる現役世代が減少するため，被保険者1人当たりの負担額は増加する。さらに，運用リスクとは，実際の運用利回りを確定的に予見できないことを意味し，予定利回りよりも実際の運用利回りが低くなればその分財源が不足し，追加拠出が必要になる。

　このほか，社会の価値観の変化によって引き起こされる制度改正のリスクや年金問題が選挙の得票手段として利用される政治リスクなども考えられる。

(2) **積立方式の財政リスク**　　積立方式は，社会経済条件がその前提通りに推移すれば，ある世代が自ら積み立てた保険料でその年金給付費を賄うことができるので，負担を後代に先送りすることなく，世代間の負担の公平が図れるという長所を持つ。しかし，年金制度は100年単位の超長期にわたる制度であることから，変化の激しい現代社会にあっては，積立方式の前提条件通りに現実社会が推移することはまず考えられない。

　図表1は，ある世代が平均的に65歳から85歳までの20年間年金を受給するという前提で給付が設計され（図表1の斜線部分），それに見合った水準の平準保険料が設定されたという例を図示している。この例で，45年後にその世代が65歳になったところ，医学医術の進歩等により平均余命が90歳になっていたとしよう。この場合，20年分の給付費しか積み立てられていないので，当初見込みよりも長生きするようになった5年分（図の $+\alpha$ 部分）の年金給付費が不足することになる。これが長生きリスクによって生じる不足財源である。

11）江口・前掲注1）16-18頁。

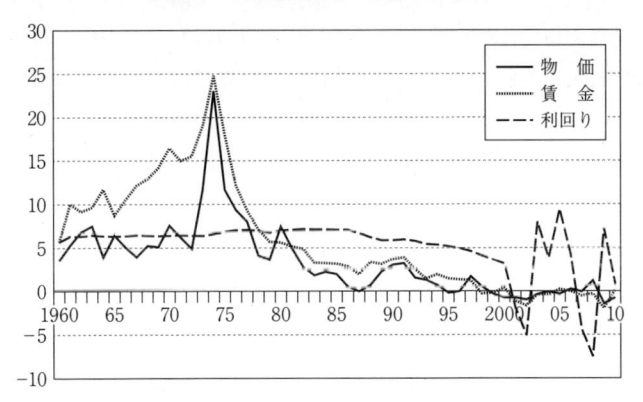

図表2　物価，賃金，利回りの推移

注：賃金は，毎月勤労統計（きまって支給する給与。90年以前は事業所規模30人以上，91年以降は事業所規模5人以上，調査産業計）。利回りは，厚生年金特会利回り，01年度以降は年金資金運用基金及び年金積立金管理運用独立行政法人の運用利回り。
出典：著者作成

　また，積立方式では，平準保険料を設定する際に，積立金から一定率の運用収入が生じると見込んで財政計算をする。かつては，財政投融資資金の預託金利である5.5％が予定利率として用いられたが，現在では，年金積立金も市場を通じて運用されるようになったため，運用利回りのボラティリティ（振れ幅）が大きくなり，運用リスクは拡大している。

　なお，積立方式で対処困難なリスクとしてインフレをあげる見解がある。[12]後述するように，わが国の厚生年金が，戦後の急激なインフレによって積立方式の修正を余儀なくされたのは事実であるが，かように異常なインフレ下では，賦課方式であっても給付水準の実質的引下げや保険料の引上げなどの制度的混乱は避けられなかったのではないかと思われる。さらに，積立方式インフレリスク論は，固定金利制（わが国の場合には，大蔵省資金運用部への全額預託義務を前提とする預託金利）を前提とするものと思われる。[13]しかし，1980年代以降，わが国の経済指標は，おおむね運用利回り＞賃金＞物価という関係で推移してきて

12）　太田匡彦「リスク社会下の社会保障行政（下）」ジュリスト1357号（2008年）102頁。
13）　八田達夫・小口登良『年金改革論——積立方式へ移行せよ』（日本経済新聞社，1999年）24-25頁参照。

おり，年金運用についても規制緩和が進み，1980年以降の財政再計算も上記相関関係を前提として行われてきた[14]。もし，長期的にも3つの経済指標の間に上記の関係が成立するとすれば，インフレは積立方式にとって何らリスクではないはずである。

ところが，2000年代に入ると，3つの経済指標の相関関係が不規則に変動しているため，積立方式におけるインフレリスクをどう評価するかは，近年の経済指標間の変動を長期的にどう評価するかにかかってくることになる（もっとも，この問題は，それ以上に年金財政の根本に関わってくる）。

また，年金については，賦課方式から積立方式に移行すべきだという意見がある[15]。しかし，積立方式に移行したとしても，積立開始後に生じる長生きリスクや運用リスクに対処できなければ，いずれは賦課方式への転換を余儀なくされることになる。さらに，積立方式から賦課方式へ移行する際には，移行時の現役世代が，そのときの年金受給世代の年金給付費と自らの年金給付費のために保険料を二重に負担するという二重の負担の問題も生じる。

ちなみに，母体企業の永続性が担保できない企業年金では，賦課方式をとることができないため，積立方式をとらざるを得ない。このため，終身年金を選択した企業年金は，長生きリスクや運用リスクに苦しむことになる[16]。

(3) **賦課方式の財政リスク**　次に，賦課方式の場合には，現役世代の支払った保険料は直ちに年金給付費に充当されてしまうため，積立金の必要がなく，運用リスクは生じないが，長生きリスクと少子化リスクにさらされる。すなわち，平均余命が伸び，年金の受給期間が長くなれば，その分年金給付費も増加し，現役世代の負担が増えることになる。また，少子化が進み，現役世代の人数が減少すれば，被保険者1人当たりの負担額は増加する。わが国のように急

---

14) 厚生労働省年金局数理課・前掲注10) 87-101頁参照。
15) 八田・小口・前掲注13) のほか，最近の論文として，井堀利弘「公的年金改革：個人勘定年金の整備・拡充が重要」一橋大学機関リポジトリ HERMES-IR（2010年11月）。
16) 確定給付企業年金では，一定の期待収益率の代わりに，国債の利回りなど予め定めた指標を用いるキャッシュ・バランスプラン（CB：Cash Balance plans）が認められており（確定給付企業年金法施行令24条1項3号），この場合には，運用リスクは企業と加入者が分担することになる。

速な少子化が進む場合には，その影響はとくに大きい。

なお，税方式は，予算単年度主義（憲法86条）を前提とすれば，賦課方式と同じ財政効果を持つ。

(4) **積立方式から賦課方式へ**　多くの国で，年金制度は当初積立方式によってスタートしたが，第二次世界大戦後の急激なインフレによる積立金の実質価値の大幅な低下などによって，次第に賦課方式へと移行していった（フランス(1945年)，スウェーデン(1946年)，ハンガリー(1946年)，日本の厚生年金(1948年)，イタリア(1952年)，チリ(1952年)，ドイツ(1957年)）[17]。さらに近年は，長生きリスクや運用リスクが大きくなっているため，完全積立方式を維持することが困難になっている。他方，賦課方式の場合には，運用リスクは生じず，長生きリスクにも対応可能だが，少子化が進み現役世代が減少するわが国のような人口減少社会では，後世代の負担が増大し，世代間の負担の不公平が極大化する。

4　観念上の拠出建て年金（NDC）

これまで述べてきた伝統的な財政方式とは別に，20世紀末になって，新たに観念上の拠出建て年金（Notional Defined Contribution：NDC）と呼ばれる方式が登場した。これは，賦課方式という財政方式と拠出建てという年金額算定方式を組み合わせたもので，1998年のスウェーデンの年金改革で開発され[18]，イタリア，ポーランドなどでも導入されている。

(1) **給付建て年金（DB）と拠出建て年金（DC）**　観念上の拠出建て年金（NDC）について述べる前提として，給付建て年金（Defined Benefit：DB）と拠出建て年金（Defined Contribution：DC）について説明しなければならない。

これらは年金給付の算定方式であり，給付建て年金（DB）とは，保険料の拠出時点で将来の年金額ないしはその算定方法が定められている方式をいい，

---

17) 江口・前掲注1) 131-132頁。
18) 森浩太郎「スウェーデンの年金改革における『連帯』と『公正』」社会保障法20号（2005年）6-18頁，井上誠一『高福祉・高負担国家スウェーデンの分析』（中央法規出版，2003年）271頁以下。

従来の公的年金はこれが基本であった（例えば，基礎年金は，40年拠出で月額6.6万円（2011年度）と年金額が定まっている）。

他方，拠出建て年金とは，拠出時点では保険料の額またはその計算方法が確定しているだけで，将来の年金額やその計算方法は定まっていないものをいい，401（k）年金と呼ばれた米国の企業年金が代表例である。

例えば，企業が社員のために企業年金の掛金として毎月2万円を拠出する場合を想定しよう。この場合，社員の年金額がいくらになるかは，彼が退職する時点での掛金の元本（20年間勤務した場合には，2万×12月×20年＝480万円）に加えて，運用利回りがどの程度になるか（20年間の平均利回りが1％の場合には1.1倍，5％の場合には1.7倍になる）[19]によって変わってくる。確定拠出年金では，ハイリスク・ハイリターンか，ローリスク・ローリターンかといった運用方法を選択するのは加入者自身であり，加入者は，自ら運用方法を選択し，その運用結果を引き受けなければならない。従来の確定給付企業年金では，予定利回りと実績とのかい離分は企業が負担していたことと比べると，運用リスクを加入者に転嫁した点に確定拠出年金の特徴がある。

(2) **観念上の拠出建て年金（NDC）の意義**　観念上の拠出建て年金とは，財政方式は賦課方式だが，年金給付は拠出建ての年金をいう。すなわち，ある年の加入者（現役世代）が拠出した保険料は，そのままその年の年金受給者の年金給付費に充当されるが（賦課方式），加入者が拠出した保険料相当額はその個人勘定に積み立てられ（拠出建て年金），しかもその積立金には一定の運用益が付与されるという仕組みである。加入者の保険料は年金給付費に使われてしまい実際には残っていないにもかかわらず，残っているかのように観念して積立金および運用益を計算するところから，観念（概念）上の（Notional）拠出建て年金と呼ばれる。

従来の積立方式・賦課方式と給付建て・拠出建てという区分に観念上の拠出建て年金を当てはめると，図表3のようになる。

観念上の拠出建て年金の特色は，実際には原資がないにもかかわらず，ある

19）付利の時期などによって値が異なるので，ここでは概数を示した。

図表3　積立方式・賦課方式と給付建て・拠出建ての組合せ

	積　立　方　式	賦　課　方　式
給付建て年金	従来の積立方式	従来の賦課方式
拠出建て年金	確定拠出年金（DC）	観念上の拠出建て年金（NDC）

出典：著者作成

と観念して加入者が拠出した保険料をその個人勘定に積み立てるという点にある。その意義は、積立金という財産がないにもかかわらず将来の年金給付を約束するという意味で年金給付債務を観念化したことに加え[20]、公的年金を個人勘定化したことにある[21]。

まず、年金給付債務の観念化という点を敷衍すれば、これは、国家の永続性を前提にその信用力を背景として可能となる仕組みである。観念的に積み立てられた積立金見合いの金額は、それを年金給付に（観念的に）充当するために取り崩す時点の現役世代が支払うことになる。したがって、その時点の現役世代の総賃金を国家の経済力とみなせば、積立方式と賦課方式の相違は、積立方式＝保険料資産を金融市場で運用すること、賦課方式＝非市場性国債すなわちその国の経済全体で運用することということになる[22]。この観点からは、積立方式は保険料資産について市場運用による収益の獲得を目指すのに対し、賦課方式は、非市場運用、すなわちその国の経済成長による収益獲得を目指すものであることになり、両方式の相違は相対的なものにすぎなくなる[23]。

次に、公的年金の個人勘定化であるが、これは、若年世代を中心とした年金不信の高まりに対する処方箋として有効である。また、これによって、平均余命などを考慮し、個人勘定に積み立てた観念的な年金資産の範囲内で自分の受給開始年齢を自由に選択できるといった選択肢の拡大も可能となる。ただし、

---

20) この意味の債務の観念化としては、従来の賦課方式＝観念上の給付建て年金（Notional Defined Benefit：NDB）と捉えることもできよう。
21) 江口・前掲注1) 36-39頁、217頁。
22) 森浩太郎「拠出保険料の資産運用としてのNDCについて」年金と経済23巻3号（2004年）61-64頁。
23) 巨額の積立金があっても、経済が低迷し、積立金の実質価値が低下している経済状況を想起すれば、このことは容易に理解できよう。説明は異なるが、太田啓之『いま、知らないと絶対損する年金50問50答』（文春新書、2011年）177-182頁参照。

個人勘定によって拠出と給付の対応関係が明確になると言っても，拠出と給付の実質価値が1：1で保障されるのではない点に留意しなければならない。

観念上の拠出建て年金導入の狙いは，年金給付債務総額を現役世代が負担可能な範囲内に収めることにある。そのためには，保険料率の上限を設定し（スウェーデンの場合，保険料率は18.5％に固定され，16％が観念上の拠出建て年金に，2.5％は市場運用の拠出建て年金に充当される），かつ，年金債務総額を上限保険料の範囲内に収める仕組みが必要となる。スウェーデンの「自動安定化装置」やポーランドの「みなし運用利回りに総賃金上昇率を用いる」といった年金債務の「調整装置」がその仕組みであり，これによって，その国の社会経済条件に応じて年金債務を調整することが可能になる。もちろん，その結果として，年金の実質価値が低下するという事態も生じ得る。このように，観念上の拠出建て年金と年金債務調整装置の組合せによって，現役世代が負担可能な範囲に年金債務総額を圧縮できるようになるのである。

Ⅲ　わが国公的年金制度の財政方式

1　国民年金の財政方式の変遷[24]

国民年金では，1961年の制度発足当初は平準保険料を採用していたものの，最初の財政再計算である1967年に急激な保険料の増加を避けるためとして段階保険料方式をとって以来，段階保険料方式が続いている。段階保険料方式とは，保険料水準を将来に向けて段階的に引き上げていくことをあらかじめ予定して将来見通しを作成し，財政運営を行う財政方式をいう。しかし，これは，平準保険料の一部を後代に負担先送りする仕組みであり，実質的には修正積立（賦課）[25]方式の一種と考えられる。

国民年金で積立方式を維持できなかった理由は，制度創設当時から受給期間の短縮や10年年金による制度の成熟化策が講じられたことのほか，1973年の改

---

24)　厚生労働省年金局数理課・前掲注10）121頁以下。
25)　修正積立方式と修正賦課方式の区分は，必ずしも明確でない。ここでは，積立方式から賦課方式への移行過程にあるという意味で修正積立（賦課）方式と表現した。

第14章 公的年金の財政

図表4 国民年金の財政方式の推移

保険料改定時期	保 険 料	平準保険料	段階保険料	財 政 方 式
1961年4月	20～34歳100円 35歳以上150円	128円	—	平準保険料方式
1967年1月	20～34歳200円 35歳以上250円	403円	1981年度以降 508円	（66年財政再計算） 段階保険料方式
1969年1月	20～34歳250円 35歳以上300円			
1970年7月	450円	862円	2010年度以降 1,640円	（69年財政再計算） 段階保険料方式
1972年7月	550円			
1974年1月	900円	2,661円	2010年度以降 35,800円（名目額）	（73年財政再計算） 段階保険料方式
1975年1月	1,100円			
76年4月～ 1979年4月	1,400円～3,300円 に段階的引上げ	5,040円	2010年度以降 8,650円	（76年財政再計算） 段階保険料方式
80年4月～ 1985年4月	3,770円～6,740円 に段階的引上げ	7,980円	2013年度以降 15,700円	（80年財政再計算） 段階保険料方式
86年4月～ 1989年4月	7,100円～8,000円 に段階的引上げ	10,989円	2007年度以降 13,000円	（84年財政再計算） 段階保険料方式
90年4月～ 1994年4月	8,400円～11,100 円に段階的引上げ	—	2010年度以降 16,100円	（89年財政再計算） 段階保険料方式
95年4月～ 1997年4月	11,700円～12,800 円に段階的引上げ	—	2015年度以降 21,700円	（94年財政再計算） 段階保険料方式
1998年4月	13,300円	—	2020年度以降 25,200円	（99年財政再計算） 段階保険料方式
2005年4月	13,580円	—	17年まで280円ずつ 引上げ，17年度以降 16900円固定	（04年財政再計算） 段階保険料方式

注：1976年財政再計算以降の段階保険料は，当該年度における価格である
出典：厚生労働省年金局数理課『平成21年財政検証結果レポート』124頁を修正

正で物価スライド制の導入などを行ったものの，これら給付改善により生じた費用は後代負担によって賄うことにし，必要な保険料負担を求めなかったことにある。その後次第に平準保険料と段階保険料との乖離幅が拡大したが，1976年の改正以降毎年保険料が引き上げられ，1989年の財政再計算では段階保険料が平準保険料の水準に近づいたものの，1994年の財政再計算で両者の乖離幅は再び拡大した。

図表5　厚生年金の財政方式の推移

保険料改定時期	保険料率（%）男子	保険料率（%）女子	平準保険料率（%）男子	平準保険料率（%）女子	最終保険料率（%）	財政方式
1942年6月	6.4	—	6.4	—		平準保険料方式
44年10月	11.0	11.0	11.0	11.0		平準保険料方式
47年9月	9.4	6.8	9.4	6.8		平準保険料方式
48年8月	3.0	3.0	9.4	5.5		平準保険料方式（暫定保険料率）
54年5月	3.0	3.0	5.0/4.1	3.6/3.1		段階保険料方式
60年5月	3.5	3.0	4.4	3.1		段階保険料方式
65年5月	5.5	3.9	6.9	5.3		段階保険料方式
69年11月	6.2	4.6	8.5	6.4		段階保険料方式
73年4月	7.6	5.8	10.5	13.9	2010年度 19.6	（73年財政再計算）段階保険料方式
76年8月	9.1	7.3	13.9	20.0	2010年度 20.7	（76年財政再計算）段階保険料方式
80年10月	10.6	8.9	19.1	26.4	2021年度 35.4	（80年財政再計算）段階保険料方式
85年10月	12.46	11.3	—	—	2021年度 28.9	（84年財政再計算）段階保険料方式
90年1月	14.3	13.8	—	—	2020年度 31.5	（89年財政再計算）段階保険料方式
94年11月	16.5		—		2024年度 29.8	（94年財政再計算）段階保険料方式
96年10月	17.35		—		2024年度 27.8（総報酬ベース21.6）	（99年財政再計算）段階保険料方式
2003年4月	13.58（総報酬ベース）		—			
04年10月	13.934		—		17年までに0.354%ずつ引き上げ、17年度以降18.3%固定	（04年財政再計算）段階保険料方式

出典：厚生労働省年金局数理課『平成21年財政検証結果レポート』123頁を修正

2　厚生年金の財政方式の変遷

　厚生年金でも，1942年の制度創設当初は平準保険料を設定していたが，1948年に，戦後の急激なインフレによる積立金の目減りや被保険者の負担能力などを考慮して，保険料率が暫定的に9.4%から3.0%へと大幅に引き下げられ

第14章　公的年金の財政

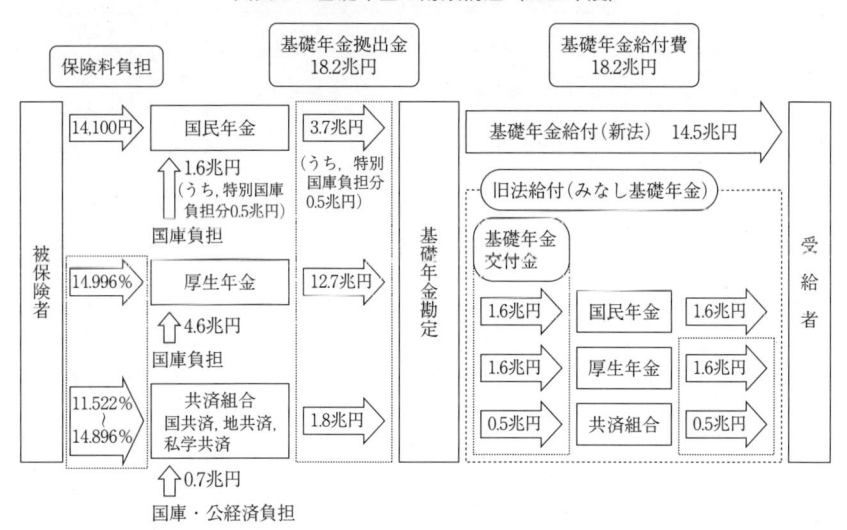

図表6　基礎年金の財政構造（2007年度）

保険料負担		基礎年金拠出金 18.2兆円		基礎年金給付費 18.2兆円			
	14,100円 →	国民年金 ↑1.6兆円（うち，特別国庫負担分0.5兆円）国庫負担	3.7兆円 → （うち，特別国庫負担分0.5兆円）	基礎年金給付（新法）　14.5兆円 →			
被保険者	14.996% →	厚生年金 ↑4.6兆円 国庫負担	12.7兆円 →	旧法給付（みなし基礎年金）基礎年金交付金 1.6兆円 →	国民年金	1.6兆円 →	受給者
				基礎年金勘定			
	11.522%～14.896% →	共済組合 国共済，地共済，私学共済 ↑0.7兆円 国庫・公経済負担	1.8兆円 →	1.6兆円 →	厚生年金	1.6兆円 →	
				0.5兆円 →	共済組合	0.5兆円 →	

出典：厚生労働省年金局数理課『平成21年財政検証結果レポート』129頁

た。これによって賦課方式に近い保険料率となり，それ以降段階保険料方式が採用されている。さらに，1973年の改正で物価スライド制や賃金再評価の導入などの給付改善が行われ，その分を後代負担としたことなどにより平準保険料とのギャップが拡大した。1984年の財政再計算以降は，最終保険料率だけが公表されるようになっている。なお，2003年4月からは，保険料の算定基礎が従来の標準報酬月額ベースからボーナス込みの総報酬ベースに改められたため，見かけ上保険料率が下がっている。

3　基礎年金の財政方式

1986年に創設された基礎年金は，全国民共通の1階部分である基礎年金給付費を現役世代全体で支える仕組みであり，完全な賦課方式となっている。すなわち，毎年度の基礎年金給付に要する費用は，その年度の各公的年金制度からの基礎年金拠出金で賄われ，各公的年金制度の基礎年金拠出金負担額は，被保険者の人数（原則として20～59歳，国民年金の免除，未納を除く）で按分される。例えば，厚生年金の基礎年金拠出金負担額（2007年度）は，1人当たり基礎年

第Ⅲ部　年　金

図表7　国民年金の財政見通し

年　度	保険料月額(円)	収入合計（兆円）		支出合計(兆円)		収支差引残	年度末積立金(兆円)	積立度合
		保険料・運用収入	国庫負担	ⓐ	基礎年金拠出金		ⓑ	ⓑ／ⓐ
2009	14,700	4.8	2.3	2.4	4.7	4.5	0.1	10.0	2.1
11	15,260	4.9	2.4	2.5	4.7	4.5	0.1	10.3	2.2
13	15,820	5.1	2.5	2.6	5.0	4.8	0.1	10.5	2.1
15	16,380	5.7	2.8	2.8	5.4	5.2	0.2	10.9	2.0
20	16,900	6.6	3.4	3.2	6.1	5.9	0.5	13.0	2.0
40	16,900	9.5	4.8	4.7	8.7	8.5	0.8	29.9	3.4
60	16,900	13.3	6.0	7.2	13.0	12.9	0.3	40.6	3.1
80	16,900	16.0	6.9	9.1	16.4	16.2	-0.4	37.8	2.3
2105	16,900	19.5	7.8	11.5	20.7	20.6	-1.2	19.5	1.0

注：出生率中位，物価上昇率1.0%，賃金上昇率2.5%，運用利回り4.1%を前提
出典：厚生労働省年金局数理課『平成21年財政検証結果レポート』289頁を修正

金拠出金月額単価2万5734円×12月×（厚生年金の第2号被保険者数＋第3号被保険者数）＝12.7兆円となる。

4　2004年の年金改革と年金財政

(1) **2004年の年金改革**　2004年の年金改革は，給付と負担に関する従来の考え方を転換させ，年金財政のあり方も抜本的に改めたという点で画期的である。

それまでも，平均寿命の延びや出生率の低下といった財政リスクに対処するため，支給開始年齢の引上げ，保険料の引上げ，給付水準の引下げといったリスク後追い型の改正が行われてきたが，その際，既得権保護の観点から，年金受給権がすでに具体化している既裁定者の年金については，基本的に従前額を保障するという考え方がとられてきた。[26]

---

26) 例外的に，1990年から被用者年金制度間調整を実施するに際し，JR共済の既受給者について平均7％程度年金額が削減されたことなどがある。

図表8　厚生年金の財政見通し

年度	保険料率(%)(対総報酬)	収入合計（兆円）			支出合計(兆円)		収支差引残(兆円)	年度末積立金 ⓑ	積立度合 ⓑ／ⓐ
			保険料・運用収入	国庫負担	ⓐ	基礎年金拠出金			
2009	15.704	34.9	25.9	7.2	35.8	13.1	-0.9	144.4	4.1
11	16.412	36.7	28.9	7.5	37.8	13.9	-1.1	141.6	3.8
13	17.12	40.4	32.0	8.1	40.4	15.0	-0.1	140.8	3.5
15	17.828	44.8	35.8	8.7	42.6	16.3	2.1	144.2	3.3
20	18.3	53.3	43.7	9.4	45.7	18.1	7.6	172.5	3.6
40	18.3	78.5	65.6	12.8	67.3	25.5	11.2	417.1	6.0
60	18.3	101.2	82.3	18.8	97.6	37.6	3.6	562.5	5.7
80	18.3	116.7	92.7	23.9	124.2	47.8	-7.5	502.5	4.1
2105	18.3	132.4	102.0	30.4	157.5	60.8	-25.1	132.4	1.0

注：出生率中位，物価上昇率1.0%，賃金上昇率2.5%，運用利回り4.1%を前提
出典：厚生労働省年金局数理課『平成21年財政検証結果レポート』288頁を修正

　これに対し，2004年の改革では，基礎年金の国庫負担割合を2009年度までに1/3から1/2に引き上げることを法定した上で，保険料水準固定方式によって現役世代の保険料負担に上限を設け（2017年度以降，国民年金1万6900円（2004年度価格），厚生年金18.3%），同時に，将来の年金給付費が保険料負担の範囲内に収まるよう，マクロ経済スライドを導入して既裁定者も含めた年金給付の水準を抑制することにした。また，積立金の一部を取り崩し，従来の永久均衡方式から，おおむね100年間の財政均衡を図る有限均衡方式へと年金財政の考え方を変更した。さらに，保険料水準固定方式の導入に伴い，保険料の引上げを前提とした財政再計算方式は廃止し，財政検証方式に改めている（国年4条の3，厚年2条の4）。

　(2)　**国民年金財政の現状**　2004年の改革後初めて行われた2009年の財政検証によると，国民年金の財政見通しは図表7の通りである。2009年度以降，毎年若干ながら積立金が積み増しされ，2070年頃から収支差引がマイナスとなって積立金の取り崩しが始まるものの，2105年度末の積立度合は1.0と1年分の支出に見合う水準が確保され，100年間の年金財政の均衡が図られる見通しと

なっている。これによって，賦課方式への移行が完成することになる。

(3) **厚生年金財政の現状**　2009年財政検証によると，厚生年金の財政見通しは図表8の通りである。当初は積立金が取り崩されるが，2015年頃から収支差引がプラスに転じて積立金は積み増しされ，2070年頃から再び収支差引がマイナスに転じ，結局，2105年度末の積立度合は，国民年金と同じく1.0と1年分の支出に見合う水準が確保される見通しとなっている。これによって，国民年金と同じく，賦課方式への移行が完成する。

Ⅳ　わが国公的年金財政の課題

1　2004年改革の課題

(1) **デフレ経済への対応**　2004年の年金改革は，マクロ経済スライドによって長生きリスクと少子化リスクを制度の中に組み込み，既裁定年金も含めた年金給付調整の仕組みを取り入れたという点で画期的であった。しかし，この改革では，物価上昇率1.0％（1.0％），賃金上昇率2.1％（2.5％），運用利回り3.2％（4.1％）（（　）内は2009年財政検証の際の経済前提）という右肩上がりの経済前提に立って財政計算を行っている。

ところが，2000年代以降の経済指標をみると，物価がデフレ基調にあるだけでなく，賃金が物価よりも下落した年もみられ（図表2参照），これをどう評価するかが大きな課題となっている。もし，経済指標間の相関関係も含めて経済前提を見直すのであれば，各公的年金制度の財政見通しも修正しなければならず，その結果いかんによっては，公的年金制度全体のさらなる抜本改革が必要となろう。とくにマクロ経済スライドについては，これを発動して年金額がマイナスになる場合には，年金額を引き下げずに名目額を維持するという仕組みになっているため，デフレ下でも年金額が下がらず，実質価値はむしろ上昇してしまうという問題が生じている。

(2) **基礎年金国庫負担率の引上げと財源問題**　2004年改革では，2009年度までに基礎年金の国庫負担を1/2に引き上げることが法定され，実際，2009年度と2010年度については，国庫負担率1/2が実現された。しかし，2011年度につい

ては，東日本大震災の影響もあり，所要の財源が確保できないことから，基礎年金国庫負担は36.5％とし，これと2分の1との差額については復興債で手当することになった。

このような中，社会保障の具体的な制度改革案とその必要財源を明らかにし，財源の安定的確保と財政健全化を同時に達成するための社会保障・税一体改革大綱（以下，「大綱」とする）が2012年2月17日に閣議決定された。大綱では，基礎年金国庫負担率引上げに必要な財源も含め，2015年10月までに段階的に消費税率（国・地方）を10％まで引き上げることを明記し，同時に，短時間労働者に対する厚生年金の適用拡大などの社会保障改革案も示している。

2　民主党案の評価と課題

民主党は，マニフェスト2009において，所得比例年金と月額7万円の最低保障年金の創設および歳入庁構想を打ち出した（詳細については，第10章参照）。しかし，大綱では，これらの抜本改革は棚上げし，当面は，最低保障機能の強化や高所得者の年金給付の見直しなど現行制度の改善に取り組むとしている。ちなみに，大綱の検討過程で示された民主党の抜本改革案では[27]，所得比例年金の内容として，スウェーデン流の観念上の拠出建て年金の導入が考えられている。

民主党が税方式の最低保障年金構想を打ち出した背景には，国民年金の未納・未加入による無・低年金者問題への対応があるものと思われる。さらに，近年急速に増加しているパートタイマーなどの非正規労働者の多くが第1号被保険者となり，それが保険料未納の一因となっているという現実は，フルタイムの常用労働者を第2号被保険者とし，第2号被保険者とその被扶養配偶者（第3号被保険者）以外の者は第1号被保険者とするという現行制度の枠組みと実際の就業構造とのミスマッチが拡大していることの表れでもある。

こういった問題の解決策として抜本改革案を打ち出したことは評価できるも

---

[27] 2011年5月26日付け民主党社会保障と税の抜本改革調査会「『あるべき社会保障』の実現に向けて」10頁。

のの,その実現には多くの課題が山積している。例えば,税方式に必要な財源が本当に確保できるのかという問題のほか,税方式への移行に40年間もかけるのでは無・低年金者問題の解決策と言えないのではないか,被用者と非被用者間の所得補足格差をどう解消するのか(社会保障と税の共通番号を導入しても,当事者間の相対取引を完全に把握できなければ所得補足問題は解決しない),さらにはマクロ経済スライドによって年金債務の調整が可能であるにもかかわらずあえて観念上の拠出建て年金を導入する必要があるのか(スウェーデンでは,従前の2階部分の所得比例年金である付加年金制度の積立金が2020年頃には底をつくと予想されたため,年金債務を観念化する必要があった),といった問題がある。

V 最後に

最後に,公的年金財政に関連する法的問題に触れておきたい。それは,永続性と可変性を本質とする公的年金制度における年金受給権[28]の内容をどう理解するかという問題である。というのも,上述のような年金制度の特性を勘案すれば,年金受給権の内容を通常の金銭債権と同じく将来の確定的な金額を表彰するものと捉えるのは適切でなく,老後の生活保障を目的としつつ,世代間の給付と負担の公平の観点からその内容が具体的に形成されていくものと捉えるべきではないかと考えられるからである。すなわち,例えば法律で年金額を一定額に定めたとしても,物価が大きく上昇すればその実質価値は著しく低下することになり[29],生存権の侵害というほどに実質価値が下がらなくても,老後の生活保障という公的年金制度の目的から年金額の引上げが要請されことになるだろうし[30],他方,例えば法律で年金の給付水準を一定の所得代替率として定めた

---

[28] ここでは,いまだ権利として具体化していない抽象的権利(期待権)としての受給権を念頭に置いている。

[29] 物価スライド制があればこのような問題は生じないが,わが国では1973年の改正で物価スライド制が導入されたように,物価スライドは公的年金の十分条件であっても,必要条件ではない。

[30] 現在は,逆に,物価がデフレ基調にあるため,マクロ経済スライドの下で年金の名目額が維持されたままとなり,その実質価値が上がっていることが問題となっている。

としても，少子化が進んで現役世代の負担がそれに耐えられないものになれば，世代間の公平の観点からその引下げが要請されることになるだろう。そして，老後の生活保障と世代間の公平という，場合によっては対立する２つの目的を調整し，その結果を実現させる仕組みとして，法律上，事情変動に応じた年金水準の確保と定期的な財政検証の実施およびそれを前提とした法改正が予定されているのである[31]。このように考えれば，財政検証（2004年改革までは財政再計算）という手順を踏み，世代間公平を図るために必要な財政均衡を図りつつ，老後の生活保障のための適正な年金水準を確保することが年金受給権の内容となっていると捉えることができるのではなかろうか[33]。もっとも，これが肯定されたとしても，年金受給権の内容をなす世代間の給付と負担の公平をどのような基準でどう判断すべきかという困難な問題が控えていることを付言しておかなければならない[34]。

---

31) 国年法４条～４条の３及び厚年法２条の２～２条の４。同旨の規定は，国年法では制定当初から，厚年法では1954年の現行法制定時から設けられている。
32) 物価スライド制は，この適正な年金水準確保の要請の具体化と捉えることができる。
33) 江口隆裕「年金制度と法――変動するリスクと年金受給権」ジュリスト1389号（2009年）52-54頁。菊池馨実『社会保障法制の将来構想』（有斐閣，2010年）100頁では，既裁定年金の給付水準の引下げを伴うマクロ経済スライドに関し，「何より年金の名目額が維持されること」を合理性判断の重要な根拠に挙げているが，これは名目上の金額にこだわった見解と言うべきである。
34) 太田・前掲注12) 102頁では，年金制度における世代間の公平を取り上げ，「共時点における世代間公平」と「異時点における世代間公平」を区別し，後者の成立は，「各世代が通時的に見た場合に平等の損得関係に立つことを意味」するが，「社会保障が（中略）現在のニーズへの対応を第１次目的とする以上，その（筆者注：異時点における世代間公平の）要請は社会保障にとって常に第２次的なものにとどまると考えるべきであろう」と述べる。しかし，現実の年金制度にあっては，各世代が通時的に見た場合に著しく不公平な損得関係に立っているからこそ若者を中心に年金制度への不信が増大しているのであり，異時点における世代間公平の要請は第２次的とは言えない重みを持っている。さらに，異時点における世代間公平を考えるためには，「公平」の意味内容も問われなければならず，年金制度内の通時的損得だけでなく，年金制度外の私的扶養負担も含めた通時的損得を考慮する必要があろう（江口・前掲注33) 54頁）。

第15章
老後所得保障における私的年金の意義と課題

渡邊　絹子

I　はじめに

　日本では，老後の所得保障における公的年金制度の果たす役割は大きく，年金記録問題等によって国民不信を招きながらも，公的な年金制度自体の必要性は肯定されていると考えられる。また，現行制度の仕組みでは，今後一層進行することが見込まれている少子高齢化に対応することが困難であり，年金記録等の問題がなくとも，公的年金制度に対する改革が必要であると考えられているといえよう。このような公的年金制度に関する問題等については別稿が用意されているので，本章では，改革が実施されたとしても公的年金制度の果たす役割はこれまでよりも縮減するであろうとの認識が社会に広まるにしたがって注目度が増してきた私的年金の分野について取り扱う。老後の所得保障における私的年金の意義を確認した上で，2001年企業年金改革について概観し，現在，企業年金において大きな問題となっている受給者減額問題に焦点を絞り考察し，最後に今後の課題と展望についてまとめることとしたい。

II　老後所得保障における私的年金の意義

1　老後所得保障制度における私的年金の位置づけ
　老後の所得保障制度は，一般に「3階建て」といわれる制度体系となってお

り，1階部分から順に積み重ねていくという構造となっている。

現行の公的年金制度はいわゆる「2階建て」になっており，被用者等は1階部分の国民年金（基礎年金）制度に加え，2階部分の厚生年金保険制度等に強制加入となっており，その上に3階部分として，企業や個人が任意で実施又は加入する企業年金制度または個人年金制度がある。厳密にいえば，企業年金が3階部分，個人年金が4階部分となっている場合もある。他方で，被用者等ではない自営業者や無業者等については，厚生年金保険制度のような強制加入の2階部分に該当する公的年金制度はなく，任意加入の国民年金基金制度および個人型確定拠出年金制度が用意されている。すなわち，職業や勤めている企業等の状況によって老後の所得保障制度の有り様は異なっており，1階部分の国民年金のみの者から，4階部分にまで及ぶ各種制度に加入する者まで実に多様である。

本章で取り上げる私的年金は，一般的には3階部分とされる企業年金および個人年金のことであるが，置かれている状況によって2階や3階，あるいは4階部分になり得る個人年金は，貯蓄に代表される老後所得を確保するための個人の自助努力の一形態であり，一般に，生命保険会社等が「年金」商品として販売しているものであることから，本章では私的年金のうち企業年金に絞って考察を加えることとする。

2　企業年金の意義

企業年金の定義，分類については様々な見解があり得るが[2]，2001年に確定給

---

1) 給付内容は商品によって異なるものの，基本的な仕組みとしては，予め保険料を支払い，一定年齢への到達等の支給要件を満たすことで年金給付が開始され，通常は拠出した保険料が所得税法上の控除対象となるような制度設計がなされている（森戸英幸『企業年金の法と政策』（有斐閣，2003年）18頁参照）。
2) 森戸・前掲注1）18頁以下では，企業年金を「事業主が，従業員の労働に対する見返りとして，任意に実施する年金または一時金の給付制度であって，従業員の引退後所得保障を主たる役割の1つとするもの」と定義し，根拠法令に基づく分類では，内部留保型退職一時金・退職年金制度（退職年金制度は自社年金とも称される），中小企業退職金共済制度，特定退職金共済制度，適格年金制度，厚生年金基金制度，規約型確定給付企業年金制度，基金型確定給付企業年金制度，企業型確定拠出年金制度，勤労者財産形成年金貯蓄制度を「企業年金」であると整理している。

付企業年金法および確定拠出年金法が成立する以前は，厚生年金基金制度と適格退職年金制度が日本の企業年金の中核的な制度であった。

厚生年金基金制度とは，厚生年金保険法（以下，「厚年法」とする）に基づき実施され，単独あるいは複数の企業が集まり，それら企業とは別に独立した年金制度運営のための法人を設立し，年金資産の管理，年金給付の支給を行うものである。厚生年金基金制度は，公的年金である厚生年金保険給付の一部を代行する点に最大の特徴がある。

適格退職年金制度とは，事業主が信託銀行や生命保険会社等の外部金融機関に年金資産の管理・運用を委託する形で年金給付を行うもので，事業主とこれら外部金融機関との間で締結された年金契約が，法人税法施行令に定める適格要件を満たし，国税庁長官の承認を受けたもののことをいう。

これらの企業年金制度は任意に実施される制度であり，その実施を強制されてはいない。年金を受給することになる従業員側から見れば，公的年金を補完しつつ老後の生活を支える重要な収入源として，その意義を見出すことは容易であるが，他方で，掛金負担はあるものの，企業にとっても次のような意義が見出せる[3]。

まず，税制上の優遇措置の存在である。たとえば，企業が拠出した掛金が損金として扱われたり，従業員が享受することになる企業年金に関する税制上の優遇は，企業にとって本来必要となる経費を削減する効果をもたらし得る[4]。

次に，企業年金には従業員を定着させる効果が期待できる。すなわち，従業員の労務提供に対する報酬の一部を，将来支給する企業年金という形にすることで，当該年金の支給開始年齢までの勤続が促進され得る。年金額の算定式において長期勤続が有利になるような仕組みを採用することで，企業はさらに従業員の定着を図ってきたといえよう。従業員の定着は，従業員の教育訓練費用の回収可能性を高めることとなり，企業が安心して多額の投資をする環境を整

[3) 森戸・前掲注1) 46頁以下参照。
[4) たとえば，従業員が享受する課税繰延によるメリットは，課税繰延のない状態で従業員に同額の受給額を保障する場合に必要となる経費よりも低く抑えられることになる（森戸・前掲注1) 96頁以下参照)。

え，結果的に企業は従業員の能力向上によるメリットを享受できるという成果に繋がった。

他方で，企業年金には従業員の退職を促す効果もある。企業年金によって退職後の生活が保障されるのであれば，無理にでも働き続けなければならないと考える従業員の割合は少なくなり，企業年金の支給開始年齢に到達した従業員が円満に退職する一方で，企業は若い人材を獲得するといった企業内の人材循環が円滑に図られるというメリットが得られる。

以上に加え，企業間の人材獲得競争の中で，より優秀な人材を確保するために必要なものの1つとして，企業年金制度の整備が考慮された。[5]

3　2001年企業年金改革とその意義

(1) **2001年企業年金改革の背景**　前述したように，企業年金制度には様々な意義が認められ，厚生年金基金制度と適格退職年金制度を中心に発展してきたが，バブル経済崩壊後の経済不況等によって多くの問題点が顕在化し，それらの問題解決を図ることが強く求められるようになった。企業年金制度の改革が求められる要因となった企業年金制度の抱える問題や企業年金制度を取り巻く環境の変化といったものは相互に関連し合っているため明確に分けて論じることは難しいが，差し当たり，制度外在的なものと制度内在的なものとに分けて整理することができる。[6]

制度外在的な要因としては，①老後の所得保障制度における企業年金の位置づけの見直し，②退職給付に関する新しい企業会計基準の導入，③雇用の流動化といった労働市場の変容等があり，また，制度内在的な要因としては，④年金資産の積立とその運用に係る問題，⑤受給権保護の不十分さといった問題があった。

(2) **2001年企業年金二法の概要**　以上の問題状況の中，企業年金制度の見直

---

[5]　企業年金制度の整備状況は，企業選択や勤続の決定的な理由とはなり難いものの，未整備であったり，内容が不十分である場合には，不満を惹起しやすいことも否定できず，優秀な人材確保のためという理由が企業年金制度の実施理由として多く見られることになる（森戸・前掲注1）50頁以下）。

[6]　岩村正彦「新時代を迎える企業年金法」ジュリスト1210号（2001年）12頁以下参照。

しに関して多くの議論が展開された末に，2001年に成立したのが確定給付企業年金法（以下，「確給法」とする）および確定拠出年金法という2つの法律である。各法律によって創設された制度の概要は次の通りである[7]。

まず，確給法により，明確な法的枠組みを持った確定給付型（給付建て）[8]の企業年金の新たな形態として，規約型確定給付企業年金制度と基金型確定給付企業年金制度が創設された。同法によって，また，新規の適格退職年金契約の締結は認められないこととなり，また，既存のものについても10年間の経過期間中に他の企業年金制度等に移行するなど，適格退職年金制度は廃止されることとなった。

規約型確定給付企業年金制度とは，労使が合意した年金規約に基づき，企業が信託銀行・生命保険会社等（資産管理運用機関）との間に積立金の管理・運用に関する契約を締結して年金給付を行うものである。年金資産の管理・運用等を外部金融機関が行うといった基本的な制度枠組みは，適格退職年金制度と類似しているが，年金資産の積立基準や受託者責任，情報開示等に関する規制が適格退職年金制度よりも強化された点に特徴がある。また，規約型では，労使で合意した年金規約が厚生労働大臣の承認対象となっている。

基金型確定給付企業年金制度とは，労使で基金設立について合意した上で，母体企業とは別の法人格を有する基金が設立され，当該基金によって年金資産の管理・運用，年金給付が行われるものであり，基金設立について厚生労働大臣の認可を受けることとなっている。母体企業とは別の法人である基金が設立され，当該基金によって制度運営が行われる点は厚生年金基金制度と共通し，また，基金の組織や機能についても厚生年金基金とほぼ同様となっている。

---

7) 制度概要については，柳楽晃洋「確定給付企業年金法」ジュリスト1210号（2001年）21頁以下，尾崎俊雄「確定拠出年金制度の導入の背景とその概要」ジュリスト1210号（2001年）33頁以下，森戸・前掲注1) 等参照。

8) 一般的に，実際の資産運用結果と関係なく，たとえば給付額＝退職時賃金×勤続年数×一定係数といった算定式によって将来の年金支給額が約束されているものを「給付建て」といい，制度運営者は算定式による年金額を支給できるように資産を運用する必要があり，仮に予定通りに運用ができなかった場合には追加拠出によって賄うことが求められる。運用リスクを企業が負う制度であり，日本に従来から存する企業年金制度はこの給付建てとなっている（森戸・前掲注1) 43頁参照）。

次に，確定拠出年金法により，確定拠出型（掛金建て）の年金制度として，企業型確定拠出年金制度と個人型確定拠出年金制度とが導入された。

企業型は，企業が労使合意に基づいて年金規約を定め，厚生労働大臣の承認を受ける必要がある。企業型は当該企業の従業員を加入者として企業単位で実施されるものであり，個人毎に設定された勘定（アカウント）に掛金が拠出され，加入者自身が運用指図を行い，将来の年金額はその運用如何による。

個人型確定拠出年金制度は，企業型確定拠出年金，厚生年金基金，確定給付企業年金のいずれの制度をも実施していない企業の従業員および自営業者等が個人単位で加入するものであり，制度の管理運営は国民年金基金連合会によって行われる。企業型と同様，運用指図は加入者自身が行い，将来の年金額はその運用如何による。なお，自営業者等と一定の従業員を加入対象者とし，個人単位で加入する制度であることからすれば，個人型は企業年金には該当しないといえるが，転職時のポータビリティ確保に関しては重要な役割を果たしうる。

(3) **2001年企業年金改革の意義と課題**　2001年の企業年金改革の意義と残された課題について，簡単に整理しておくこととする。

2001年企業年金改革は，近時の経済・社会変化に対応した新しい私的年金制度を創設し，また，それまでに指摘されてきた問題に対し一定の解決を図ったという意義が認められる。

まず，新しい私的年金制度の創設に関して，確定給付企業年金制度の創設は2つの重要な意義を有している。1つは，税制上の優遇措置として規定されていたにすぎない適格退職年金制度が抱えていた法的枠組みの曖昧さや受給権保護の問題について一定の解決を図ったという点であり，もう1つは，代行部分のない基金型を創設し，既存の厚生年金基金制度からの移行，すなわち代行返

---

9) 事業主や従業員個人が拠出する掛金が予め決められている制度を「掛金建て」という。従業員が運用指図を行うことから運用リスクは従業員側が負う（森戸・前掲注1）44頁，尾崎・前掲注7）33頁参照）。
10) 前掲注2）における定義参照。
11) 森戸・前掲注1）184頁参照。
12) 岩村・前掲注6）16頁以下参照。

上をも認めたことである。前者については，適格退職年金制度を10年かけて廃止し，他の企業年金制度に移行することで，適格退職年金制度の抱えていた問題点の解決を図ることが目指され，とくに，適格退職年金制度の受け皿として期待された[13]確定給付企業年金制度は，前述したように受給権保護の強化が図られている。後者について，企業の重荷であると批判されるようになっていた厚生年金基金制度の代行部分の返上を認めたことは，企業の負担緩和を意味し，企業年金制度の存続に一定程度寄与したと評価できよう。

　確定拠出年金制度の創設は，それまでの給付建ての企業年金制度とは発想の異なる年金制度を導入したという意義が認められる。確定拠出年金では，前述したように，将来の年金額はそれまでに拠出された掛金とその運用益によって決まることから，約束された年金額というものはなく，年金資産の積立不足という問題は生じない。すなわち，運用リスクを負担できない中小企業やそのようなリスクの回避を望む企業に対し，魅力ある制度が提示されたと評価できる。また，個人型はこれまで企業年金制度の恩恵に浴す環境になかった一定範囲の人に，企業年金と同じく公的年金を補完する機能を有する年金制度を提供したという点で意義深いといえよう。

　次に，前述した諸問題に一定の解決を図ったという点についてみると，たとえば，確定給付企業年金制度では中途退職者に対する脱退一時金の規定が盛り込まれ，確定拠出年金制度では転職時の年金資産の移管が可能であることから中途退職者に対する不利益性が緩和され，いわゆるポータビリティの確保がある程度図られたという意義が認められる。また，確定給付企業年金制度では，事業主や基金に対する積立金の積立義務や最低積立基準額等の基準，最低積立基準額を下回る場合の掛金拠出などについての規定が設けられるとともに，事業主や基金の理事，資産管理運用機関等の行為準則，行政監督規定が整備されるなど，受給権保護の観点からの規制が充実したという意義が指摘できよう。

　以上の改革の意義に対して，2001年企業年金改革では解決に至らなかった，

---

[13] 適格退職年金からの受け皿として期待されたものの，多くの適格退職年金制度は移行を選択せずに廃止してしまっている状況については，西村淳「企業年金制度の現状と課題——適格退職年金の移行を中心に」ジュリスト1379号（2009年）14頁以下参照。

残された主な問題・課題としては，受給権付与のルール化，更なるポータビリティの確保，企業が倒産等をした場合の支払保証制度，運用指図や商品購入等に関する投資教育，契約締結に係る消費者問題等が指摘できる。[14]

これらの問題の中には，その後の改革によって改善が図られたものもあるが[15]，たとえば支払保証制度は未だ十分に整えられておらず[16]，依然として大きな検討課題として残されている。

III 給付減額と企業年金受給権の保護

1 問題の所在

前述したように，2001年の企業年金改革では，企業年金等の持つ公的年金制度を補完する機能の拡充を図ることが目指されたが，近年の長引く景気の低迷は年金資産の運用に関わる投資環境の悪化を招き，公的年金の補完を期待される企業年金の給付減額をめぐる紛争を相次いで生じさせている。この企業年金の減額とは，約束された年金給付額の水準等を引き下げる形で約束を変更することであり，基本的には，将来受給する年金給付額が約束されている確定給付型（給付建て）の企業年金制度において生じうる問題である[17]。この問題は，まず，退職金を一時金ではなく年金で支給するものとして発達し，企業が自由に設計，運営している自社年金の領域で顕在化した。自社年金については，厚生

---

14) 岩村・前掲注6) 18頁以下参照。また，既存の制度からの移行に伴って生じうる問題も考えられる（たとえば，企業型確定拠出年金制度に移行する場合の問題については，森戸英幸「企業年金制度の改編に伴う法的問題――企業型確定拠出年金の導入と労働条件の不利益変更」ジュリスト1210号（2001年）49頁以下参照）。
15) たとえば，2004年年金改革では確定給付企業年金制度間での年金資産の移管が認められ，また，確定給付企業年金制度と厚生年金基金制度との間や確定給付企業年金制度・厚生年金基金制度から確定拠出年金制度への移管が認められることとなった。また，2011年に成立した年金確保支援法によって，企業型確定拠出年金制度における本人拠出が可能となり，投資教育の継続的実施に関する事業主の配慮義務が強化される等の改正が行われている。
16) 厚生年金基金制度に関しては，企業年金連合会の実施する支払保証事業が存在するが，それも限定的なものにとどまっている。
17) 樋口修「企業年金の減額問題」調査と情報676号（2010年）6頁。

年金基金制度等のような制度に関する根拠法と呼べるような法律はなく，税制上の優遇措置といったものも受けられない代わりに，企業が自由に設計，実施していることから，その制度内容は企業によって多様である。このような自社年金の給付減額は，当該制度を定める退職年金規程等の変更やその解釈問題として取り扱われることになる。[18] 他方で，厚生年金基金制度等のように根拠法が存在する企業年金制度については，給付減額の問題は当該制度を規律する法規制の下で，それぞれの年金給付の支給をめぐる法律関係をどのように把握するのか，給付減額の根拠を何に求めるか等の理解と深く関わりながら，裁判例の蓄積とともに活発な議論が繰り広げられている。[19]

また，加入者（現役従業員）と受給者（退職者）とでは制度への関与のあり方等も違うことから問題を区別して考える必要があるため，給付減額の問題はさらに複雑となる。

公的年金の補完的機能や厚生年金基金制度の特殊性（公的年金の代行等）等から，受給権保護の規制を含め，企業年金制度の法的規律は主に社会保障法の問題と考えられるが，他方で，企業年金制度は事業主（別法人を設立して実施されるものも含む）が従業員の労働に対する見返りとして任意に実施するものであることから，賃金と同様に重要な労働条件の1つと捉えることが可能である。とくに，現役従業員に関する企業年金の給付減額は，労働条件を不利益に変更することに当たると解されるため，労働法上の問題として把握することができる。[20] 他方で，受給者に関しては既に企業を退職していることから，現役の従業員と同様に企業年金の給付減額を労働条件の不利益変更と位置づけることは困難といわざるを得ず，別途検討が必要となっている。

本章では，紙幅の関係上，給付減額がより直接的に生活に影響を及ぼす受給

---

18) 森戸英幸「企業年金の労働法的考察——不利益変更を中心に」日本労働法学会誌104号（2004年）18頁。
19) この点につき，これまでの学説や裁判例の整理・分析，考察を行ったものとして坂井岳夫「企業年金の受給者減額に関する一考察——社会保障法における企業年金の位置づけに関連して」同志社法学61巻5号（2009年）197頁がある。
20) 森戸・前掲注1) 208頁。なお，労働基準法上の「賃金」や「退職手当」該当性等も労働法上の問題となりうるが，その点については森戸・前掲注18) 10頁以下参照。

者減額の問題に焦点を当てて考察を行うこととする。以下では，受給者減額に関する法令上の規制の概要を把握した上で，受給者減額の法的根拠およびその要件をめぐる学説・裁判例の状況を踏まえた上で，受給権保護の観点から受給者減額の可否につき若干の検討を行うこととしたい。

2　受給者減額に関する法規制

　前述したように，企業を既に退職した受給者は現役従業員とは異なり，その給付減額を労働条件の不利益変更と把握することは困難である。また，未だ企業年金の支給を受けていない状態である現役従業員とは異なり，受給者に対する給付減額は，当該給付に対する依存度が高ければ高いほど，その人の生活に直接大きな打撃を与えることになるため，より慎重であることが求められる。そのような観点から法令上の根拠を有する厚生年金基金制度および確定給付企業年金制度では，給付減額を内容とする規約の変更に際しての認可または承認に関して以下のような要件が課され，規制されている。とくに，受給者減額を行う規約変更の認可または承認の要件については，現役従業員の場合よりも厳しい内容となっている。まず，各給付建て企業年金制度における規制内容を概観する。

　(1)　**自社年金**　　自社年金については厚生年金基金制度等のような根拠法と呼べるような法律はなく，受給者減額を直接規制する法令も存在していない。したがって，自社年金の受給者減額の可否は，当該制度内容を規定している就業規則等の解釈，すなわち契約の解釈によって判断されることになる。

　(2)　**厚生年金基金制度**　　厚生年金基金制度において受給者減額を行うためには規約を変更する必要がある。規約の変更については労使構成の代議員会の議決を経て，厚生労働大臣の認可を受けなければならない（厚年115条2項）。

　そして，受給者の給付水準引き下げ等を内容とする規約変更に関する認可基準として，①基金を設立している企業の経営状況が債務超過の状態が続く見込みであるなど著しく悪化している等の給付水準の引き下げを必要とする所定の事情が認められること，②当該変更について，加入者の3分の1以上で組織する労働組合がある場合は，当該労働組合の同意および全加入者の3分の2以上

の同意を得ていること，③受給者等の意向を十分に反映させる措置が講じられた上で，全受給者等に対して事前に給付設計の変更に関する十分な説明と意向確認を行い，全受給者等の3分の2以上の同意を得るとともに，受給者等のうち希望者には最低積立準備金額による一時金払いを認めること，という要件が挙げられている（「厚生年金基金設立認可基準」第3の7）[21]。

(3) **確定給付企業年金制度** 確定給付企業年金制度において受給者減額を行うためには，基金型および規約型ともに規約を変更する必要がある。規約の変更は，基金型に関しては労使構成による代議員会の議決を経て厚生労働大臣の認可を受けなければならず（確給16条，19条），規約型に関しては実施事業所に使用される被用者年金被保険者等の過半数で組織する労働組合がある場合は当該労働組合と，そのような労働組合がないときは，それらの過半数代表者の同意を得た上で厚生労働大臣の承認を受けなければならない（同6条）。

そして，受給者減額を内容とする規約変更の認可および承認の基準に関しては，当該規約の変更をしなければ確定給付企業年金の事業の継続が困難となる等の理由がある場合に，所定の手続を経て行われるものであること，という要件が定められている（同法施行令4条2号）。ここでいう理由および手続については同法施行規則で，給付減額の理由として，実施事業所の経営状況の悪化により給付減額がやむを得ないこと，また，給付減額をしなければ掛金額が大幅に上昇し，事業主が掛金を拠出することが困難になると見込まれるため給付減額がやむを得ないこと等が挙げられている（5条）。手続については，加入者の3分の1以上で組織する労働組合があるときは当該労働組合の同意および加入者の3分の2以上の同意を得ること，さらに，受給者減額に際しては受給者等の3分の2以上の同意および受給者等のうち希望者に最低積立基準額を一時金として支給することその他当該最低積立基準額が確保される措置を講じていることが付加されている（6条）。

---

21) 昭41・9・27年発363号。

3 受給者減額の法的根拠

(1) 自社年金 自社年金については，受給者と事業主との間の契約において留保されている給付改訂権に受給者減額の法的根拠が求められる。[22] 給付改訂権は，退職年金規程等に定める年金額の改訂を予定する条項（改訂条項）[23]や，黙示の合意によって導かれうる。[24]

このような給付改訂権が，規程上も黙示の合意によっても認められない場合，すなわち受給者減額の根拠にできるようなものが何もない場合は，基本的には受給者の同意がなければ減額は不可能ということになる。ただし，この場合も事情変更の原則による減額の可能性はある。事情変更の原則の適用要件は，一般に，①契約の成立当時その基礎となっていた事情が変更すること，②事情の変更が当事者にとって予見することができないものであること，③事情の変更が当事者の責めに帰することのできない事由によって生じたものであること，④事情変更により当初の契約内容に当事者を拘束することが信義則上著しく不当と認められることであるとされる。[25] ただし，裁判所は同原則の適用に極めて消極的であり，これまでの受給者減額をめぐる裁判例においても同原則

---

22) 退職年金規程等に給付改訂権が定められていた場合，当該規程（とくに給付改訂権を定める条項）が拘束力を持つ論拠については，①約款理論の利用，②就業規則理論の準用，③制度的契約論等が裁判例・学説上主張されており，まだ議論の発展段階といえる。受給者減額の根拠，減額の有効性判断について，裁判例を整理，検討したものに，嵩さやか「企業年金の受給者減額をめぐる裁判例」ジュリスト1379号（2009年）28頁以下，西村健一郎「企業年金の廃止および受給者減額に関する判例法理」週刊社会保障2622号（2011年）40頁以下等がある。
23) 減額に関する契約上の根拠の有無について，裁判所は，制度改編に関する極めて一般的な文言の規定であっても減額の根拠規定として認める傾向にある。松下電器産業（大津）事件・大阪高判平18・11・28労働判例930号13頁，松下電器産業（大阪）事件・大阪高判平18・11・28労働判例930号26頁等参照。
24) 年金規程上に明文の改訂条項がない場合でも，年金制度が将来においても存続することを想定した制度であることから，減額についての黙示の合意の存在を認定した裁判例として早稲田大学事件・東京地判平19・1・26判例タイムズ1264号327頁。
25) 谷口知平ほか編『新版注釈民法（13）〔補訂版〕』（有斐閣，2006年）72頁以下（五十嵐清執筆），最判平9・7・1民集51巻6号2452頁。
26) 幸福銀行（年金打ち切り）事件・大阪地判平12・12・20判例タイムズ1081号189頁，港湾労働安定協会事件・大阪高判平18・7・13労働判例923号40頁等。
27) 森戸英幸「企業年金と契約――給付にかかわる契約についての基礎的検討，ならびに『受給者減額』に関する若干の考察」季刊社会保障研究45巻1号（2009年）61頁以下。

の適用は否定されており、その適用可能性はほとんどないと考えられる。

(2) **厚生年金基金制度・確定給付企業年金制度**　厚生年金基金制度および確定給付企業年金制度においては、前述したように、受給者の給付減額を行う場合には規約の変更が必要とされており、当該規約変更については厚生労働大臣の認可または承認といった手続を経る必要がある。そして、法はこの認可または承認に関する理由要件、手続要件を規定しているものの、他方で、受給者減額そのもの（いかなる根拠に基づいてなされるのか、いかなる要件が満たされる必要があるのか）に関する規定を設けてはいない。そこで、この厚生労働大臣による認可または承認がいかなる意味を持つのかが問題となる。たとえば、規約変更が認可された場合、減額に同意しなかった受給者も減額を受け入れなければならないのであろうか。

学説上、厚生労働大臣による規約変更の認可または承認は、税制上の優遇を受けるための要件に過ぎず、認可・承認を受けることが当然に受給者を拘束することにはならないとの見解が有力に主張されている。この見解に従えば、受給者の給付を減額することができるか否か、すなわち受給者減額を可能とするには承認・認可とは別の何らかの法的根拠が必要ということになる。この場合の法的根拠とは、前述した自社年金の場合と同様に、契約上留保された給付改訂権（給付を減額する権利）に求められることとなる。

---

28) 確定給付企業年金制度については法令で、厚生年金基金制度については行政上の通知に、認可の判断基準が定められている。裁判例では、この通知に定める基準を妥当なものとし、同基準に依拠して認可の有効性を判断しているが、受給者減額に関する重要な規制内容がこのような通知レベルで定められていることについては再考すべきであろう（森戸英幸「企業年金（受給者減額）」ジュリスト1331号（2007年）151頁、同「事業再生と企業年金——受給者減額を中心に」ジュリスト1401号（2010年）43頁参照）。
29) 坂井・前掲注19）232頁。
30) 森戸英幸「企業年金の『受給者減額』」中島士元也先生還暦記念論集刊行委員会編『労働関係法の現代的展開』（信山社，2004年）133頁，花見忠「企業年金給付減額・打切りの法理」ジュリスト1309号（2006年）73頁，坂井・前掲注19）232頁以下。
31) 森戸・前掲注28）「事業再生と企業年金」41頁，森戸・前掲注27）59頁以下，森戸・前掲注30）133頁。
32) 森戸・前掲注28）「事業再生と企業年金」41頁。
33) 森戸・前掲注28）「企業年金（受給者減額）」150頁，森戸・前掲注28）「事業再生と企業年金」41頁。

他方で，承認・認可を経た規約は個々の受給者を当然に拘束するという立場も成り立ちうる。とくに，認可に関しては法文上「認可がなければ効力が生じない」（厚年115条2項，確給16条2項）と規定されていることから，この規定の反対解釈として，認可があれば個々の受給者に対する拘束力も肯定できると解されうる。この場合，承認・認可の要件は受給者減額の要件と共通のものと解することになろう。また，承認・認可そのものを受給者減額の根拠と位置づけるのではなく，受給者減額の法的根拠を規約変更に求めつつ，受給者減額の有効性判断を規約変更の効力問題と構成する見解もある。

4 受給者減額の要件

(1) **自社年金** 前述したように，自社年金は各企業において自由に制度設計されていることから，受給者減額の取り扱われ方も制度によって多様であり，確定給付企業年金制度等のように受給者減額に際して参考となるような基準（規約変更の際の承認・認可基準）もなければ，規約変更の承認・認可といった要件もない。そのため，確定給付企業年金制度等に比べて紛争が生じやすいと考えられ，実際にも自社年金に関する受給者減額をめぐる裁判例はこれまでに一定程度蓄積されてきている。それら裁判例の蓄積からは，このような自社年金において受給者減額を行うためには，減額に関する契約上の根拠があるほか，実際に行われた減額についての①必要性および②内容・手続における相当性から減額の有効性を判断するという枠組みが看取できる。ただし，これら①必要性および②相当性を判断するとした裁判例の論拠は必ずしも統一されたも

---

34) 「承認」については「認可」とは異なり，そのような効力に関する規定がない。この違いから認可と承認を分けて，認可の場合には受給者を拘束する私法上の効力まで認めつつ，承認は単なる税制適格要件に過ぎないとする見解もあり得る（森戸・前掲注28）「企業年金（受給者減額）」150頁）。

35) 坂井・前掲注19）235頁以下によると，このような見解に立つものとして，裁判例では，りそな企業年金基金・りそな銀行事件第1審（東京地判平20・3・26労働判例965号51頁），同控訴審（東京高判平21・3・25労働判例985号58頁があるほか，学説では，根岸忠「企業年金の減額・廃止をめぐる最近の判例動向——受給権の発生根拠と減額・廃止の要件に焦点を当てて」季刊労働法211号（2005年）103，106頁があり，坂井・前掲注19）もそのような見解に立って持論を展開している。

36) 森戸・前掲注28）「事業再生と企業年金」39頁。

のとはなっていない。[37]権利濫用の観点から必要性・相当性に基づいて給付改訂権の行使を制限するものもあれば[38]，改訂条項や黙示の合意を契約内容に編入する段階で，それらの内容を限定的に解することで給付改訂権の行使の要件として必要性・相当性の判断を盛り込むものもあれば[39]，減額の有効性判断について就業規則の不利益変更法理の解釈を参考にするものもある[40]。

いずれの論拠によるとしても，必要性および相当性における具体的判断要素は大差ないといえる。すなわち，減額の必要性については，企業の経営状態，現役従業員の年金制度との均衡などの要素が考慮され，内容と手続における相当性については，受給者の被る不利益の程度，減額後の給付水準，減額に同意した受給者の割合，減額実施に関する説明・意見聴取の状況等が判断要素とされている[41]。これらの具体的判断要素は，労働条件の不利益変更の合理性判断におけるそれと共通するものといえるが[42]，現役従業員との均衡等の当該制度における世代間の関係にも留意している点に特徴があるといえよう。

(2) **厚生年金基金制度・確定給付企業年金制度**　根拠法のある確定給付企業年金制度等については，学説・裁判例上，受給者減額の法的根拠に関する見解に相違があり，それが受給者減額の要件の理解にも違いを生じさせている。

まず，受給者減額の法的根拠を契約上の給付改訂権に求める見解によれば，厚生年金基金制度・確定給付企業年金制度と自社年金とを分けて問題を考える必要性は乏しく，前述した自社年金の場合と同様の観点から検討することができる[43]。

次に，受給者減額の法的根拠を規約変更に求める見解では，受給者減額の要

---

37) 嵩・前掲注22) 32頁参照。
38) 幸福銀行（年金減額）事件・大阪地判平10・4・13判例タイムズ987号207頁等。
39) 松下電器産業（大津）事件・大阪高判平18・11・28判例時報1973号62頁，早稲田大学事件・東京高判平21・10・29労働判例995号5頁等。
40) 松下電器産業（大阪）事件・大阪地判平17・9・26判例時報1916号64頁。
41) 森戸・前掲注28)「企業年金（受給者減額）」147頁，森戸・前掲注27) 61頁，君和田伸仁「企業年金（受給者減額）労働側の立場から」ジュリスト1331号（2007年）156頁。
42) 嵩・前掲注22) 32頁，君和田・前掲注41) 156頁。
43) 森戸・前掲注18) 18頁以下。
44) 坂井・前掲注19) 241頁以下参照。

件は規約変更が適法に行われるための要件として把握され，規約変更に際して求められている法所定の要件を満たすことで当然に受給者減額は有効と解されるのか，または他に何らかの付加的な要件が課されるのかが問題となりうる。[44]

学説には，規約変更に対する承認・認可に求められる理由・手続要件を受給者減額の要件と解した上で，これらの要件を充足することで受給者減額がなされうるとする見解もある。[45] また，規約変更を根拠として行われる受給者減額は，規約変更について法が予定する規制を要件として認められるものであるところ，ここで法が予定する規制とは，規約に給付設計に関する契約内容を規律する効力を与えた法の趣旨に内在する制約を具体化したものであると解した上で，規約変更に際して求められている法所定の要件では法の趣旨を十分には実現できていないと評価しつつ，付加されるべき実体的な要件について，受給者の被る不利益の程度と受給者減額の必要性，基金設立事業主の利益，現役従業員の利益との衡量を基本とすべきとの主張を展開する見解もある。[46]

厚生年金基金制度に関する裁判例では，認可要件を満たすことに加えて，法律上明示されていない付加的な要件を課していると評価できるものもある。[47]

(3) **受給者減額の可否をめぐって**　前述したように，企業年金は公的年金を補完する機能を有し，公的年金の役割縮減に伴いその機能強化が要請されている。また，企業年金は退職者（受給者）の過去勤務に対応して行われるものであって，将来の勤務に対応しているものではないという点に着目すれば，母体企業の経営状況が悪化しようとも受給者減額は許されないと解することもできる。[48] しかし，受給者減額を一切認めないとする見解を支持することは，現在の

---

45) 根岸・前掲注35) 106頁。
46) 坂井・前掲注19) 244頁以下。
47) りそな企業年金基金・りそな銀行事件控訴審判決。そこでは，規約変更により受給者減額をすることは原則として許されないが，①変更による不利益の内容・程度，②代償措置の有無，③内容変更の必要性，④他の受給者または加入者との均衡，⑤受給者への説明，⑥不利益を受ける受給者集団の同意の有無等を総合して，受給者の不利益を考慮してもなお合理的である場合には，規約変更も可能とする判断枠組みを提示した（坂井・前掲注19) 243頁以下参照）。なお，このような付加的な要件を課す論拠として，受給者に与える不利益に対する配慮のみならず，厚生年金基金に求められる集団的・永続的処理といった点が挙げられている。
48) 樋口・前掲注17) 8頁以下。

日本の状況では難しい。なぜなら，前述したように，厚生年金基金制度等には，受給者減額を想定した規約変更に関する認可や承認の規定が定められており，また，企業年金支給をめぐる法律関係を契約であると解した場合には[49]，当事者の約束いかんによって受給者減額を含めて契約内容の変更が可能であると考えられるからである。さらに，企業年金財政が厳しくなれば，当然支払不能の事態（企業倒産等）が生じることもあり得るが[50]，その場合の支払保証制度が不十分な状況に鑑みると，受給者減額を認めた方が受給者にとって利が大きい場合も考えられる。したがって，受給者減額を認めないとする立場を堅守することは難しいといわざるを得ない。

そこで，受給者減額もあり得ることを前提に，どのような場合に受給者減額が認められるのかについては，既に見てきたように様々な議論が展開され，さらなる考察を要する状況にある。ただ，それらの議論の中では，法律構成等に違いはあるものの，実際に受給者減額の可否を判断する際に具体的に考慮される（べき）要素が明らかになりつつあるように思われる。すなわち，①企業の経営状況，②受給者が被る不利益の内容・程度，③変更後の給付水準（世間相場との比較），④代償措置，⑤加入者（現役従業員）との均衡，⑥受給者への説明・意見聴取等の状況，⑦不利益を被る他の受給者の状況（同意の割合）等である。とくに，減額の可否の判断において重要とされる「企業の経営状況」（①）に関しては，厚生年金基金制度等の規約変更の承認・認可の基準において示されている理由要件の「経営状況が悪化」，「給付の額を減額することがやむを得ない」等の行政解釈や裁判例で示された解釈が注目されている。そこで

---

49) 年金支給をめぐる法律関係をどのように把握するかについても議論の存するところである（詳細は，坂井・前掲注19）213頁以下参照）。とくに厚生年金基金制度について，裁判例は，厚生年金基金が公的年金の代行部分を有する公法人であって，基金が行う裁定は行政処分に該当し，受給者の請求と基金の裁定を契約の申込と承諾であると観念する余地はないとの見解を示し，年金支給をめぐる法律関係を「契約」と把握する考え方に否定的である。
50) その前に，基金解散，制度終了という選択肢もあり得る。規制との関係では，規約変更の承認・認可の基準よりも，基金解散等の方が簡単にできるという状態にあることの問題点が指摘されている（森戸・前掲注28）「企業年金（受給者減額）」151頁以下参照）。
51) 平14・3・29年発0329008号。
52) NTTグループ企業（年金規約不承認処分）事件・東京高判平20・7・9労働判例964号

は，「確定給付企業年金を存続するために真にやむを得ない場合」のみに，規約変更の承認・認可を行うとの行政の解釈が示され[51]，裁判例においても，経営の状況が悪化したという要件は「企業年金を廃止するという事態を避けるための次善の策として」減額がやむを得ないものといいうる程度に経営状況が悪化した場合をいうとの判断が示されている[52]。これらの解釈は，受給者減額を厳しく制限すべきであるとの立場からは肯定的に受け止められるものであろうが，他方で，承認・認可と私法上の効力とは別次元の問題であるとの理解を前提に，行政が企業経営が真に苦しいのかといった微妙な経営判断に必要以上に踏み込むような解釈はすべきでないという見解も主張されている[53]。

この他，③のように訴訟当事者に直接関係しない外部的な事情であったり，⑤や⑦のように企業年金制度としての画一性や統一性に関する要素が示されている点はとくに注目に値しよう[54]。

Ⅳ　おわりに──今後の展望と課題

今後の方向性として，企業年金が有する公的年金制度の補完機能を重視するのであれば，過去勤務に対して約束された給付を，現役従業員であれ，受給者であれ，途中で減額するといった事態は回避されなければならないと考えられる。そのためには，2001年企業年金改革において見送られた受給権付与のルール化や支払保証制度の創設等，立法的解決が必要な課題についての早急な対処が望まれる[55]。たとえば，支払保証制度については，制度が整備されることによ

　　5頁等。
53)　森戸・前掲注28)「企業年金（受給者減額）」152頁。
54)　企業年金制度としての画一性や統一性といった観点については，「制度的契約論」との関係で議論が展開されている。制度的契約論については，内田貴「民営化（privatization）と契約──制度的契約論の試み（4）・（5）・（6・完）」ジュリスト1308号（2006年），1309号（2006年），1311号（2006年），同「制度的契約と関係的契約──企業年金契約を素材として」新堂幸司・内田貴編『継続的契約と商事法務』（商事法務，2006年）1頁参照。
55)　この点に関する外国法の状況について，アメリカ法については森戸・前掲注1)159頁以下，ドイツ法については山田哲「ドイツ企業年金法における受給権保障の構造──いわゆる非喪失性（Unverfallbarkeit）概念を手がかりとして」社会保障法18号（2003年）61頁以下参照。

る企業のモラルハザードの懸念が指摘されているが，現行の企業倒産時の債権処理では受給者等が救済される可能性は低く，企業倒産による不利益を最終的に受給者等に負わせないためにも，支払保証制度の整備は必要であると考えられる。他方で，企業年金制度に対する法規制を検討するに際しては，企業年金制度を実施する企業にとっても魅力のある制度を構築し，その普及が促進されるような工夫も忘れてはならない視点といえよう。

また，老後の所得保障において，その役割強化が期待されるのは企業年金に限られたことではなく，個人年金の普及促進も今後の大きな課題と考えられる。たとえば，ドイツでは，日本と同様に役割縮減を余儀なくされている公的年金制度を補完する目的で，個人年金の形成に対して大規模な助成措置が講じられ，その普及促進に力が注がれている。今後，日本においても，このような助成措置等を通じて私的年金の形成を支援する仕組みを検討する必要があろう。

執筆者紹介

(執筆順／＊は編集委員)

＊西村健一郎（にしむら・けんいちろう）	同志社大学教授
笠木映里（かさぎ・えり）	九州大学准教授
国京則幸（くにきょう・のりゆき）	静岡大学准教授
衣笠葉子（きぬがさ・ようこ）	近畿大学准教授
＊新田秀樹（にった・ひでき）	大正大学教授
稲森公嘉（いなもり・きみよし）	京都大学教授
加藤智章（かとう・ともゆき）	北海道大学教授
西田和弘（にしだ・かずひろ）	岡山大学教授
柴田洋二郎（しばた・ようじろう）	中京大学准教授
石田道彦（いしだ・みちひこ）	金沢大学教授
中野妙子（なかの・たえこ）	名古屋大学准教授
嵩さやか（だけ・さやか）	東北大学准教授
＊岩村正彦（いわむら・まさひこ）	東京大学教授
永野仁美（ながの・ひとみ）	上智大学准教授
江口隆裕（えぐち・たかひろ）	筑波大学教授
渡邊絹子（わたなべ・きぬこ）	東海大学准教授

Horitsu Bunka Sha

新・講座 社会保障法　第1巻
これからの医療と年金

2012年7月20日　初版第1刷発行

編　者	日本社会保障法学会
発行者	田靡純子
発行所	株式会社 法律文化社

〒603-8053
京都市北区上賀茂岩ヶ垣内町71
電話 075(791)7131　FAX 075(721)8400
http://www.hou-bun.com/

＊乱丁など不良本がありましたら、ご連絡ください。
　お取り替えいたします。

印刷：中村印刷㈱／製本：㈱藤沢製本
装幀：白沢　正
ISBN 978-4-589-03438-0

©2012　Japan Association of Social Security Law
Printed in Japan

JCOPY ＜(社)出版者著作権管理機構　委託出版物＞

本書の無断複写は著作権法上での例外を除き禁じられています。複写される
場合は、そのつど事前に、(社)出版者著作権管理機構(電話 03-3513-6969、
FAX 03-3513-6979、e-mail: info@jcopy.or.jp)の許諾を得てください。

日本社会保障法学会編　　　　　　　　　　　Ａ５判・上製カバー巻・320〜360頁

新・講座 社会保障法 全3巻

日本社会保障法学会創立㉚年記念出版

『講座 社会保障法』刊行後10年の間に明らかになった諸課題を中心に社会保障制度改革の争点と課題を整理。人権保障の視点から持続可能な制度構築を提起する。

- 第1巻　これからの医療と年金　　　　　●3990円
- 第2巻　地域生活を支える社会福祉　　　●3990円
- 第3巻　ナショナルミニマムの再構築　　●4200円

講座 社会保障法 全6巻

日本社会保障法学会創立⑳年記念出版

人権保障にふさわしい21世紀の社会保障制度をどのように構築するか。理論の到達点を明らかにし、展望を示す。日本社会保障法学会初の講座本。

- 第1巻　21世紀の社会保障法　　　　　　●3780円
- 第2巻　所得保障法　　　　　　　　　　●3885円
- 第3巻　社会福祉サービス法　　　　　　●3885円
- 第4巻　医療保障法・介護保障法　　　　●4095円
- 第5巻　住居保障法・公的扶助法　　　　●3990円
- 第6巻　社会保障法の関連領域　▶拡大と発展　●4095円

――――――――法律文化社――――――――

表示価格は定価(税込価格)です